Dieses Buch widme ich meinem
Vater Wolfgang Fabig, meinem Opa
Reinhard Schmager und meinem Onkel
Heinz Fabig.

© 2023 Claudius Fabig

Verlag: Spinout – the media production
Ein Unternehmen der TCB Gruppe
Trabener Strasse 25
14193 Berlin Grunewald
Telefon: + 49 (30) 825 22 67
E-Mail: claudius@claudiusfabig.de
Webpage: www.spinoutmedia.de

1. Auflage September 2023
2. Auflage Januar 2024
Druck: X Press, Berlin
Produktion: Spinout Media
Genre: Sachbuch
ISBN: 978-3-98-16828-6-1

Es gibt eine Sorte

Es gibt eine Sorte im deutschen Volk,
Die wollen zum Volk nicht gehören,
Sie sind auch nur die Tropfen Gift,
Die uns im Blute gären.

Und weil der lebenskräftige Leib
Sie auszuscheiden trachtet,
So hassen sie nach Vermögen ihn
Und hätten ihn gern verachtet.

Und was für Zeichen am Himmel stehen,
Licht oder Wetterwolke,
Sie gehen mit dem Pöbel zwar,
Doch nimmer mit dem Volke.

Theodor Storm (1817 – 1888)

Inhalt

Der Warnhinweis

Vaterlandsliebe fand ich stets zum Kotzen. Ich wusste mit Deutschland noch nie etwas anzufangen und weiß es bis heute nicht.

Robert Habeck

Achtung. Made in Germany beinhaltet Worte, die auf dem mentalen Index vieler in Deutschland lebender Menschen stehen.

Sie werden mit Begriffen wie Deutschland, Deutsch, Volk, Nation, Nationalstolz, Einigkeit, Pünktlichkeit, Zuverlässigkeit, Erfindergeist, Anstand, Ehre, Ritterlichkeit, Wir, Volkseigentum und vielen anderen Worten konfrontiert, die als „rechts" oder gar „rechtsextrem" „geframt" sind.

Der Begriff „rechts" wurde, wie viele andere Worte, politisch und medial umgedeutet! „Rechts" zu sein war und ist etwas Positives. Wer **auf dem rechten Weg** ist, es **anderen recht machen** möchte und dabei in einem **Rechtsstaat** leben will, der ist in der Regel **rechtschaffen** und häufig im **Recht**.

Rechthaberei ist zwar selten beliebt, aber ist im Straßenverkehr, wo **rechts vor links** gilt, richtig und sicher sympathischer als linkisch zu sein oder jemanden „abzulinken". Wenn man etwas Linkisches vorhat, steht das im Gegensatz zu **Rechtschaffenheit**!

Wer etwas Positives über Deutschland sagt oder wie ich schreibt, der wird umgehend in eine schmuddelige rechte Ecke gestellt. Dabei wurde das sprachlich verdrehte rechts inzwischen mit rechtsextrem und letztlich nazi gleichgesetzt.

2023 wurde Björn Höcke, ein Spitzenpolitiker der Alternative für Deutschland, wegen Volksverhetzung angezeigt, weil er auf einer Wahlrede wörtlich sagte:

Alles für unsere Heimat, alles für Sachsen-Anhalt, alles für Deutschland.

Die Staatsanwaltschaft ignorierte den Kontext, riss das Zitat auseinander und unterstellte Björn Höcke, einen Wahlspruch der SA zitiert zu haben und damit das Dritte Reich zu verherrlichen. Ungeachtet der Tatsache, dass diese Vorgehensweise eines Mindestmaßes an Anstand und rechtsstaatlicher Grundsätze entbehrte, war es Jahre zuvor völlig in Ordnung, als in Deutschland ein Werbespot mit bekannten Persönlichkeiten verbreitet wurde, der den Slogan „Du bist Deutschland" propagierte. Ein Satz, der in den 1930er Jahren bereits auf Bannern der NSDAP zu lesen war. Robert Götz Matuschewski würde dazu sagen:

Das eine ist das eine und das andere ist das andere!

Den Hass auf Deutschland und auf jeden, der dieses Land liebt und wertschätzt, kann man kaum besser dokumentieren als an dieser unfassbaren, aber wahren Begebenheit.

Ich ignoriere diese eindeutigen Einschüchterungsversuche. Im Gegenteil! Mein Gerechtigkeitssinn und die Achtung meinen Ahnen gegenüber sind mir eine tiefe Verpflichtung, einen kleinen Teil von Errungenschaften Deutschlands in diesem Buch für Sie, lieber Leser, zusammenzutragen.

Selbstverständlich gibt es noch hunderte weiterer Erfindungen und Errungenschaften, deren Wert für die Menschheit unschätzbar sind und die den Erfindergeist des deutschen Volkes belegen, aber das hätte den Umfang dieses Buches gesprengt.

Zu Deutschland gibt es unzählige Publikationen. Im Vordergrund stehen häufig die 12 Jahre des Nationalsozialismus. Dieses Buch widmet sich deshalb nicht vorrangig dieser, im Verhältnis zu der rund 1.000-jährigen Geschichte des Landes, kurzen Periode, sondern stellt die positiven Attribute und Errungenschaften der Deutschen in den Vordergrund.

Mir geht es dabei weder um irgendeine „Relativierung" noch um das Negieren geschichtlicher Ereignisse.

Made in Germany betrachtet Deutschland auch nicht aus einem „rechten" oder „linken" Blickwinkel, sondern aus der Sicht eines Deutschen, der sich weder sein Geburtsland noch dessen Geschichte aussuchen konnte.

Nur wenn wir unsere gesamte Geschichte kennen und betrachten, sind wir in der Lage, uns ein klares Bild unserer Nation zu machen. Aus der Geschichte zu lernen, Fehler zu vermeiden, aber auch aus den Stärken und Errungenschaften unserer Vorfahren Kraft und Motivation zu schöpfen.

Wer die Alten und seine Ahnen ehrt sowie deren Lebenswerk wertschätzt, kann die Flamme der Nation zu einem Leuchtfeuer für Frieden, Freiheit, Wohlstand, tatsächlicher Toleranz und eines harmonischen Miteinanders des deutschen Volkes untereinander und mit allen anderen Nationen und Völkern entfachen!

Es wird sicher Mitmenschen geben, die dieses Buch zur Hand nehmen, Auszüge aus dem Kontext reißen und die Botschaft absichtlich missverstehen, um das Gesamtwerk, den Autor und auch die positiven deutschen Errungenschaften in Misskredit zu bringen.

Wer sich entschlossen hat, alles, was Deutsch ist, zu verachten und jeden Führsprecher zu diskreditieren, dem ist nicht mit Fakten oder sachlichen Argumenten beizukommen.

Möglicherweise findet sich aber der ein oder andere jener Deutschlandhasser, der sich ein Herz nimmt und offen, neugierig und ohne Misstrauen ein neues Kapitel in seinem Bewusstsein aufschlägt und dabei zu der Erkenntnis kommt, dass es nicht nur Sinn macht, sondern auch befreiend ist, Deutschland nicht durch 12 Jahre Nationalsozialismus zu definieren, sondern durch über 1.000 Jahre Kunst, Kultur, Wissenschaft, Poesie und bahnbrechende Errungenschaften zum Wohle der Menschheit!

Die Wahrheit ist wie die Sonne, du kannst sie für eine Weile verbergen, aber sie wird nicht verschwinden.

Elvis Presley

Das Vorwort

Made in Germany ist als Hommage an mein Land gedacht! Deutschland!

Niemand hat mich gefragt, ob ich hier zur Welt kommen möchte! Gleichwohl gibt es viele, vor allem ebenfalls Deutsche, die mir praktisch täglich erklären, weshalb ich mich zu schämen hätte und wieso ich bereits mit einer Erbschuld in dieses Land geboren wurde. Aus diesem Grund bin ich der Frage nachgegangen, weshalb so vieles gegen Deutschland und „die Deutschen" spricht.

Bei der Recherche zu diesem Buch habe ich überraschende Erkenntnisse gewonnen, die ich jetzt gerne mit Ihnen, lieber Leser, teile.

Es sollte ein unpolitisches Buch werden und genau das ist es dann nicht geworden. Gleichwohl bin ich heute der Meinung, dass man sich als wahrer Demokrat und freiheitsliebender Mensch eine unpolitische Lebenseinstellung nicht mehr erlauben kann und sollte. Aus Eigennutz, aufgrund von sozialer Nächstenliebe und auch der Ahnen wegen.

Zu den „Untaten" und der schrecklichen Seite der „bösen Deutschen" sowie über das Grauen des Dritten Reichs gibt es bereits tausende Publikationen. Jeder hat Dutzende von Filmen, Büchern und Artikeln über das Schlechte im Deutschen gesehen bzw. gelesen. In diesem Buch geht es deshalb um eine andere Seite von Deutschlands und der Deutschen.

In der ganzen Welt hat Deutschland ein sehr gutes Image. Deutsche seien pünktlich, fleißig, ehrlich, anständig, zielstrebig aber auch oft rigoros und kompromisslos. Der Deutsche setzt sich etwas in den Kopf und versucht, es nach besten Kräften umzusetzen. Diese hartnäckige Eigenschaft sagt man uns im Ausland nach.

Spannend ist, dass die deutschen „Deutschland-Hasser", von denen oft und gerne behauptet wird, es gäbe nichts typisch deutsches, mit unnachgiebiger, eben typisch deutscher, Kompromisslosigkeit und Rigorosität, die Bevölkerung und Regierungsgegner drangsalieren und die deutsche Landschaft, Sprache, Kultur, Familie, Geschichte sowie deutsche Werte und Gebräuche zu Nichte machen.

- Millionen Bäume werden für Windräder gerodet.

- Zehntausende Hektar Agrarflächen werden für Solarfelder vernichtet.

- LNG-Terminals, die umweltschädliches und überteuertes Fracking Gas aus den USA entladen, verseuchen Nord- und Ostsee.

- Intakte Öl- und Gasheizungen sollen durch ineffiziente, überteuerte Wärmepumpen ersetzt werden.

- **Maskenzwang, Testzwang, Impfdruck, Ausgangssperren, Internet-Zensur, gesellschaftliche Ächtung von „Corona-Leugnern", Hausdurchsuchungen bei unliebsamen Richtern, Oppositionspolitikern und Regierungskritikern**

- Steuerfinanzierte Schreihälse von der Antifa, die bei regierungskritischen Demonstrationen die Teilnehmer unnachgiebig niederschreien, bespucken und angreifen.

- Steuer- und NGO-finanzierte Gruppierungen wie „Last Generation", die „ihre" Ziele mit Erpressung der arbeitenden Bevölkerung durchzusetzen versuchen.

- Rigorose, orchestrierte, flächendeckende Verbreitung von Angst und Panik bei der Corona-„Pandemie", den CO_2-Werten, dem Klima, dem Feinstaub, der Schweinegrippe, dem Ukraine-Krieg, der „Hitzewelle", dem Fleischkonsum, Autofahren, Reisen etc.

- Gewaltsames Durchsetzen der Vergewaltigung und Verstümmelung unserer Sprache durch die Genderideologie

- Systematisches Zerstören unserer Kultur und der Volksgemeinschaft durch den „Import" von Millionen kulturfremder „Fachkräfte"

- Die rigorose Vernichtung von Volkseigentum durch den Transfer von Sozialleistungen vom Steuerzahler zum „Geflüchteten", „Entwicklungshilfen", Finanzierung von Genderprojekten, Waffenlieferungen an zwielichtige Staaten, ideologiegesteuerte und unwissenschaftliche „Umweltprojekte" etc.

- Jeder Bundesbürger darf sich einmal im Jahr aussuchen, ob er Mann, Frau oder divers ist. In immer mehr Herrentoiletten liegen Menstruationsartikel, in Grundschulen wird über Analverkehr gesprochen und 11-jährige bekommen als Hausaufgabe das Üben des Onanierens. Jungs sollen in Röcken zur Schule kommen und Mädchen in Hosen. Die Regenbogenfahne ersetzt mehr und mehr die Deutschlandfahne, um Toleranz und Diversität zu dokumentieren.

Die Liste der Anweisungen und Gesetze der Deutschland-Hasser mit „typisch deutschen" Verhaltens- und Vorgehensweisen könnte beliebig fortgeführt werden.

Deutschland ist im Nachrichtenmagazin US News 2022 neben der Schweiz zum beliebtesten Land der Welt gewählt worden.

Bis 2017 war Deutschland laut Spiegel sogar auf Platz Eins der beliebtesten Länder auf der Welt.

Obwohl in Deutschland nur 1% der Welt Bevölkerung lebt, wurden allein 2020 mit 25.954 Erfindungen die zweitmeisten auf der Welt patentiert. An erster Stelle stehen zwar die USA mit 46.500 Patenten, aber sowohl die Wirtschaftsbedingungen und Förderungen als auch die mehr als vierfache Einwohnerzahl relativieren diesen Stellenwert.

Die ganze Welt blickt voller Hochachtung auf unsere Denker und Dichter, Komponisten und Philosophen. In anderen Ländern weiß man unsere Erfindungen und Entwicklungen ebenso zu schätzen wie den typisch deutschen Perfektionismus.

Humor sagt man den Deutschen nicht nach, obgleich wir auch ein Land der Fröhlichkeit und des Humors sind. Dafür sind der deutsche Erfindergeist und die Tugend des „Nicht-Aufgebens" weltweit anerkannt und geschätzt.

Nur im eigenen Land gibt es Menschen, die, obwohl hier geboren, alles „typisch deutsche" ablehnen und negieren.

Vielleicht ist es bei diesen Mitmenschen der Neid auf ihre Vorfahren, die etwas Großartiges erschaffen und erreicht haben und die Gewissheit, selbst nicht dazu in der Lage zu sein. Möglicherweise ist es aber auch einfach nur Dummheit und Arroganz, die einige Deutsche dazu bewegen, ihre Landsleute und ihr Land bei jeder sich bietenden Gelegenheit in den Schmutz zu ziehen und zu verleugnen.

Durch das Negieren der eigenen Identität moralisch erhaben und etwas Besseres zu sein.

Ein flüchtiger Blick in die Geschichte kann helfen, zu erkennen, dass viele Nationen auch eine dunkle, schreckliche „Vergangenheit" haben.

Jeder kann die folgenden Informationen leicht recherchieren und obwohl sehr viel Unrecht und Gewalt von praktisch jedem Land auf der Welt ausgegangen ist, geht kein Land der Welt mit seiner dunklen Vergangenheit so um wie Deutschland.

Sich seiner Geschichte bewusst zu sein, sich ihrer zu erinnern und aus ihr zu lernen, sollte nicht zu einer rückwärtsgewandten Selbstgeißelung führen. Kein Mensch ist für die Taten seiner Verwandten oder gar Vorfahren verantwortlich. Gleichwohl kann aus dem Schlechten gelernt und das Gute als Ansporn genutzt werden.

• Würde ein Amerikaner ein Buch über sein Land schreiben, wären es nicht die rund 60 Millionen getöteten Bisons, die zerstörten Wälder, die ins Land verschleppten Menschen, die zu Sklaven gemacht wurden oder die 7 bis 10 Millionen ausgerotteten Ureinwohner, über die er schreiben würde.

• Kaum ein Chinese würde die 15 bis 55 Millionen Opfer von Mao Tsetung erwähnen!

• Die stolze Nation der Japaner definiert sich gern an ihrer sprichwörtlichen Ehrenhaftigkeit. Der 13. Dezember 1937, an dem japanische Soldaten in die chinesische Hauptstadt Nanking einfielen und innerhalb weniger Wochen bis zu 300.000 Chinesen niedermetzelten, ist in Japan kein Grund, wöchentliche Sondersendungen zu einer japanischen Erbschuld auszustrahlen.

• Sehr wenige Portugiesen sprechen über 500.000 – 2,5 Millionen Ureinwohner Brasiliens, die durch die portugiesischen Raubzüge getötet wurden.

- Vor der Eroberung durch die Spanier gab es bis zu 12 Millionen Inkas. Nur ein Bruchteil überlebte die Goldgier und die Christianisierung. In den Schulen Spaniens und im Bewusstsein der Spanier nimmt diese Tatsache nur sehr wenig Raum ein.

- Das russische Volk wurde von 1922 bis 1953 maßgeblich von Josef Stalin regiert. Unter seiner Herrschaft starben nach Schätzungen bis zu 60 Millionen Russen und obwohl Russland ein Vielvölker-Staat ist und sich über 11 Zeitzonen erstreckt, ist es ein weitgehend einiges Land, das seine Identität nicht an den Gräueltaten des Diktators festmacht.

- Das wunderschöne Land Belgien hat eine stolze Bevölkerung. Nur wenige in diesem Land kämen auf die Idee, sich mit den schlimmen Morden des Königs Leopold II. im Kongo im späten 19. und zu Beginn des 20. Jahrhunderts zu identifizieren. Damals wurden etwa 10 Millionen Menschen im Kongo durch Belgier getötet.

- Die Napoleonischen Kriege von 1798 bis 1815 kosteten zwischen 1,5 und 2 Millionen Menschen das Leben. Die Ausbeutung der 14 französischen Kolonien und das gewaltsame Besetzen von Marokko, Algerien und Tunesien zwischen 1830 und 1912 haben dem Nationalstolz der Grand Nation keinen Abbruch getan. Ebenso wenig die Geheimverträge, die es Frankreich bis heute erlauben, afrikanische Länder wie z.B. Niger um ihre Bodenschätze zu berauben. In Niger haben 82% der Einwohner keinen Strom, derweil importiert Frankreich Uran aus dem Land, ohne dessen Volk am Gewinn partizipieren zu lassen.

- Die Zeitschrift World Development hat mit Hilfe von Daten aus Volkszählungen eine Schätzung der Anzahl der durch imperiale britische Politik getöteten Menschen in der Zeit von 1880 bis 1920 in Indien erstellt. Demnach gab es in diesen 40 Jahren eine Übersterblichkeit von 165 Millionen Indern. Das britische Imperium hat während seiner Kolonialherrschaft allein aus Indien bis zu 45 Milliarden Dollar „erwirtschaftet". Trotz dieser allgemein bekannten Fakten und der Tatsache, dass England in Indien die Ayurveda-Ärzte verboten hat und jedem Arzt, der gegen dieses Verbot verstieß, die Hände abhacken ließ, spielen diese geschichtlichen „Details" im Land des „Fair Plays" keine signifikante Rolle. Auch der kolonialen Verbrechen in Europa, Asien, Afrika, Australien und Amerika wegen, würde kaum ein Brite auf den Gedanken kommen, das Königshaus aufzufordern, die angehäuften Schätze als Wiedergutmachung an all die geschundenen Länder zu übergeben.

• Die Italiener leben ihre La dolce Vita und sind zu Recht stolz auf ihre tausende Jahre alte Kultur. Niemand käme auf die Idee, die Grausamkeiten des Römischen Imperiums oder die Taten Mussolinis als Maßstab des nationalen Verständnisses zu nehmen.

Weltweit gibt es 208 Länder (von den Vereinten Nationen sind 195 anerkannt), Russland ist mit einer Fläche von 17.000.000 km² das größte und die Vatikanstadt mit 0.44 km² das kleinste Land. Deutschland zählt mit 357.588 km² zu den kleineren Staaten auf der Erde. Neun Nachbarländer grenzen an Deutschland und mit 84.000.000 Einwohnern zählt das Land zu den dichtbesiedelten der Welt. In der Geschichte Deutschlands gab es unzählige Kriege, Konflikte und daraus resultieren demografische, aber auch territoriale Verwerfungen. 114.269 km² Landesfläche wurden 1945 von Deutschland abgetrennt und Polen zugesprochen.

12 bis 14 Millionen deutsche Flüchtlinge kamen nach dem Ende des Zweiten Weltkrieges aus Ostpreußen, Grenzmark Posen, Westpreußen, Oberschlesien, Schlesien, Niederschlesien, Pommern und Ostbranden-

burg. Große Flächen des Landes, vor allem in den Großstädten und Ballungsräumen waren durch mehr als 2 Millionen Tonnen Bomben der Alliierten bis zu 90% zerstört und so wurde die Unterbringung der deutschen Flüchtlinge aus den Ost-Gebieten zu einer logistischen und humanitären Meisterleistung.

Deutschland wurde für 70 Pfennig die Stunde von den sogenannten Trümmerfrauen wieder aufgebaut, derweil Millionen Soldaten gestorben, verwundet oder in Kriegsgefangenschaft verblieben waren.

Dank des unerschütterlichen Willens zum Wiederaufbau, der Tatkraft der Frauen und wenigen arbeitsfähigen Männern und obwohl über 10.000 Patente von den Alliierten „konfisziert" wurden, gelang es Deutschland innerhalb von 15 Jahren das weltweit anerkannte und bewunderte deutsche Wirtschaftswunder umzusetzen.

Der viel zitierte Marschallplan, den Präsident Harry S. Truman unterzeichnete, ermöglichte Deutschland kurzfristig einen Teil der nötigsten Wiederaufbaumaßnahmen zu finanzieren. Anders als medial verbreitet und im Bewusstsein der Bevölkerung verankert, war diese Unterstützung kein Geschenk oder Almosen, sondern musste mit einem Zinssatz von 2,5% an die Amerikaner zurückgezahlt werden.

Bereits 1966 hatte Deutschland alle Schulden an die USA abgezahlt. Spannend ist, dass heutzutage nicht Wenige behaupten, die Italiener und Türken hätten Deutschland wieder aufgebaut und das Wirtschaftswunder erst möglich gemacht. Dabei gelten die 1950er Jahre als die Zeit des Wirtschaftswunders und in Wahrheit kamen die ersten italienischen Gastarbeiter erst am 17. Januar 1962 in unser Land und die ersten türkischen am 30. Oktober 1961.

Die USA brauchte die Türkei als Partner in der Nato und so wurde ausgehandelt, dass Deutschland aus der Türkei, die mit Rekordarbeits-losigkeit zu kämpfen hatte, Gastarbeiter aufnimmt. Neben italienischen Arbeitern waren diese Neubürger die Vorhut dessen, was unserem Land seit 2015 tausendfach bevorstehen würde.

Passten sich die Gastarbeiter in den frühen 1960er Jahren noch an und waren bemüht, sich in die deutsche Kultur zu integrieren bzw. in harmonischem Miteinander zu leben, gestaltete sich die Zuwanderung seit 2015 wesentlich unglücklicher für unser Land.

Viele Politiker und die Mainstream-Medien zeichnen ein Zerrbild der Realität, wenn es um die Masseneinwanderung seit 2015 geht. Ungeachtet der Fakten aus den Kriminalitätsstatistiken und dem Erleben der Situation in den Ballungsräumen und Großstädten wird jede objektive, kritische Betrachtung reflexartig als rechts, rechtspopulistisch oder gar rechtsradikal diffamiert.

Wer öffentlich die Probleme mit Millionen, oft kulturfremden, „Geflüchteten" anspricht, dem wird Rassismus, Nationalismus sowie Hass und Hetze unterstellt. Zudem werden weder die Regierung noch deren Sprachrohr, die Print- und TV-Medien, müde, daran zu erinnern, dass Wir eine Verantwortung hätten und Wir auch mal Flüchtlinge gewesen wären (hier ist das Wort Wir erlaubt und politisch korrekt).

Der Zweite Weltkrieg wird vor allem beim Thema Flüchtlingspolitik als Ass aus dem Ärmel gezogen.

Als Ursache für den Zweiten Weltkrieg wird historisch die Machtergreifung Adolf Hitlers mit seiner Partei der NSDAP ausgemacht. Obwohl die Partei Hitlers „nur" 43,9% der Wählerstimmen erlangte und somit die Mehrheit der Deutschen Adolf Hitler nicht gewählt haben, starben auch Millionen Gegner des Regimes im Bombenhagel der alliierten

Bomber. Besonders „effizient" war Sir Arthur Travers Harris Baronet. Der auch „Bomber Harris" genannte Offizier der Royal Airforce war unter anderem für die Bombenangriffe auf Dresden vom 13. bis 15. Februar 1945 verantwortlich. Dabei wurde Dresden dem Erdboden gleichgemacht.

Es ist bemerkenswert, dass heutzutage auf Demonstrationen von sogenannten Linken und den selbsternannten „Antifaschisten" der Antifa immer wieder Plakate zu sehen sind, auf denen steht:

„Bomber Harris – Do it again"

Die Verachtung und der Hass auf das eigene Volk könnten nicht deutlicher dokumentiert werden als durch solche Aussagen. Millionen unschuldiger Menschen wurden getötet und selbst wenn sie Gegner des damals herrschenden Systems waren, werden sie mit diesen Aussagen mit überzeugten Nationalsozialisten gleichgestellt.

Eine Mischung aus Dummheit, Empathielosigkeit und Selbsthass bahnt sich hier ihren Weg.

In einem Land, in dem gewählte Volksverstreter sagen:

„Vaterlandsliebe fand ich stets zum Kotzen. Ich wusste mit Deutschland noch nie etwas anzufangen."

und in einer Gesellschaft, in der Politiker – Staatsdiener – hinter Bannern laufen, auf denen steht:

„Deutschland, Du mieses Stück Scheiße"

„Nie wieder Deutschland"

„Deutschland verrecke",

ist es dringend notwendig, die Frage zu stellen, welches Volk diese Volksvertreter vertreten und woher ein so starker fast schon kollektiver Selbsthass kommt.

Immer wieder gibt es Umfragen, bei denen vermeintlich der Frage nachgegangen wird, ob es an der Zeit wäre, einen „Schlussstrich" zu ziehen und bei all diesen Umfragen spricht sich eine Mehrheit von über 50% für ein Ja aus. Interessanterweise impliziert diese Frage sowohl eine deutsche Identität als auch ein deutsches Volk und eine sich daraus ergebende Erbschuld.

Möglicherweise ist hier die Ursache zu finden, weshalb die meisten Deutschen nicht von „ihrem Land", von „Wir" und „unserem Volk" sprechen, sondern sich der verbalen und energetischen Distanz bedienen und von „den Deutschen" sprechen. Wenn „Die Deutschen" damals zu Verbrechen im Stande waren, dann hat das ja nichts mit einem selbst zu tun. Dann darf man Bomber Harris einladen, es nochmal zu tun und schlüssigerweise befreit diese sprachliche Distanz dann auch von der Verantwortung, aus der Geschichte lernen zu müssen.

Anders ist das Verhalten vieler in der „Pandemie" nicht zu erklären, als ein Großteil „der Deutschen" wieder zu Denunzianten und obrigkeitshörigen Systemlakeien werden konnte.

Eine türkischstämmige Politikerin erklärte sinngemäß, dass es außer der Sprache keine weiteren typisch deutschen Attribute gäbe und eine ehemalige Stasimitarbeiterin, die in der DDR als Denunziantin ihre Mitmenschen an die Staatssicherheit verraten hatte, wurde in der Bundesrepublik zur Leiterin einer Organisation, die sich unter anderem dem „Antifaschismus" verschrieben hat.

Ihrer Meinung nach erkennt man „Rechte" daran, dass sie vom „Wir" sprechen. Spannend dabei ist, dass es Deutschen abgesprochen wird, ein „Wir-Gefühl" zu artikulieren und zu leben, aber auserwählte Politiker bei politisch korrekten Thesen schwadronieren dürfen!

Frei nach dem Motto:

„Wir schaffen das!"

Auf der Suche nach den Ursachen für den Selbsthass vieler auf ihre Nation wurde mir immer deutlicher, dass nicht wenige Deutsche dank medialer, schulischer und sonstiger Beeinflussung nur die 12 Jahre unserer Geschichte verinnerlichen, auf die wir seit 1945 reduziert werden.

Ende Juni 2023 kam der fünfte Teil von Indiana Jones in die deutschen Kinos. Verblüfft konnte der aufmerksame Kinobesucher feststellen, dass auch noch rund 80 Jahre nach Ende des Zweiten Weltkrieges weiter gegen Nazis gekämpft werden muss. Der böse Deutsche zeigt sich nirgendwo so häufig wie in den Hollywood-Produktionen und natürlich den Köpfen der hier lebenden „Deutschland-Hasser".

Ich habe den Film gesehen und konnte nicht glauben, wie oft der Begriff Nazi fiel und mit welcher Vehemenz das Bild des bösen Deutschen transportiert werden sollte.

Warum? Weshalb? Wofür? Welche Absicht steckt dahinter, Millionen Kinobesuchern zu vermitteln, dass der Kampf gegen Nazis aktuell sei und noch heute geführt werden müsse? Dabei wird in all diesen Hollywood-Blockbustern der deutsche Soldat immer nur als blutrünstiger, gnadenloser, herzloser Mörder gezeigt. Und weil der böse deutsche Soldat nicht nur grausam war, wird er auch grundsätzlich als außergewöhnlich dumm dargestellt.

Um bei dem Filmbeispiel zu bleiben, „erlegt" Indiana Jones Dutzende von tölpelhaften deutschen Soldaten und überlebt dabei sogar eine herznahe Schusswunde. Natürlich, geschossen hatte ja ein stümperhafter Deutscher!

Dass ein so trotteliges und ungeschicktes Volk mit einer derart unfähigen Armee überhaupt so viele Siege im Zweiten Weltkrieg erringen konnte und den Begriff Blitzkrieg prägte, lag offensichtlich daran, dass weder einer der Avengers noch Indiana Jones eingreifen konnte.

Hollywood ist DAS Beispiel, um zu dokumentieren, wie das Bild einer Nation mit einer mehr als 1.000-jährigen Geschichte auf 12 Jahre ihrer Existenz reduziert wird und wie selbst diese 12 Jahre ausschließlich Böses hervorgebracht haben sollen.

Schauen wir uns die Bösewichter beim internationalen Film an! Deutschsprachig zu sein, reicht aus, um sich als „Der Böse" in den Filmfabriken zu qualifizieren: Wobei kein Unterschied zwischen österreichischem und deutschem Pass gemacht wird.

Gert Fröbe, Curt Jürgens, Gottfried John, Klaus Maria Brandauer, Christoph Waltz, Jürgen Prochnow, Conrad Veidt, Hans Christian Blech und Udo Kier sind nur einige derer, die sich mit ihrer Muttersprache Deutsch als Bösewichter qualifizierten.

Niemand kann sich aussuchen, in welche Nation er geboren wird. Kein Mensch hat die Möglichkeit, Einfluss auf die Vergangenheit auszuüben und es ist auch noch nicht möglich, die genetischen Informationen eines Volkes, die sogenannte Volksseele abzulegen.

Selbstverständlich gibt es Eigenarten, die unterschiedlichen Völkern zugeschrieben werden können. Schauen Sie sich die typische Gestik der Italiener oder Franzosen an. Betrachten Sie die Intonation der verschiedenen Sprachen und vergegenwärtigen Sie sich die Kunst, Bauwerke und die vielen anderen kulturellen Eigenarten in den verschiedenen Ländern.

Schnell werden Sie feststellen, dass es natürlich unterschiedliche Völker mit spezifischen Eigenschaften gibt. Deutsch ist man nicht einzig durch den Pass. Deutsch ist man, weil man in einer Gesellschaft aufgewachsen ist, die einen geprägt hat, weil man genetische Informationen der Vorfahren in sich trägt und auch weil man sich dieser Kultur zugehörig fühlt.

Ich kenne Türken, Araber und Italiener, die in Deutschland aufgewachsen sind und sich als Deutsche fühlen. Menschen, die unsere Kultur, Werte und den deutschen Lebensstil lieben. Ebenso gibt es Deutsche, die hier geboren wurden und sich weder mit Deutschland noch seiner Bevölkerung identifizieren.

Deutsche, die alles ablehnen, was „typisch Deutsch" ist und viele von denen, die diesen Deutschen-Hass in sich tragen und ausleben, sind dabei viel deutscher als sie denken. In typisch deutscher Gründlichkeit wird alles bekämpft und zerstört, was sie als typisch deutsch ausgemacht haben.

Pünktlichkeit, Sportlichkeit, Fleiß oder familiäre Werte werden als „rechts" oder „völkisch" diskreditiert. Dabei wird geradezu militant gegen jeden vorgegangen, der es wagt, deutsche Traditionen, Tugenden und auch die so präzise und ausdrucksstarke deutsche Sprache adäquat anzuwenden.

Hier einige Schlaglichter, die man in den letzten Jahren in der Presse lesen konnte:

- „Stillende Mütter sind eher rechts"

- „Blonde Zöpfe bei Schulmädchen lassen auf ein rechtes Elternhaus schließen"

- „Sportliche Schuljungen lassen auf ein rechtes Elternhaus schließen"

- „Pünktliche Schulkinder lassen auf ein rechtes Elternhaus schließen"

- „Attraktive Frauen sind eher rechts"

- „Im Wald spazieren ist ein Zeichen für rechtes Gedankengut"

- „Selbstversorgung ist rechts"

- „Lebensmittelvorräte anlegen, ist rechts"

- „Die Klimaideologie zu hinterfragen, ist rechts"

- „Die Corona-Spritzung abzulehnen, ist rechts"

- „Für Friedensverhandlungen und den Stopp von Waffenlieferungen zu sein, ist rechts"

- „Die NATO zu kritisieren, ist rechts"

- „Regierungspolitiker auf Wahlveranstaltungen auszubuhen, ist rechts"

- Menschen, die der Meinung sind, es gäbe „nur" zwei Geschlechter, sind rechts

- Wer nicht gendert, ist rechts

- Bargeld ist rechts

- Wer Gold hat oder kauft ist rechts

Der Kampf gegen rechts ist in Wirklichkeit ein Kampf gegen Deutschland!

Die schlagkräftigsten Instrumente – um nicht von Waffen zu sprechen – gegen das Deutschsein sind die Gendersprache, die Frühsexualisierung der Kinder, das Zerstören der klassischen Familie, das Verbreiten von Angst sowie das Zerreißen der Gesellschaft in viele kleine Gruppen.

Divide et impera – spalte und herrsche!

Das deutsche Volk wird seit Jahrzehnten gezielt, bewusst und boshaft zerrissen. So wie man eine geschlossene Faust schwer brechen kann, aber einen einzelnen Finger mit Leichtigkeit bricht, so sollen wir dadurch zerstört werden, dass man uns gegeneinander ausspielt:

• rechts gegen links

• schwul gegen hetero

• alt gegen jung

• reich gegen arm

• Autofahrer gegen Radfahrer,

• Elektro-Autofahrer gegen Verbrenner-Autofahrer

• Fleischesser gegen Veganer

• Ostdeutsche gegen Westdeutsche

• Christ gegen Moslem

• Putin-Versteher gegen Putin-Hasser

• Geimpfter gegen Ungeimpfter

• „Klimagläubiger" gegen „Klimaleugner"

- Regierungsgläubiger gegen „Querdenker", „Schwurbler", „Reichsbürger" & "Corona-Leugner"

- Mainstream-Medien gegen Freie Medien

- „Alle" gegen die AfD

Die Wunderwaffe bei der Zerstörung der deutschen Identität ist das kollektive schlechte Gewissen! Täglich laufen in den Mainstream-Medien Dokumentationen, in denen uns die Gräueltaten des Dritten Reichs vor Augen geführt werden.

Da sind sie wieder die bösen Deutschen!

Die Partei „Die Grünen" diskutierte, den Parteislogan „Deutschland, alles ist drin" gegen „Grün, alles ist drin" zu tauschen, weil viele Menschen mit dem Wort Deutschland ein Problem hätten.

Weshalb haben Deutsche mit dem Wort Deutschland ein Problem?

Ungeachtet dessen, dass ich davon ausgehe, dass die Grünen von sich auf andere schließen und die Majorität der Deutschen absolut kein Problem mit dem Wort Deutschland hat, wendet sich dieses Buch auch an die Minderheit der Deutschen, die Deutschland verachten. Vorab sei ihnen folgendes auf den imaginären Weg des Erkennens mitgegeben.

Als 1939 der Zweite Weltkrieg ausbrach, hatte dieser zum einen nachweislich viele „Väter" und zum anderen ist kein einziger deutscher Soldat freiwillig in den Krieg gezogen. Ebenso würde heute ein Grüner auch nicht jubelnd zur Waffe greifen, wenn ein Kanzler dazu aufrufen würde.

Trotzdem mussten ALLE Deutschen ebenso wie die Kriegsgegner sowohl des Zweiten als auch Ersten Weltkriegs und aller Kriege davor unter den Folgen leiden.

Hier aufzurechnen nach dem Motto „die Deutschen haben aber angefangen", wird den unschuldigen Opfern beider Seiten nicht gerecht und ist moralisch auch nicht tragbar.

- 6 Millionen Deutsche starben im Zweiten Weltkrieg.

- 600.000 deutsche Flüchtlinge starben bei der Vertreibung aus ihrer Heimat in den Ostgebieten.

- 12 bis 14 Millionen Deutsche wurden aus den Ostgebieten vertrieben und haben alles verloren.

- 114.267 km² der Staatsfläche Deutschlands ging an Polen verloren.

- 11 Millionen deutsche Soldaten waren 1945 in Kriegsgefangenschaft.

- Bis zu 40.000 deutsche Kriegsgefangene starben allein in Rheinwiesen-Lagern, wo mehr als eine Million Soldaten ohne Unterkünfte auf dem nackten Boden über Monate zusammengepfercht waren (Zeitzeugen sprechen von mehreren hunderttausend toten Kriegsgefangenen).

- 2,25 Millionen Wohnungen wurden in Deutschland durch mehr als zwei Millionen Tonnen Bomben zerstört und bis zu drei Millionen teils schwer beschädigt.

- Rund 90% der Infrastruktur Deutschlands war beschädigt oder zerstört.

- 3,6 Millionen deutsche Kriegsgefangene waren auch noch 1946 bei den West-Alliierten interniert.

- 3,1 Millionen deutsche Kriegsgefangene waren in der Sowjetunion teilweise bis zum Oktober 1955 gefangen.

• Hunderttausende deutsche Frauen wurden Opfer der Vergewaltigungen durch die „Befreier".

Jeder Krieg ist ein Verbrechen. In jedem dieser sinnlosen, unmenschlichen und menschenverachtenden Kriege sterben als erstes die Wahrheit, dann die Menschlichkeit. Mit jedem Tod eines Menschen ist mehr als dessen Schicksal verbunden.

Die Zerstörung seiner Träume, Visionen, Pläne, Ziele, der Familienbande und unfassbar viele andere Aspekte sind mit jedem toten Soldaten und Zivilisten in einem Krieg verknüpft. Wieviel Kunst, Kultur und architektonische Glanzleistung hätten die Toten, wären sie nicht aus dem Leben gerissen worden, der Welt schenken können. Wie viele Kinder haben nicht das Licht der Welt erblickt, weil sie nicht gezeugt werden konnten?

Freundschaften? Liebschaften? Bekanntschaften? Errungenschaften? Erfindungen? Entdeckungen? Erfahrungen? Erlebnisse? Bücher? Filme? Bilder? Sichtweisen und Perspektiven sowie Millionen andere Dinge fanden nicht statt, weil ein Krieg einen Menschen oder Millionen aus dem Leben gerissen hat.

Auch unser Volk hat unter den Kriegen, die es geführt hat, gelitten. Auch Deutschland hat einen hohen Tribut dafür bezahlt.

Der Versailler Vertrag, der 1919 Deutschland verpflichtete, sogenannte Reparationszahlungen an die Kriegsgewinner des Ersten Weltkrieges zu zahlen, ist von den Nachfahren der Unterzeichner bis 2010 abgezahlt worden (die gezahlte Summe entspricht 100.000 t Gold). Unzählige weitere Reparationszahlungen wurden an andere Länder gezahlt.

Israel hat bisher laut Statista 81,97 Milliarden Euro an Entschädigungsleistungen für die Opfer des Nationalsozialismus erhalten.

Wer als Deutscher ein Problem mit dem Wort Deutschland hat, der sollte eine Therapie machen!

• Deutschland hat seit 2015 Millionen Flüchtlinge aufgenommen und versorgt, den größten Teil bis heute dank der deutschen Steuerzahler. Kein europäisches Land hat so vielen Flüchtlingen Asyl gegeben.

• Deutschland ist der größte Netto-Zahler der Europäischen Union.

• Deutschland hat 2022 mehr als 33,3 Milliarden Euro für Entwicklungshilfe in der Welt ausgegeben.

• Wir Deutschen haben 2022 mehr als 5,67 Milliarden Euro für wohltätige Zwecke gespendet.

• 22 Milliarden Euro sind offiziell in den ersten 18 Monaten des Ukraine-Krieges von Deutschland an die Ukraine in Form von Rüstungsgütern und sonstiger Unterstützung geflossen, obwohl die Mehrheit der Deutschen für eine neutrale Haltung Deutschlands in diesem Konflikt war.

• Wir zahlen die höchsten Sozialabgaben der Welt.

• Wir haben die höchsten Energiekosten der Welt.

• Wir haben die höchste Steuerquote der Welt.

• Wir sind das ärmste Land in Westeuropa.

Die deutschen Deutschland-Hasser möchten dieses Land und sein Volk so lange weiter kleinreden, drangsalieren, auspressen und beleidigen, bis es weder das Land noch das Volk gibt.

Deutschland ist ein Land der offenen Herzen und der Menschlichkeit. Wir Deutsche sind zur Stelle, wenn unsere Nachbarn oder irgendein anderes Land unsere Hilfe benötigen und in Not sind.

Weshalb es Leute in unserem Land gibt, die ein schlechtes Gefühl haben, wenn sie Deutschland hören, kann ich nicht erklären. Möglicherweise reflektieren sie ihr mangelndes Selbstbewusstsein mit einer Kombination aus Penisneid ihren erfolgreicheren Vorfahren gegenüber und dem Mangel an Selbstliebe auf das Bild ihres Landes.

Ich widme mich diesen bemitleidenswerten Zeitgenossen im Weiteren nur marginal und wende mich jetzt wieder unserem großartigen Land zu.

Dieses Buch relativiert nicht und blendet auch nichts aus. Made in Germany hat die Absicht, uns die schöne, liebenswerte, bewundernswerte und tatkräftige Seite unserer Vorfahren zu vergegenwärtigen. Dieses Buch ist als Wertschätzung unserer Vorfahren gedacht und möchte anspornen und dazu beizutragen, Deutschland in seiner vielfältigen Einzigartigkeit zu erhalten und mitzugestalten.

Das Wort Erfinden steht in unserer wunderschönen Sprache je nach Anwendung für zwei Bedeutungen. Jemand, der etwas erfindet, erzählt eine Geschichte, die nicht wahr ist. Er hat die Geschichte erfunden.

Zum anderen ist eine Erfindung etwas, das es noch nicht gegeben hat, bis jemand dank seiner Fantasie, Fähigkeit und Ausdauer diese erschuf. Einer Erfindung wohnt auch immer ein großes Stück Fantasie inne. Ebenso wie bei guten Märchenerzählern, die uns mit Fantasie ihre erfundenen Geschichten erzählen, sind es die Erfinder, die so manche erfundene Geschichte zu einer realen Erfindung machen.

Lassen Sie sich von den Erfindern, den Pionieren unseres Landes, dazu inspirieren zum Wohle Ihrer Mitmenschen – nicht nur in Deutschland – anzupacken, zu entwickeln, zu bewahren und optimistisch für unser Volk und das Land zu bleiben!

Ich bin sicher, dass man zu praktisch jedem Land auf der Welt ein ähnliches Buch schreiben könnte. Da ich aber Deutscher bin, schreibe ich über mein Land! Deutschland!

„Die Zuwanderung ist eine als humanistisch getarnte Selbstzerstörung der deutschen Kultur und Nationalität."

Martin Renner

Der Prolog

Möchte Walhalla förderlich sein der Erstarkung und der
Vermehrung deutschen Sinnes! Möchten alle Deutschen,
welchen Stammes sie auch seien, immer fühlen, dass sie ein
gemeinsames Vaterland haben, ein Vaterland, auf das sie
stolz sein können, und jeder trage bei, soviel er vermag,
zu dessen Verherrlichung.

Ludwig I. von Bayern

Auf der Suche nach dem Ursprung für das Gütesiegel Made in Germany kann man viele spannende Geschichten finden. Ähnlich wie bei der Verstümmelung der deutschen Sprache haben auch hier die nationalen und internationalen Deutschland-Hasser Hand angelegt.

Einigkeit gibt es darin, dass England am 23. August 1887 den „Merchandise Marks Act" in Kraft setzte. Zum Schutz vor billigen und minderwertigen Plagiaten hochwertiger englischer Messer aus Sheffield mussten deutsche Produkte ab sofort mit Made in Germany gekennzeichnet werden.

Sowohl auf Wikipedia als auch in vielen anderen Veröffentlichungen wird erklärt, dass bis dahin die deutschen Waren oft minderwertig waren und vor allem deutsche Messer nicht mit der Qualität englischer Sheffield-Messer mithalten konnten.

Made in Germany war ein Warnhinweis, um Käufer vor der mangelhaften Ware zu schützen. Innerhalb weniger Jahre hätte Deutschland es dann geschafft, seine mangelhaften Güter so zu optimieren, dass aus dem Warnhinweis ein Gütesiegel wurde.

Seit dem 13. Jahrhundert werden in Solingen Klingen für Schwerter und Messer hergestellt und vertrieben. Später kamen Klingen für Scheren dazu. Erst etwa 400 Jahre später – Mitte des 17. Jahrhunderts – erblickte das erste Barlow-Messer in Sheffield, England, das Licht der Welt.

Weshalb die deutsche Messerindustrie in Solingen 600 Jahre minderwertige Klingen hergestellt haben soll, um dann nach Einführung des „Merchandise Marks Act" und der Kennzeichnungspflicht innerhalb weniger Jahre die Produktionstechniken so verfeinert zu haben, dass die Messer zu den beliebtesten der Welt wurden, wird auf Wikipedia nicht beantwortet.

Fakt ist, dass England praktisch die ganze Welt wirtschaftlich unterworfen hatte und erkennen musste, dass sowohl das russische Zarenreich als auch das deutsche Kaiserreich weitgehend außerhalb des Einflusses Englands aufblühten.

Sowohl Zwietracht zwischen Russland und Deutschland als auch die Behinderung des freien Handels der Deutschen waren das Ziel Englands. Das Made in Germany-Siegel war nichts anderes, als der Versuch einen starken und besseren Konkurrenten aus dem Markt zu drängen.

Rückblickend kann festgestellt werden, dass der Versuch, deutsche Waren zu brandmarken, gründlich schief gegangen ist.

Ich nehme Sie jetzt mit auf eine kleine Reise durch die Zeit und bin sicher, dass Sie an der ein oder anderen Stelle genauso verblüfft sein werden, wie ich es war, was alles in Deutschland erfunden, entwickelt und erdacht wurde.

ABS

Das ABS-Antiblockiersystem wurde 1969 von Bosch entwickelt. Mit dem Einsatz des ABS war es erstmals möglich, die ohne ABS beim Bremsen häufig blockierenden Räder lenkbar zu machen. Eine Erfindung, die sicher Millionen Leben gerettet hat.

Wenn es nach den Grünen ginge, wäre auch das ABS verboten. Nicht weil es schlecht ist, sondern weil sie es nicht verstehen!

Eduardo Gambetti

Airbag

Eine der genialsten Erfindungen in der Autoindustrie ist der Airbag.

Ein „Luftsack", der sich bei einem Unfall innerhalb von Millisekunden entfaltet und die Fahrgäste „weich" abfängt.

Mercedes Benz hat seit 1966 an der Entwicklung von Airbags gearbeitet und schon 1971 diese bahnbrechende Erfindung patentiert.

Die Funktionsweise des Airbags ist „einfach", aber genial. Das Steuergerät für den Airbag registriert über mehrere Sensoren am Fahrzeug die Verzögerung bei einem schweren Unfall und aktiviert die passenden Rückhaltesysteme. Die Auslösung erfolgt durch einen kleinen pyrotechnischen Treibsatz. Die dabei entstehenden Abgase befüllen den Luftsack innerhalb von Millisekunden.

Der Einsatz des Airbags kann lebensgefährlich für Kinder sein und kann ohne den parallel angelegten Drei-Punkt-Sicherheitsgurt ebenfalls zu schwersten Verletzungen führen bzw. „bestenfalls" ohne Gurt deutlich an Wirkungskraft verlieren.

Erstmals kam ein Airbag 1981 in der Mercedes S-Klasse zum Einsatz. Zunächst nur für den Fahrer und kurze Zeit später dann auch für den Beifahrer.

Einige erinnern sich vielleicht noch an die Mercedes-Werbung aus den 1980er Jahren, als der Fahrer gefragt wurde, ob die Frau an seiner Seite seine Frau sei und weshalb sie keinen Airbag hätte. Damit bewarb Mercedes den Einsatz des Beifahrer-Airbags als einer der ersten Autohersteller weltweit.

Heute gibt es praktisch keinen Hersteller mehr, der Fahrzeuge ohne Airbag ausliefert.

Volkswagen brachte mit dem VW Phaeton später eines der ersten Luxusfahrzeuge heraus, die über zehn (!) Airbags verfügten.

Es gilt als sicher, dass die deutsche Erfindung – der Airbag – eine der wichtigsten im Bereich der Fahrzeug-Sicherheit des 20. Jahrhunderts war.

Meine Definition von Überflüssigkeit ist ein Airbag im Auto eines Politikers.

Larry Hagman

Alleskleber

Ich habe drüben in Deutschland wenig Kontakt mit den Einheimischen gehabt. Die wenigen Deutschen, die ich traf, waren bescheiden und höflich. Ich mochte sie irgendwie.

Elvis Presley

Plötzlich waren sie da. Über Nacht. Aus dem Nichts!

Die „Klimakleber" erzwangen sich „ihren" Platz in der Welt und unserem Bewusstsein. Kinder und „Jugendliche" zwischen 12 und 40 Jahren erschienen 2022 in vielen Teilen Europas und den USA auf unseren Straßen und Flughäfen, wo sie sich mittels Klebstoffes auf Fahrbahnen und Rollfelder zu kleben begannen.

Seither tyrannisieren die Klimaterroristen Millionen fleißiger, steuerzahlender Mitmenschen mit ihren Erpressungsmethoden. Dabei gehen sie gnaden- und rücksichtslos vor. Ohne einen Funken an Empathie oder herzlicher Mitmenschlichkeit.

Von dem Irrglauben besessen, sie seien moralisch überlegen, sie wären die Guten und hätten das Recht auf ihrer Seite, kleben sie sich beinahe täglich in irgendeiner Großstadt ihren Mitmenschen in den Weg (außer in den Sommerferien, wo sie vorzugsweise mit den Eltern oder zumindest auf deren Kosten ihre Flugfernreisen antreten).

Regierung und Medien schauen weg, verharmlosen und verniedlichen diesen Terror.

Eine der Organisationen wurde sogar vom Bundesumweltministerium –

nachweislich – mit rund 150.000 € unterstützt.

Hart erarbeitete Steuergelder für Gesetzesbrecher, die der arbeitenden Bevölkerung den Weg zur und von der Arbeit verunmöglichen.

Dabei sind diese Gören nicht uneigennützig unterwegs. US-amerikanische, englische und kanadische Millionäre finanzieren diese Gruppen. Dahinter stecken knallharte Geschäftsleute, die Deutschland destabilisieren, die Klimaagenda weltweit mit Gewalt durchsetzen möchten und die Völker der Welt mittels dieser Agenda enteignen wollen.

Diese Klimaterroristen sind willige Handlanger von Leuten, denen das Klima, das Wetter und die Menschen nicht gleichgültiger sein könnten.

Der Erfinder des Allesklebers würde sich wahrscheinlich im Grabe umdrehen, wenn er wüsste, wozu auch seine Erfindung beigetragen hat.

Der Apotheker August Fischer hat im Alter von 64 Jahren den Alleskleber erfunden.

Nach mehr als acht Jahren intensiver Forschung und Tüftelei präsentierte der Pharmazeut 1932 voller Stolz den ersten gebrauchsfähigen, künstlichen und glasklaren Alleskleber der Welt. Der Wunderkleber heißt UHU und wird bis heute in mehr als 120 Länder verkauft.

Die Wahrheit ist der stärkste Klebstoff zwischen den Menschen und doch haftet er bei so vielen nicht.

Claudius Fabig

Anrufbeantworter

Das ist schön bei den Deutschen: Keiner ist so verrückt, dass er nicht einen noch Verrückteren fände, der ihn versteht.

Heinrich Heine

In der Serie „Detektiv Rockfort – Anruf genügt" habe ich als Kind zum ersten Mal einen Anrufbeantworter gesehen. Sofort war ich begeistert und mir war klar, wenn ich eines Tages erwachsen sein würde, dann besäße ich als erstes einen Anrufbeantworter.

Nun gut, bei der Reihenfolge der ersten Besitztümer ist der Anrufbeantworter dann doch nicht auf einem der vordersten Plätze gelandet. Aber es kam der Tag, da wurde ich stolzer Besitzer eines solchen Wundergerätes. Damals gab es noch einen kleinen Pieper dazu, den man, wenn man sich selbst anrief, um das Gerät abzuhören, an die Sprechmuschel halten musste.

Wer heute unter 40 ist, der kann möglicherweise die Freude derer nicht verstehen, die sie ergriff, wenn sie das erste Mal einen Anruf auf ihrem Anrufbeantworter erhalten hatten. Damals war es, zumindest bei mir, weniger der Notwendigkeit als dem Image geschuldet, Besitzer eines solchen Gerätes zu sein.

Heute habe ich nicht einmal eine Mailbox und bin froh, wenn sich die Erreichbarkeit in Grenzen hält. In der guten alten analogen Zeit war der Anrufbeantworter viele Jahrzehnte ein wichtiger Helfer für Selbstständige, die sich keine Mitarbeiter im Büro leisten konnten und für Familien, die über dieses Gerät miteinander kommunizierten. Funktelefone und

Smartphones waren damals noch Science-Fiction.

Die Erfindung haben wir einem Elektriker zu verdanken, der übrigens 1930 auch den elektrischen Wagenheber entwickelt hat.

Willy Müller hat 1938 den automatischen Anrufbeantworter „Telephonograph" erfunden.

Aufgrund der Kriegswirren musste er vier lange Jahre auf die Zulassung warten und wegen des Krieges ließ sich sein „Telephonograph" auch nicht verkaufen.

Nach dem Krieg startete Willy Müller mit der verbesserten Version „Alibiphon" neu durch und verhalf dem Anrufbeantworter zum Durchbruch.

Der Anrufbeantworter stammt aus einer Zeit, in der die meisten Menschen noch Fragen stellten und nach Antworten suchten!

Claudius Fabig

Antibabypille

Deutschland wurde geschlagen, wir alle haben verloren.

Charles de Gaulle

Im 20. Jahrhundert gab es viele bedeutende Revolutionen. Möglicherweise war der 8. März 1917 am bedeutendsten für die geopolitischen Verwerfungen der darauffolgenden 100 Jahre und darüber hinaus. Hätte der Zar die Revolution überstanden, wie hätte sich das Verhältnis zwischen Deutschland und Russland entwickelt? Wäre es zum Zweiten Weltkrieg gekommen und hätten es die USA geschafft, sich zur selbsternannten „Weltpolizei" mit uneingeschränkter Immunität aufzuschwingen, wenn Deutschland und Russland befreundet und nicht verfeindet gewesen wären?

Viele Revolutionen haben das 20. Jahrhundert geprägt und in der Regel assoziieren wir mit einer Revolution kämpferische oder kriegerische Auseinandersetzungen in einem oder mehreren Ländern. Die Definition von Revolution ist ein grundlegender und nachhaltiger struktureller Wandel eines oder mehrerer Systeme, der meist abrupt oder in relativ kurzer Zeit vor sich geht!

Tatsächlich gibt es aber auch Revolutionäres, welches durch Erfindungen und Entwicklungen entsteht!

Eine der möglicherweise revolutionärsten Erfindungen des 20. Jahrhunderts ist die Antibabypille.

Auf den ersten Blick aus den Augen unserer „aufgeklärten" Zeit betrachtet, ist die Pille „nur" ein Verhütungsmittel. Gleichwohl war die Einführung der ersten Pille „Enovid" 1957 in den USA eine Revolution. Obwohl das Produkt offiziell als Mittel gegen Menstruationsbeschwerden auf den Markt kam, war es ein Verhütungsmittel und so wurde es am 18. August 1960 auch als Schwangerschafts-Verhütungsmittel in den USA vermarktet.

In Deutschland brachte Schering die Pille unter dem Namen „Anovlar" auf den Markt. Ebenfalls nur gegen Menstruationsbeschwerden. „Anovlar" durfte nur verheirateten Frauen mit mehreren Kindern verschrieben werden und die schwangerschaftsverhütende Wirkung wurde unter den „Nebenwirkungen" erwähnt.

Das Revolutionäre an der Pille war, dass die Frauen nun direkt die Regie bei der Geburtenkontrolle bzw. Verhütung übernehmen konnten.

Mit Einführung der Pille entstand die sogenannte „Sexuelle Revolution".

Hier kann die Wurzel der 1968er-Bewegung ausgemacht werden. Nach dem Motto:

Wer zweimal mit derselben pennt, gehört schon zum Establishment!

„Freie Liebe", Sex in Gruppen, immer und überall wurde zum Sinnbild vieler Menschen dieser Generation.

Mit dem Einsatz der Pille gab es eine der ersten großen gesellschaftlichen Spaltungen. Die eine Seite mahnte, dass es auch um ungeborenes Leben, welches zu schützen sei, ginge und die andere stand auf dem Standpunkt: Mein Körper meine Entscheidung. Ein Standpunkt, der wenige Jahre später beim Thema Abtreibung noch an Bedeutung gewinnen sollte.

Mein Körper – Meine Entscheidung wurde im 21. Jahrhundert zum

Leitspruch der „Aufgeklärten" und mit der Impfpflicht von den lautesten Schreihälsen dieses Slogans und Befürwortern einer selbigen ad absurdum geführt!

Als die Pille in den 1960er Jahren mehr und mehr zum Einsatz kam, stellte sich noch niemand die Frage, was diese „Hormontherapie" mit den Frauen und vor allem möglichen Kindern nach Absetzen der Hormone machen würde und obwohl die Hormondosis im Laufe der Jahre immer geringer wurde und neue Produkte absolute Sicherheit versprachen, kann eine offensichtliche „Nebenwirkung" der Pille nicht verleugnet werden:

Die Beliebigkeit des menschlichen Lebens!

Die Pille versprach den Frauen die Befreiung! Dieses Versprechen wurde aber nur auf den ersten Blick erfüllt. War eine Frau bis in die 1960er Jahre noch Mutter und Ehefrau wurde sie auch – aber nicht nur – durch die Pille ein großes Stück vom sogenannten Patriachat befreit. Endlich mussten sich die „unterdrückten" Frauen nicht mehr den Kindern widmen, da sie dank der Pille selbst entscheiden konnten, ob und wann sie Kinder bekommen würden.

Endlich waren die Frauen frei vom „Zwang" der Familienplanung und konnten ebenso wie die Männer einen „selbstbestimmten" Weg ins Berufsleben gehen, ohne sich um die „lästigen" Kinder kümmern zu müssen.

Einer der ersten und wohl wichtigsten Schritte der Zerstörung der Familie war gegangen worden. Zeitgleich erschienen immer öfter Artikel von „Experten", die den Frauen erklärten, dass es an der Zeit sei, sich zu emanzipieren. Frei vom Mann selbst Geld zu verdienen.

Diese „Befreiung" der Frauen hatte und hat nur eine klitzekleine Schattenseite. Die Geburtenraten gingen zurück und Kinder mussten immer häufiger ohne Vater und Mutter auskommen, da beide berufstätig waren und so die kostbare Zeit mit den Kindern aufs Wochenende verlegt wurde. Kindergarten, Schule und andere staatliche bzw. private Stellen übernahmen die Aufgabe der Mütter und praktischerweise konnte so den Kleinen schon in frühester Jugend das neue Familienbild vermittelt werden. Vater arbeitet, Mutter arbeitet und beide zahlen Steuern.

Der Irrsinn, mit dem auch dank der 1968er-Generation die klassische Familie als spießig, konservativ, überkommen, rechts und völkisch diskreditiert wurde und wird, ist inzwischen so weit gekommen, dass unseren Kindern erklärt wird, sie könnten sich ihr Geschlecht selbst aussuchen und auch Männer wären in der Lage, Kinder zu bekommen. Die Generation derer, die noch ein normales Elternhaus hatten, in dem Vater und Mutter gleichermaßen ihren elterlichen Pflichten nachkamen und wo das Geld des Vaters als Alleinverdiener ausreichte, die Familie zu ernähren, wird heute verächtlich als „Boomer" bezeichnet.

Heute arbeiten Vater und Mutter, sollen sich Elternteil eins und zwei nennen und können mit beiden Einkommen keine Familie mehr unterhalten!

Sie sehen, lieber Leser, dass es tatsächlich nicht übertrieben war, die Pille als revolutionäre Erfindung zu bezeichnen. Eine gesellschaftliche Revolution, die nicht nur aus einer Sicht die Grundlage der Zerstörung unserer Familien darstellt und vor allem mittels einer Pseudo-Emanzipation und Befreiung der Frauen diese zu willigen „Steuersklaven" degradiert hat!

Natürlich sollte jede Frau arbeiten gehen, wenn sie sich dazu berufen fühlt. Mit Sicherheit macht es Sinn, dass Frauen ebenso wie Männer einen adäquaten Beruf lernen.

Gleichwohl kann und darf es nicht sein, dass Frauen, die sich bewusst für den Beruf Mutter entscheiden und mehr als ein Kind bekommen möchten, in Deutschland als rechts oder gar völkisch bezeichnet werden. Ebenso ist es unerträglich, mit welcher vehementen Arroganz viele berufstätige Frauen auf ihre Geschlechtsgenossinnen herabblicken, wenn diese „nur" als Mutter ihre Rolle in unserer Gesellschaft füllen möchten.

Die Grundlage für die Pille legte der deutsche Chemiker Adolf Butenandt. Nach jahrelanger Grundlagen-Forschung gelang es ihm, an Tierversuchen die Verhütung durch Hormone nachzuweisen.

1939 wurde Adolf Butenandt für seine bahnbrechende Sexualhormonforschung der Nobelpreis für Chemie verliehen.

Butenandts Forschungen und sein unermüdlicher Drang machten ihn zum Begründer der sexuellen Revolution im 20. Jahrhundert.

Der Erfindung der Pille mag eine gute Absicht zu Grunde liegen. Wie bei vielen Erfindungen wurde aber diese gute Absicht nicht ausschließlich zum Wohle der Gesellschaft genutzt, zum Wohle der Frauen und Kinder ganz sicher nicht.

Teenager: Mädchen, die mehr über die Pille wissen als ihre Mütter über die Geburt.

Dustin Hoffman

Aspirin

Die Deutschen sind ein gemeingefährliches Volk: Sie ziehen unerwartet ein Gedicht aus der Tasche und beginnen ein Gespräch über Philosophie.

Heinrich Heine

Wenn in Deutschland oder irgendwo anders in der Welt jemand nach einer Aspirin fragt, ist klar, was gemeint ist: eine Kopfschmerztablette. Ähnlich wie Zewa für Papierrolle oder Tempo für Papiertaschentuch ist die Marke Aspirin der allgemein assoziierte Begriff für die Produktfamilie Kopfschmerztabletten.

Obwohl es weltweit inzwischen hunderte Konkurrenzprodukte gibt, wird mit Aspirin immer noch ein Umsatz von etwa 450 Millionen Euro generiert.

Aspirin ist schmerzstillend, fiebersenkend und hat entzündungshemmende Eigenschaften. Der Hauptinhaltsstoff Acetylsalicylsäure wirkt auch blutverdünnend und könnte bedingt Schlaganfall und Herzinfarkt vorbeugen.

Als Erfinder von Aspirin gibt die Bayer AG bis heute Felix Hoffman an. Hoffman soll Ende des 19. Jahrhunderts als kaufmännischer Leiter der Bayer AG vorgestanden haben, als erstmals Acetylsalicylsäure hergestellt wurde.

Gegen Ende des Zweiten Weltkriegs trudelte ein Brief bei IG Farben ein, in dem Arthur Eichengrün, ein ehemaliger Gefangener eines Konzentrationslagers, die Erfindung von Aspirin für sich in Anspruch nahm.

Der Medizinhistoriker Walter Sneader kam nach umfangreichen Studien der Aufzeichnungen von Felix Hoffmann zu dem Schluss, dass tatsächlich Arthur Eichengrün der Erfinder des Aspirins gewesen ist.

Ungeachtet dessen, wer diese Erfindung gemacht hat, bleibt festzuhalten, dass es eine deutsche Erfindung war, die so manchen Kater vertrieben und Milliarden Menschen geholfen hat, ihre Schmerzen zu lindern.

Die Schattenseite von Aspirin ist aus meiner Sicht, dass mit der Einführung und massenhaften Vermarktung auch der Trend zur Pharmagläubig- und Hörigkeit in den westlichen Gesellschaften seinen Lauf nahm.

Anstatt ausreichend reines Wasser zu trinken, Obst & Gemüse zu essen, Sport zu treiben und Genussmittel wie Alkohol und Nikotin tatsächlich nur als Mittel zum Genuss anzuwenden, haben sich viele von uns daran gewöhnt, unseren Körper bis an die Grenzen seiner Leistungsfähigkeit zu „vermüllen", um ihn dann, bei sich einstellenden Beschwerden, nicht zu entgiften und ihm Ruhe zu gönnen, sondern die selbstverursachten Symptome mit einer Handvoll Aspirin oder anderen Medikamenten zu unterdrücken. Für Viele ein Kreislauf ins Verderben.

Wer schon einmal in den USA war und dort die Fernsehwerbung gesehen hat, der weiß, dass gefühlt jede dritte Werbung Medikamentenwerbung ist. Zwischen den eigens für die Werbeblöcke produzierten Serien auf dem Höhepunkt des Spannungsbogens und unserer mentalen Aufmerksamkeit wird für praktisch jedes Leiden eine Lösung der Pharmaindustrie angeboten.

Mit Aspirin begann der Siegeszug der Pharmagläubigkeit der Massen.

In der westlichen Welt recherchieren viele tage- und wochenlang, bevor sie sich für ein Smartphone, einen Flachbildschirm, eine Reise oder ein Auto entscheiden. Immer mehr Menschen kaufen nur noch Bio und ernähren sich bewusst vegan.

In der westlichen Gesellschaft wird über gesunde Kochrezepte und Yoga philosophiert. Viel Zeit wird bei der Recherche für den nächsten Urlaub investiert.

Bei einer plötzlichen Krankheit oder einer medial propagierten „Pandemie" schalten viele nicht ihren gesunden Menschenverstand, ihr Bauchgefühl, ein. Anders als beim Kauf des neuen Tablets werden auch nicht unterschiedliche Quellen befragt.

Dank der vielen von uns anerzogenen Pharmagläubigkeit wird geschluckt und gespritzt, was das Zeug hält!

Obwohl „Wir" uns bei so vielen kleinen und großen Dingen ausführlich und umfassend informieren, abwägen und abwarten, verhalten „wir" uns, wenn es um das Wichtigste in unserem Leben geht – unseren Körper – wie hypnotisierte Zombies!

Zu Risiken und Nebenwirkungen gibt es bei vielen Menschen dann häufig nicht mehr die Möglichkeit jemanden zu fragen, weil der Fragesteller an den Nebenwirkungen verstorben ist.

Aspirin ist sicher eine großartige Erfindung aus Deutschland. Gleichwohl aus meiner Sicht auch eine „Einstiegsdroge" vieler auf dem Weg vom gesunden, selbstbestimmten Konsumenten zum kranken abhängigen Patienten!

Freunde sind wie Aspirin. Wir wissen nicht genau, warum sie eine heilende Wirkung haben, aber sie haben sie.

unbekannt

Atombombe

Der deutsche Atomphysiker Robert Oppenheimer ist der Erbauer der ersten Atombombe der Welt.

In den frühen 1940er Jahren wurde unter Leitung des deutschen Wissenschaftlers Robert Oppenheimer in Los Alamos am sogenannten Manhattan-Projekt gearbeitet. Unter streng geheimen Bedingungen wirkten mehr als 150.000 Menschen an der Entwicklung der Atombombe mit. Die Kosten beliefen sich auf astronomische 1,9 Milliarden US-Dollar (dies entspricht nach heutiger Kaufkraft etwa 40 Milliarden US-Dollar).

Im August 1945 warf die USA zwei Atombomben auf Japan. Am 06. August wurde Hiroshima atomar vernichtet, drei Tage später Nagasaki. Obwohl Japan vor dem Abwurf bereits geschlagen war und die Kapitulation nur eine Frage von Tagen oder Wochen gewesen wäre, bestand die Militärführung der USA darauf, die Bomben abzuwerfen.

Oppenheimers Erfindung, an deren Bau er so fieberhaft gearbeitet hatte, weil er verhindern wollte, dass Adolf Hitler zuerst eine Bombe hätte und damit unschuldige Zivilisten hätte töten können, tötete innerhalb von Stunden mehr als einhunderttausend Menschen. Unschuldige Zivilisten.

Direkt durch die Explosionen, den Feuersturm oder die Radioaktivität nach Tagen, Wochen, Monaten und Jahren. Konkrete Zahlen sind schwer zu recherchieren, weil die Täter dieses Wahnsinns auch die Herren über die Informationsquellen sind.

Der Abwurf der Atombomben war ebenso grausam und sinnlos wie die Zerstörung Dresdens im Februar 1945. Doch die USA wollten Russland in beiden Fällen zeigen, wie schlagkräftig sie waren. Zudem konnte so am lebenden Organismus ausprobiert werden, wozu die Atomkraft in der Lage war.

Oppenheimer äußerte sich kurz darauf kritisch zur Wasserstoffbombe und so wurden ihm die Sicherheitsfreigabe und sämtliche Folgeaufträge entzogen.

1962 wurde Oppenheimer rehabilitiert und 1963 mit dem FERMI-Preis der Atomenergie ausgezeichnet.

Der Irrsinn unserer Zeit und die Skrupellosigkeit vieler Politiker auf der Welt lassen sich am Umgang mit der Atomkraft bzw. -bombe eindrucksvoll aufzeigen.

Seit 1945 gab es 2052 oberirdische Atombomben-Tests. Allein die 1961 von den Russen gezündete Bombe „Zar" war, bezüglich der Radioaktivität, 4.000-mal stärker als die Hiroshima-Bombe.

Unsere wundervolle Erde wurde mit der „Zar" mit so viel radioaktiver Strahlung verschmutzt, als hätte man von 1945 bis 2022 jede Woche eine Hiroshima-Bombe gezündet. Oberirdisch!

Die Zunahme von Krebs sowie unzähliger anderer „Zivilisationskrankheiten" könnte möglicherweise auch am radioaktiven fall out dieser Tests liegen. Doch medial wird uns jede Anomalie als selbstverursachter Schicksalsschlag verkauft. Sie haben Krebs? Bestimmt haben Sie zu viel gegrillt, Fleisch gegessen, das Solarium besucht und am Strand gesonnt oder Sie haben sich nicht genügend impfen lassen.

Mit der Erfindung der Atombombe wurde der Menschheit auch ein „Geschenk" gemacht, dessen sie sich nicht würdig erwiesen hat.

Nicht alles, was machbar ist, sollte auch gemacht werden. Nicht jeder Gedanke sollte in die Tat umgesetzt werden. Oppenheimer hat einen Geist aus der Flasche gelassen, den die Menschen offenbar nicht wieder in dieses imaginäre Gefäß zurückstopfen können.

Die Dummheit, Machtbesessenheit und Arroganz vieler Politiker und Wissenschaftler macht die Existenz tausender Atomwaffen auf der Erde zu einem Damoklesschwert ungeahnten Ausmaßes.

Einige Leute behaupten, dass es keine Atombomben gäbe, dass die Städte Hiroshima und Nagasaki konventionell zerstört worden wären. Doch weder teile ich diese „optimistische" Ansicht, noch kann sie uns beruhigen.

Oppenheimer hat der Welt mit dieser deutschen Erfindung keinen Dienst und seinem Heimatland keine Ehre erwiesen.

Trotzdem habe ich die Hoffnung, dass die Menschheit zeitnah zur Vernunft kommt, sich eine neue, herzliche und menschliche Generation von Politikern wählt und Sie, lieber Leser und ich es erleben werden, dass die Atomwaffen zerlegt und unbrauchbar gemacht worden sind.

Was mich erschreckt, ist nicht die Zerstörungskraft der Atombombe, sondern die Explosionskraft des menschlichen Herzens zum Bösen.

Albert Einstein

Aufforstung

Man mag von den Deutschen sagen, was man will, und ich bin geneigt, das Härteste von ihnen zu sagen. Aber sie sind jedenfalls ein männliches Volk.

Paul Ernst

Einst waren sowohl Italien als auch Griechenland waldreiche Länder. Doch in der Antike wurden die Wälder für den Schiffsbau, Gebäude, Palisaden und nicht zuletzt Brennholz gerodet. Wie Landschaften aussehen, in denen nicht rechtzeitig wieder Aufforstung betrieben wurde, kann man in Südeuropa ebenso eindrucksvoll sehen wie in vielen anderen Teilen der Welt.

Bevor in Deutschland die Grünen und ihre gefälligen Lakaien damit begonnen hatten, den deutschen Wald für ineffiziente Windräder und Solarfelder zu vernichten, ohne die gefällte Anzahl von Bäumen durch eine entsprechende Menge an Neugepflanzten zu ersetzen, war unser Land das Musterbeispiel für Wiederaufforstung.

Deutschland hat bereits 1368 erfolgreich eine Methode zur Aufforstung von Nadelholz in großem Stil entwickelt und umgesetzt.

Unseren Vorfahren war klar, dass sie die Wälder nicht unbegrenzt roden konnten und so ersann der Nürnberger Rats- und Handelsherr Peter Stormer die erste Wiederaufforstung im Nürnberger Reichswald. Mit diesem Akt wurde dieses Waldgebiet zum ersten Kunstforst der Welt und Peter Stormer zum Erfinder und Vater der Forstkultur.

Heute ist nach §11 des Bundeswaldgesetzes die Wiederaufforstung abgeholzter bzw. geschädigter Waldflächen gesetzlich vorgegeben.

In der Zeit zwischen 1800 und 1815 wurde aus der Forstwirtschaft eine Wissenschaft. Der Sachse Carl Carlowitz erfand den Begriff Nachhaltigkeit. Hinter diesem Wort stand die Idee, niemals mehr Bäume zu schlagen als nachwachsen können.

Trotz gigantischer Waldflächen, die Windkraftanlagen und Solarfeldern weichen mussten, stehen in Deutschland noch viele Milliarden Bäume. Bäume wandeln CO_2 in Sauerstoff um.

Wenn man der Idee der CO_2-Sekte folgt und Deutschland 600 Millionen Tonnen CO_2 erzeugt, dann müsste man als kluger Zeitgenosse nur errechnen, wie viele Bäume man benötigt, um das produzierte CO_2 auszugleichen und die CO_2 Menge mit dem Baumbestand gegenrechnen. Nicht jeder Baum wandelt gleich viel CO_2 in Sauerstoff um, bei Eichen sind es 18,87 kg, Buchen 15,89 kg, Fichten 20,13 kg und bei Tannen 20,72 kg.

Selbst wenn wir davon ausgingen, dass in Deutschland nur Buchen stünden, die 15,89 kg CO_2 pro Jahr in Sauerstoff umwandeln, müssten wir die folgende Menge an Bäumen in der BRD haben, um die CO_2-Emissionen der Deutschen auszugleichen:

37.759.597,23 Bäume verwandeln die 600 Millionen Tonnen CO_2, die Deutschland angeblich emittiert, in Sauerstoff um.

Liebe Leser! Diese einfache Rechnung können Sie jederzeit selbst gegenrechnen.

Wenn uns gesagt wird, wir müssten CO_2 einsparen, weil es sonst zu einer Klimaerwärmung kommt, dann ist es zwingend nötig, zuerst der

Frage nachzugehen, ob wir nicht eine einfache Möglichkeit haben, CO_2 in Sauerstoff umzuwandeln! Die Möglichkeit gibt es, da Bäume CO_2 in Sauerstoff umwandeln.

In Deutschland stehen mehr als 90 Milliarden Bäume. Weniger als 38 Milliarden benötigen wir in Deutschland, um die angeblichen 600 Millionen Tonnen CO_2, die produziert werden, in Sauerstoff zu verwandeln. Erkennen Sie an diesem Beispiel, dass es niemals um CO_2, die Umwelt, die Natur oder unsere Gesundheit ging und geht?

Es wird einige wenige Leser geben, die sich bis zu diesem Kapitel widerwillig vorgearbeitet haben, auf der Suche nach Unstimmigkeiten, „rechtem" Gedankengut und vor allen nach Hass und Hetze. Diese Deutschland-Hasser werden meine soeben vorgelegte Berechnung nicht akzeptieren. Kein sachliches oder vernünftiges Argument wird Leute erreichen, die nicht den Fakten, sondern einer Ideologie folgen. Sie, lieber Leser, haben aber nun Fakten an der Hand, mit denen Sie gut vorbereitet in das nächste Gespräch mit einem Sektenmitglied der Klimajünger gehen können.

Festhalten können wir, dass es Deutschland zu verdanken ist, dass Aufforstung inzwischen auch außerhalb unseres Landes betrieben wird. Es werden wohl auch Deutsche sein, die dieser Klima-Sekte zeitnah mit Herz, Verstand, Vernunft und Fakten das Handwerk legen werden!

Wer den Baum pflanzt, wird den Himmel gewinnen.

Konfuzius

Autobahn

Die Deutschen sind tatenarm und gedankenvoll.

Friedrich Hölderlin

Die erste ausschließliche Autostraße der Welt ist die Berliner Avus. Mitten durch den dichten Berliner Grunewald wurde die knapp 10 Kilometer lange Autobahn errichtet. Zunächst wurde die Avus ausschließlich als Rennstrecke genutzt. Inzwischen ist diese idyllisch gelegene Schnellstraße eine wichtige Verkehrsader, die vor allem den Verkehr von der A2 & A9 nach Berlin leitet. Bis Mai 1989 gab es auf der Avus keine Geschwindigkeitsbegrenzung und bis April 1998 fanden zudem noch regelmäßig Avus-Autorennen statt.

Mit der Berliner Schnellstraße, die 2011 umfangreich saniert wurde, kann Deutschland als „Erfinder" der Autobahn bezeichnet werden. Gleichwohl bezieht sich der internationale Ruf deutscher Autobahnen nicht auf die Rennstrecke Berlins, sondern auf die 13.200 Kilometer, die sich quer durch unser Land ziehen.

Die Besonderheit großer Teile der deutschen Autobahnen ist, dass es kein Tempolimit gibt.

Im Gegensatz zu den 231.500 Kilometern sonstiger Straßen und Wege in Deutschland.

Auch wenn die Bestrebungen groß sind, in Deutschland ein Tempolimit auf den Autobahnen einzuführen und sowohl sogenannte Umweltverbände als auch Bürgerinitiativen und Parteien immer wieder Gesetzesentwürfe einbringen, um ein generelles Tempolimit auf deutschen Autobahnen durchzusetzen, war die Autolobby bisher zu machtvoll, um diese Pläne umzusetzen und obwohl weder geringere Unfall- noch Todeszahlen für ein generelles Tempolimit sprechen, wird unter dem Deckmantel des Umweltschutzes weiter an einer Geschwindigkeitsbeschränkung gearbeitet.

Die Väter der Autobahn waren nicht kleingeistig und kurzsichtig!

Bereits in den 1920er Jahren gab es in Deutschland Pläne für eine landesweite Autobahn. Da sich aber niemand dieser Vision widmen wollte und nur wenige Menschen erkennen konnten, wie wichtig ein umfassendes Schnellstraßennetz für eine Industrienation sein würde, kam es in der Weimarer Republik nicht dazu, dass die bereits existierenden Pläne für ein Autobahnnetz in Deutschland umgesetzt wurden.

Bereits wenige Monate nach der Machtergreifung Adolf Hitlers im Mai 1933 veröffentlichte er ein umfangreiches Programm zum Bau eines dichten, vierspurigen Netzes von sogenannten Autostraßen, die im gesamten deutschen Reich entstehen sollten.

Der Bau des ersten Autobahnabschnittes Frankfurt-Mannheim-Heidelberg begann im August 1933. Offiziell verkündete Adolf Hitler den „ersten" Spatenstich zum hessischen „Gau-Parteitag" am 23. September 1933.

Der Bau der Autobahnen war mit der damaligen Technik ein wahres Mammut-Werk und trotz des im September 1939 beginnenden Krieges wurden bis 1945 mehr als 3.800 Kilometer Autobahnen in Deutschland fertiggestellt.

Häufig mit Schaufeln, Äxten und Sägen wurden die Wälder gerodet und die gigantischen Flächen, die der Bau der Schnellstraßen benötigte, der Natur abgerungen. Flüsse wurden umgeleitet, Sümpfe trockengelegt, unzählige Tunnel und Brücken gebaut und das alles auch noch nach der strengen Vorgabe, dem Autobahnfahrer ein optisch angenehmes Erlebnis zu ermöglichen.

Nach dem Untergang des Dritten Reichs wurde das Autobahnnetz in Westdeutschland zügig ausgebaut und in der DDR konnten große Teile der Original-Straßen noch bis zur Wende im November 1989 weiter genutzt werden.

Die Bauqualität überdauerte viele Jahrzehnte und war ein Zeugnis deutscher Wertarbeit.

Selbstverständlich wird auch diese Arbeit von den Deutschland-Hassern nach Kräften kleingeredet.

Die Autobahnen seien nicht im Dritten Reich erfunden worden, sie hätten nur der Propaganda gedient und wären Panzer-Aufmarsch-Straßen gewesen. Kein Argument ist banal genug, um nicht in die imaginäre Waagschale geworfen zu werden, die architektonische Leistung der ersten deutschen Autobahnen in Abrede zu stellen.

International interessiert sich niemand für diese Stimmen. Ob in den USA oder Russland, von Peking bis Sydney, weltweit wurden und werden Autobahnen nach dem Vorbild Deutschlands gebaut.

Die Idee mit einer Autobahn Menschen schnell und sicher von A nach B zu leiten, ist für viele von uns heute so selbstverständlich, dass wir selten drüber nachdenken, wie sich unsere moderne Industrienation ohne Autobahnen hätte entwickeln können. Natürlich könnte man mutmaßen, dass es dann halt „ein anderer" entwickelt bzw. umgesetzt hätte.

Das gleiche gilt aber für alle Errungenschaften. Nicht derjenige, der es hätte tun können, aber es gelassen hat, geht in die Geschichte ein, sondern der Pionier, der es gewagt hat, eine Idee weiter zu denken, an sie zu glauben und sie mit Optimismus, Tatkraft, Standhaftigkeit und Zusammenhalt umzusetzen.

In den USA gibt es viele Worte, die aus dem Deutschen übernommen wurden: Strudel, Schadenfreude, Gesundheit, Zeitgeist, Kindergarten und etliche andere.

Das Wort Autobahn wird auch in Amerika verstanden.

Wer die Lebensader der mobilen Freiheit – die Autobahn – verachtet, der verachtet auch die Freiheit seiner Bürger in allen anderen Belangen.

Claudius Fabig

Automobil

Das große deutsche Volk der Dichter und Denker.

Edward George Earle Bulwer-Lytton

Dieser Erfindung widme ich eines unserer ersten Kapitel, möglicherweise mit dem bekanntesten Produkt, das den Erfindergeist der Deutschen in der Welt repräsentiert.

Am 29. Januar 1886 meldete **Carl Benz** sein Patent für das erste Automobil der Welt an. Die Patentschrift DRP 37435, in der ein Fahrzeug mit Gasmotorenbetrieb patentiert wurde, gilt als Geburtsstunde des Automobils.

Inzwischen gibt es weltweit etwa 1,3 Milliarden Autos und allein in Deutschland fahren etwa 47,5 Millionen Fahrzeuge mit einem Verbrenner-Motor.

Das deutsche Wirtschaftswunder haben wir maßgeblich auch dem Automobil zu verdanken, z.B. dem VW-Käfer, der als Volkswagen im Dritten Reich von Josef Ganz entwickelt wurde. Von ihm stammten die Entwürfe und das technische Konzept sowie der Name und Spitzname des Käfers.

Als „Vater" des VW-Käfers gilt aber **Ferdinand Porsche**. Bereits 1955 lief der Millionste Käfer im 1938 gebauten Volkswagenwerk in Wolfsburg vom Band. Das Werksgelände mit einer Fläche von mehr als sechs km² ist auch heute noch beeindruckend in seiner Größe und Komplexität. 2023 arbeiten mehr als 60.000 Mitarbeiter in Wolfsburg und auch wenn spätestens nach Einführung des VW-Golf und dessen Siegeszug mit mehr als 36 Millionen verkauften Fahrzeugen der Käfer nur noch historisch bedeutend ist, wurde dieser Wagen zum wichtigsten Meilenstein in der Geschichte von Volkswagen.

Insgesamt wurden weltweit 21,5 Millionen VW-Käfer verkauft. Die Zuverlässigkeit, Sparsamkeit und innovative Technik des Käfers waren so legendär, dass Hollywood insgesamt sechs Spielfilme mit ihm als Hauptdarsteller produzierte.

Wenn man sich mit deutscher Autotechnologie befasst, fällt auch immer ein weiterer Name, ohne den automobile Entwicklungen nicht so erfolgreich hätten werden können!

Rudolf Diesel entwickelte den Dieselmotor. Er meldete 1892 sein erstes Patent für den Motor an. Und bereits 1897 war seine Erfindung serienreif. Beim Dieselmotor wird Kraftstoff erst kurz vor dem Zündvorgang in komprimierte Ansaugluft gespritzt. Der Kraftstoff entzündet sich in den Zylindern durch die Hitze selbstständig. Mit dem Siegeszug des Dieselmotors konnten Sparsamkeit, Haltbarkeit und Leistungsfähigkeit miteinander kombiniert werden.

Inzwischen ist der Dieselmotor dank deutscher Ingenieurskunst so sauber, dass die abgegebene Luft dank innovativster Filter-Technik messtechnisch sauberer als die angesaugte ist.

Auf der ganzen Welt gelten Autos Made in Germany als das Beste vom Besten und da Unternehmen wie BMW, VW & Mercedes andere Marken dazu gekauft haben und mit ihrem Knowhow und dank tausender Patente diese Marken veredelten, sind im 21. Jahrhundert Firmen wie Mercedes Benz, Maybach, Porsche, VW, BMW, Lamborghini, Bugatti, Skoda, Seat, Audi, Mini, Rolls Royce und Bentley Botschafter deutscher Qualität und des Gütesiegels Made in Germany.

Im 21. Jahrhundert gibt es massive Bestrebungen, das Automobil – vor allem das mit einem Verbrenner-Motor – zu diskreditieren. Feinstaub und CO2-Belastungen würden Autos zum Klimakiller machen. Sowohl medial als auch politisch wird das Elektroauto propagiert. Es würde zu weit führen, an dieser Stelle die beiden Techniken gegenüberzustellen.

Gleichwohl gehe ich davon aus, dass Sie, lieber Leser, darüber informiert sind, unter welch menschenunwürdigen Bedingungen die Rohstoffe wie Lithium, seltene Erden und Kobalt gefördert werden und dass ein Elektro-Auto durchschnittlich 125.000 km zurückgelegt haben muss, um bei der politisch vorgegebenen theoretischen Umweltbilanz einen Dieselmotor vergleichbarer Leistung bei der Emissionsbilanz einzuholen.

Da ein Lithium-Ionen-Akku bei einem Elektrofahrzeug etwa 1.000 Ladezyklen hält und die Hersteller in der Regel maximal acht Jahre Garantie auf die Akkus geben, ist davon auszugehen, dass nach 10 Jahren der Akku erneuert werden muss. Es bedarf keiner Mathematikausbildung, um zu erkennen, dass die Zukunft des Automobils nicht beim Elektro-Auto liegt.

Die Propaganda gegen den Verbrenner-Motor ist kein Plädoyer für Elektromobilität. Diese Argumentation ist meiner Meinung nach nur vorgeschoben, um den Käufern eine vermeintliche Alternative zum Verbrenner anzubieten. Motto: Wenn Du kein böser Umweltzerstörer sein möchtest, dann fährst Du ein „CO2-neutrales" Elektro-Auto. Dass der Strom auch hier von fossiler Energie oder Kernenergie kommt, wird den Konsumenten verschwiegen. Die „CO2-Neutralität" ist weniger irreführende Werbung als glasklare Lüge!

Es gibt zwei Ziele der E-Auto-Lobby. Das erste ist die Zerstörung der deutschen Autoindustrie. Das zweite ist das totale Beseitigen unserer Freiheit durch Mobilität! Auch hier sind wieder die Deutschland-Hasser am Werk!

Spätestens seit der Corona-„Pandemie" konnten sie sich ihres Erfolges gewiss sein. Die Majorität der Deutschen hat brav und artig und eben typisch deutsch obrigkeitshörig den Maulkorb getragen und sich den Anweisungen ergeben. Ebenso willig soll das Volk langsam aber sicher Abschied vom Auto nehmen.

Ohne Auto keine Mobilität und keine Freiheit. Ganz subtil wird uns das aber als Umweltbewusstsein und Solidarität verkauft.

• massive KFZ-Steuererhöhungen

• jährlich steigende CO2-Steuer

• Investitionsstau beim Straßenbau

• massenhafte Ausweitung von Tempo-30-Zonen

• flächendeckende Reduzierung von Fahrstreifen in den Städten

• Abschaffung hunderttausender Parkplätze in den Städten

• Ausweitung von Volksfesten zu Ungunsten des Autoverkehrs

• massive Erhöhung der Flächen für Parkraumbewirtschaftung

• Parkgebühren von bis zu 10 € pro Stunde in manchen Innenstädten

• subtile Abschaffung der Grünen Welle

• künstlich in die Länge gezogene Baustellen, häufig ohne Sinn

• künstlicher Mangel bei AdBlue-Versorgung

• Feinstaubmessstationen direkt an der Straße, um möglichst hohe Werte darzustellen

- Klimaterroristen, die Straßen blockieren und mit Samthandschuhen, oft ohne rechtliche Folgen, angefasst werden.

In wenigen Jahren sollen wir mit öffentlichen Verkehrsmitteln zur Arbeit und wieder nach Hause fahren und bei Bedarf geimpft werden und Maske tragen sowie weitere Anweisungen abwarten.

Das Automobil ist mehr als nur ein Fortbewegungsmittel. Das Auto ist Individualität und Freiheit.

2023 waren etwa 46 Millionen Menschen in Deutschland erwerbstätig. Die Autoindustrie spricht davon, dass jeder siebente Arbeitsplatz vom Auto abhängig ist: Autohersteller, Zulieferer, Versicherungen, Tankstellen, Werkstätten, Autopflegebetriebe, Straßenbau, Verkehrsschilder-Hersteller, Autohändler und unzählige andere Branchen hängen direkt am Autostandort Deutschland.

Mehr als 6,5 Millionen Arbeitskräfte sind allein in Deutschland abhängig vom Automobil.

Die Gegner der Automobilität behaupten, dass diese Zahlen nicht stimmen würden und „nur" jeder 35. Arbeitsplatz vom Auto abhängig sei.

Das wären immer noch 1,3 Millionen Arbeitsplätze, an denen Existenzen und Familien hängen. Diese Menschen sind den Autohassern gleichgültig! Vernunft wird einer verbohrten Ideologie geopfert und mit ihr unzählige menschliche Schicksale. Alternativlos.

Erneut spüre ich förmlich, wie die Deutschland-Hasser meine Zeilen lesen und deren Puls in die Höhe schnellt. Viele dieser Protagonisten haben sich der Fähigkeit entledigt, andere Perspektiven einzunehmen, ihre einseitigen Informationsquellen wie Google, Wikipedia, Mainstream &

Co. zu hinterfragen und vor allem offen für die Erkenntnis zu sein, dass eine kleine Hand voll Milliardäre mit ihren NGOs (Non Government Organisation) längst das imaginäre Ruder unserer sogenannten Demokratie übernommen haben und die Menschen in Deutschland und der Welt nicht als wertvolle Geschöpfe sondern als lästige Steuer- und Arbeitssklaven verstehen.

Ich bin mir jedoch sehr sicher, dass es auch noch in 20 Jahren Automobile und Massenmobilität geben wird. Auch in 20 Jahren werden deutsche Firmen Autos bauen. Diese werden dann möglicherweise nicht nur mit Benzin oder Diesel-Kraftstoff fahren, aber gewiss nicht elektrisch. Ebenso bin ich guter Dinge, dass wir uns des Einflusses der NGOs entledigt haben werden.

Jetzt blicke ich mit Ihnen, lieber Leser, voller Zuversicht nicht nur in unsere wunderschöne Zukunft, sondern auch zum nächsten Kapitel.

Wenn es keinen Spaß macht, dann ist es kein Auto.

Akio Toyoda

Backpulver

Wer schon einmal selbst gebacken hat, weiß, wie wichtig das Backpulver beim Gelingen des Backvorgangs ist.

Erfunden hat dieses kleine „Wundermittel" ein deutscher Apotheker.

1891 kaufte August Oetker eine Apotheke in Bielefeld und entwickelte ein geschmacksneutrales Backtreibemittel. Nach zwei Jahren intensiver Forschung war es 1893 so weit. „Backin", das erste Backpulver der Welt, wurde zum Grundstein des Dr. Oetker-Imperiums.

Laut Statista macht Dr. Oetker 2022 weltweit mehr als 6,5 Milliarden Euro Umsatz.

Angefangen hat alles mit einem kleinen Tütchen Backpulver für 10 Pfennig. Diesen Preis hielt Dr. Oetker übrigens 70 Jahre lang stabil.

Wenn Sie beim nächsten Mal wieder backen, senden Sie einen kleinen Dankesgruß an unseren Ahnen August Oetker.

Bakteriologie

Die Einzigen, die wirklich von der Einheit profitiert haben, sind die Rentner. Die mittlere Generation hat es am schwersten: Sie musste sich ihren eigenen Weg bahnen und sich in einer für sie fremden Welt zurechtfinden. Für einen Hauptverlierer dieser Einheit halte ich die ostdeutsche Intelligenz, die Elite, die eigentlich ohne Ansehen der Person „abgewickelt" wurde. Was sich da an den Hochschulen abgespielt hat, empfinde ich als eine Schande.

Egon Bahr

Der Deutsche Heinrich Hermann Robert Koch entdeckte 1876 den Milzbrand-Erreger Bacillus anthracis, 1882 den Erreger der Tuberkulose und ein Jahr später 1883 beschrieb er den Cholera-Erreger als kommaförmiges Gebilde.

1905 wurde Heinrich Herrmann Robert Koch der Nobelpreis für Medizin für die Entdeckung der Tuberkulose-Bazillen verliehen.

Der Name Robert Koch ist den meisten Deutschen im 21. Jahrhundert durch das sogenannte Robert Koch Institut (RKI) geläufig.

Dieses unabhängig und wissenschaftlich klingende Institut ist aber in Wahrheit ein vom Bundesministerium für Gesundheit abhängiges Institut, das im Zuge der Corona-„Pandemie" dokumentiert hat, wie „unabhängig" das RKI von der Regierung agiert.

Von Anfang 2020 bis zu Beginn des Jahres 2023 war das RKI maßgeblich daran beteiligt, die deutsche Bevölkerung in Angst und Schrecken zu halten.

Vor allem verantwortlich war der Tierarzt und Fach-Tierarzt für Mikrobiologie Lothar Heinz Wieler, der öffentlich verkündet hatte, dass sämtliche Corona-Maßnahmen umzusetzen seien und nicht hinterfragt werden dürfen.

In den ersten zwei Jahren der Corona-„Pandemie" gab es vom Robert Koch Institut regelmäßige Pressekonferenzen, bei denen eine tagesaktuelle Corona-Inzidenz-Zahl verkündet wurde. Diese Werte kamen durch massenhafte PCR-Tests zu Stande und waren Grundlage für eine Vielzahl von Grundrechtseinschränkungen.

Im Namen Robert Kochs und unter dem Deckmantel des Gesundheitsschutzes wurde das Infektionsschutzgesetz modifiziert und unser Grundgesetz faktisch außer Kraft gesetzt! Es folgten:

• Testpflicht

• Einrichtungsbezogene „Impf"pflicht

• Masken-Pflicht (vielerorts auch im Wald, im eigenen Auto und auf offener Straße)

• Isolation alter Menschen

• Schulschließungen

• Abstandsregelungen

• Umarmungsverbote

• Hygieneregeln

• 2G

- 3G

- Ausgangssperren

- Demonstrations-Verbote (außer systemkonforme Demos wie CSD, BLM oder gegen Putin, die AfD oder Assad)

Der Erfinder des PCR-Tests, der Nobelpreisträger Kary Mullis, sagte wörtlich:

Mit dem PCR-Test, wenn man es gut macht, kann man ziemlich alles in jedem finden. Die Messung ist NICHT exakt! PCR ist ein Prozess, der aus etwas eine ganze Menge macht. Es sagt Ihnen NICHT, dass Sie krank sind. Und es sagt NICHT, dass das Ding, das man findet, Ihnen Schaden zugefügt hätte.

Wir brauchen andere Maßstäbe wie z.B. die Belegung von Krankenhaus-Betten

(2020 wurden über 10.000 Intensivbetten in Deutschland abgebaut, weil das Bundesgesundheitsministerium erst bei einer Belegung von 75 % Belegungsprämien gezahlt hat! Diese künstliche Verknappung wurde dann politisch und medial dazu genutzt, dem deutschen Volk zu verkünden, dass es einen Intensivbetten-Notstand gäbe).

Diese Aussage wurde später auch dadurch bestätigt, dass bewiesen wurde, dass die Aussagekraft der PCR-Tests zu 80% falsch war. Zwei Jahre wurden täglich in den Nachrichten den Menschen die Inzidenzwerte um die Ohren gehauen und bei einer Inzidenz von 50 wurde praktisch die gesamte Wirtschaft lahmgelegt.

Eine Inzidenz, von der den Verantwortlichen bewusst war, dass sie KEINE Aussagekraft hatte.

Millionen Menschen wurden verängstigt. Hundertausende wurden seelisch krank und eine ganze Generation von Kindern innerhalb von weniger als drei Jahren zu zwischenmenschlichen Krüppeln und schulischen Versagern gemacht.

Heinrich Hermann Robert Koch hat der Nachwelt zwar die Bakteriologie geschenkt, die Fähigkeit ethisch, verantwortungsbewusst, empathisch und vor allem menschlich dieses Wissen und Erbe zu verwalten, konnte Robert Koch seinen Namens-Okkupanten vom RKI offensichtlich nicht mit auf den Weg geben. Anders wäre es auch nicht zu erklären, dass vom RKI im Juli 2023 eine „Studie" veröffentlicht wurde, aus der hervorgehen sollte, dass die Coronamaßnahmen der Regierung richtig, wichtig und vor allem vollumfänglich wirkungsvoll gewesen sein sollen.

Es wurde vom RKI sogar erklärt, dass die Maßnahmen bereits vor in Kraft treten Wirkung gezeigt hätten.

Wie eine sogenannte FFP2-Maske, deren Fasern so „grobporig" sind, dass sie von Viren spielend durchdrungen werden können, diese aufgehalten haben sollen, erklärt die „Studie" nicht. Auch weshalb in Schweden, wo es praktisch keine Maßnahmen gab, die „Pandemie" weitaus weniger Krankheitsfälle und „Kollateralschäden" angerichtet hat als in Deutschland, wird nicht angesprochen.

Das RKI hat wie schon zuvor den Auftrag der Regierung exekutiert und weder im Geiste Robert Kochs noch dem des Hypokritischen Eides agiert.

Das RKI ist zum willigen Gehilfen und Handlanger einer Regierung verkommen, deren Macht, Kraft und Autorität nicht auf Bürgernähe, deren Interessen und ihrem sogenannten demokratischen Auftrag fußt, sondern einzig auf der Verbreitung von Angst und Schrecken, Bürger-Bedrohung, Einschüchterung sowie permanenter Verbote und Drangsalierungen.

Abschließend ist festzuhalten, dass viele von uns mit Robert Koch nicht mehr den visionären Erfinder und Biologen verbinden, sondern ein Institut, das seine faschistische Vergangenheit aus dem Dritten Reich bis ins 21. Jahrhundert weder aufgearbeitet noch gänzlich abgelegt hat.

Das gefährlichste Virus ist nicht die Dummheit oder mangelnde Intelligenz. Die größte Gefahr für die Menschheit geht von dem Virus der Gleichgültigkeit aus.

Claudius Fabig

Beinprothesen

Die Deutschen sind recht gute Leut. / Sind sie einzeln, sie bringen's weit.

Johann Wolfgang von Goethe

Es gibt Erfindungen, über die man schon deshalb nicht nachdenkt und häufig auch nichts weiß, weil nur verhältnismäßig wenige Menschen Nutznießer dieser Entdeckungen sind.

Wer das Glück hat, gesund durchs Leben gehen zu können, der kann sich oft nicht vorstellen, was es für einen Beinamputierten bedeutet, wieder halbwegs normal mit einer Prothese gehen zu können.

Bereits in Ägypten im alten Theben etwa 950 bis 700 vor Christus gab es Prothesen. In einem Grab wurde eine Mumie gefunden, die eine filigrane Prothese an Stelle des rechten großen Zehs trug. Das technische Wunderwerk hatte bereits Scharniere und Leder-Verbindungen.

Im Laufe der Jahrhunderte wurde die Technik der Prothesen immer ausgeklügelter. Es waren wie so oft bei Erfindungen die grausamen Kriege und die daraus resultierenden Verstümmelungen, die der Prothesen-Entwicklung Vorschub leisteten.

Als revolutionären Durchbruch kann eine deutsche Erfindung gelten, die von der Otto-Bock-GmbH 1997 auf den Markt gebracht wurde. Mit dieser Erfindung war es weltweit erstmals möglich, eine Beinprothese so anzufertigen, dass diese 50-mal pro Sekunde mittels Sensoren und einem Mikroprozessor die wichtigsten Fortbewegungsdaten analysiert und die

OTTO GEBÜHR

Beinprothese darauf in Millisekunden genau justiert.

Bisher haben weltweit mehr als 11.000 Menschen dieses intelligente künstliche Kniegelenk eingesetzt bekommen.

Gäbe es Gehirnprothesen, wären sie in Deutschland dem Kampf gegen rechts zum Opfer gefallen und verboten!

Claudius Fabig

Bier

Könnte man nur den Deutschen, nach dem Vorbilde der Engländer, weniger Philosophie und mehr Tatkraft, weniger Theorie und mehr Praxis beibringen, so würde uns schon ein gutes Stück Erlösung zuteil werden.

Johann Wolfgang von Goethe

Selbstverständlich war das erste Getränk, welches als Bier bezeichnet werden könnte, nicht Made in Germany.

Bereits vor mehr als 10.000 Jahren soll ein bierähnliches Getränk in Mesopotamien gebraut worden sein.

Es fanden sich auch Inschriften an den Pyramiden von Gizeh, aus denen hervorging, dass die Arbeiter und Konstrukteure der Pyramiden mit einem bierähnlichen Getränk versorgt wurden. Es besteht kein Zweifel daran, dass die Fastenzeit viele Mönche nur deshalb so gut genährt überstanden haben, weil es schon im Mittelalter Menschen gab, die sich an der Braukunst versuchten.

Würden Sie heute in Los Angeles, Honolulu, Sydney, Paris, Moskau oder sonst wo auf der Welt nach einem anständigen mesopotamischen oder frisch gezapften ägyptischen Bier fragen, wäre ein erstaunter Blick sicher das Einzige, was Sie bekommen würden. Fragten Sie nach dem besten Export-Bier des Hauses wäre es mit größter Wahrscheinlichkeit ein deutsches Bier!

Kein Land auf der Welt wird mehr mit Bier assoziiert als Deutsch-

land. Deutsches Bier gilt als das beste und reinste der Welt!

Der Grund dafür, dass Bier hier als deutsche Erfindung aufgezählt wird, liegt daran, dass die bayrischen Herzöge Wilhelm IV. und Ludwig der X. im Jahr 1516 ein Rezept für Bier festgelegt haben. Sie waren es, die das Reinheitsgebot für die Herstellung von echtem Bier per Gesetz erlassen haben.

Dank des Reinheitsgebots darf das Bier als deutsche Erfindung gelten.

In Deutschland gibt es mehr als 1.500 Brauereien und mehr als 6.000 verschiedene Biersorten und so ist es nur recht und billig, dass in keinem anderen Land Europas mehr Bier pro Kopf und Jahr getrunken wird als in Deutschland. 89 Liter sind Europarekord.

Bier ist dank seines geringen Alkoholgehaltes von 4,8% - 5,4% und den natürlichen Zutaten wie Wasser, Hopfen, Malz und Hefe ein Getränk, das nicht nur hervorragend den Durst stillt, sondern dem darüber hinaus auch einige positive Eigenschaften zugeschrieben werden. Bier kann beruhigend wirken und maßvoll getrunken Herzinfarkt und Nierensteinen vorbeugen.

Bier ist der überzeugendste Beweis dafür, dass Gott den Menschen liebt und ihn glücklich sehen will.

Benjamin Franklin

Blutdruckmessgerät

Es ist möglich, daß der Deutsche doch einmal von der Welt-
bühne verschwindet, denn er hat alle Eigenschaften, sich den
Himmel zu erwerben, aber keine einzige, sich auf Erden zu
behaupten und alle Nationen hassen ihn, wie die Bösen den
Guten. Wenn es ihnen aber wirklich einmal gelingt, ihn zu
verdrängen, wird ein Zustand entstehen, in dem sie ihn wie-
der mit den Nägeln aus dem Grabe kratzen mögen.

Christian Friedrich Hebbel

Carl Ludwig erfand 1869 die sogenannte **Stromuhr**. Mit diesem
Messgerät war es möglich, die Strömungsstärke des Blutes in den
größeren Arterien und Venen zu messen.

Eine weitere Erfindung, die der Menschheit unschätzbare Dienste erwiesen hat.

Der Blutdruck ist die klassische Einstiegsdroge
in die Patienten-Arzt-Abhängigkeit.

Dr. Klaus D. Koch

Buchdruck

Viele Deutsche glauben sich jetzt dadurch patriotisch zu zeigen, daß sie Deutschland als Spucknapf gebrauchen, wenn sie in der Fremde sind.

Christian Friedrich Hebbel

Wir Deutsche haben viele kleine und große revolutionäre Erfindungen gemacht. Dabei sind die kraftvollsten und gesellschaftsveränderndsten Erfindungen oft jene, über die viele von uns nicht nachdenken. Zum einen, weil nur Wenigen bekannt ist, wie wertvoll bestimmte Erfindungen sind, zum anderen, weil uns manchmal gar nicht bewusst ist, dass es unsere Ahnen waren, die uns und der Nachwelt mit ihrer Tatkraft, ihrem Erfindergeist und vor allem ihrer unbeugsamen Beharrlichkeit so manchen Schatz hinterlassen haben.

Einen dieser Schätze verdanken wir Johannes Gensfleisch, genannt Johannes Gutenberg, dem Erfinder des Buchdrucks.

Auf den ersten Blick scheint die Erfindung des Buchdrucks nicht spektakulär. Um aber zu begreifen, wie wichtig ja geradezu elementar Gutenbergs Erfindung für die Entwicklung unseres Landes, unserer Kultur, aber auch die anderer Länder war und ist, macht es Sinn, sich in die Zeit Gutenbergs zu versetzen.

Als Gutenberg im Jahr 1440 in Mainz den Buchdruck mit beweglichen Lettern erfand, wurde etwa zur selben Zeit auf Befehl des Inka Pachacutec Yupanqui die geheime Stadt Machu Picchu errichtet. In Europa ahnte noch niemand, dass es jenseits des Ozeans einen Kontinent gab. Ein Jahr später wurde Christoph Kolumbus geboren, der erst 42 Jahre danach auf der Suche nach einer neuen Route nach Indien auf Kontinental-Amerika stoßen sollte (ein Kontinent, der bereits mehr als 300 Jahre zuvor von den Wikingern entdeckt und besiedelt worden war).

All diese Ereignisse konnte die Nachwelt auch dank Gutenberg nachlesen. Ohne den Buchdruck wären sehr viele Geschichten nur mündlich überliefert worden. Die Erfindung des Buchdrucks war dabei aber mehr als eine Möglichkeit, Geschichte festzuhalten. Dank des Buchdrucks war es innerhalb weniger Jahre möglich, dass nicht nur einige wenige „Gelehrte" und Priester Informationen studieren konnten.

Dank Johannes Gutenberg wurden Wissen, Kultur, Kunst und Informationen metaphorisch aus den Händen einiger weniger Herrscher entrissen und den Völkern zugänglich gemacht.

Die Druckkunst ermöglichte es immer mehr Menschen zu lesen, aber auch zu schreiben und ihr Schriftgut zu vervielfältigen.

Die Alphabetisierung der Bevölkerung wurde nur dank des Buchdrucks, einer deutschen Erfindung, in Deutschland und der Welt umsetzbar.

Heute tippen wir ein paar Zeilen in unser Smartphone und lassen den Text via Bluetooth von irgendeinem Drucker in höchster Druckqualität und Farbe ausdrucken.

1450 war der Druck einer einzigen Seite deutlich zeitaufwendiger und komplizierter. Gleichwohl betrachteten die Menschen zu jener Zeit die Druckkunst als kleines Weltwunder und wertschätzten es, endlich Bücher lesen zu können, die kurz zuvor nur in ausgesuchten Bibliotheken von Klöstern, Kirchen und Adligen als Einzelexemplare zu finden waren, handgeschrieben bzw. gezeichnet.

Mit der Kunst des Buchdrucks begann auch eine Freiheitsbewegung, die über die Jahrhunderte bis heute vom Geiste Gutenbergs bewusst oder unbewusst beseelt ist. Angetrieben von Neugier, Wissensdurst, Offenheit für Fremdes und Neues und bereit, Bestehendes sowie Obrigkeitsdenken zu hinterfragen, sind es die Nachfahren Gutenbergs, die heute Bücher dazu nutzen, ihr Wissen zu erweitern und mit anderen zu teilen. Die Nachfahren Gutenbergs, die auch mit den „neuen" digitalen Medien den Spirit Gutenbergs fortführen.

Die Botschaft dieser bahnbrechenden Erfindung ist auch folgende:

Informiere Dich! Sei offen für unterschiedliche Informationsquellen! Sei offen für andere Meinungen! Teile Dein Wissen! Hinterfrage, was Du liest!

Würde Johannes Gutenberg in unsere Zeit reisen können, wäre er bestimmt begeistert, wie sehr er der Menschheit mit seiner Erfindung zu Bildung und Informationsvielfalt verholfen hat.

Er hätte Freude an der unfassbar schnellen und präzisen Drucktechnik und er würde sich bestimmt für die mannigfaltigen Möglichkeiten der digitalen Medien interessieren.

Entsetzt wäre er sicher über die Bücherverbrennungen und deren digitale Erben, die Zensur des Internets und der freien Meinungsäußerung in unserer Zeit.

Gutenberg wurde durch seine Gutenberg-Bibel bekannt. Er war bekennender Christ! Er war Menschfreund und er wollte mit seiner Erfindung sein Volk bereichern und es einen.

Den Zeitgeist des 21. Jahrhunderts hätte er möglicherweise mit einer neuen Erfindung zum Wohle unseres Landes und der Welt beeinflusst.

Aber vielleicht erfindet ja einer seiner Nachfahren, einer von uns, etwas, das unser Land und sein Volk eint und zu Wohlstand und Harmonie führt. Nicht nur Gutenberg würde es erfreuen!

Die Erfindung des Buchdrucks ist das größte Ereignis der Weltgeschichte.

Victor Hugo

Buntstift

In der Grundschule hatte ich eine kleine, flache Metallschatulle, in der meine Buntstifte untergebracht waren. Für mich eine wahre Schatztruhe. Ich liebe es zu malen. Bestimmt geht es den meisten so, dass sie mit Buntstiften auch ihre ersten Jahre in der Schule verbinden. Zu verdanken haben wir den Buntstift einem findigen deutschen Unternehmer. Johann Sebastian Staedtler experimentierte viele Jahre an der Umsetzung seiner Vision. Schließlich gelang ihm der Durchbruch.

1834 erfand Johann Sebastian Staedtler den holzgefassten roten Farbstift.

Endlich war es gelungen, einen Farbstift zu produzieren, der sich wie bei herkömmlichen Bleistiften auf das Feinste spitzen lies.

Der 1835 gegründete Betrieb macht heute ca. 386 Millionen Euro Umsatz und das auch mit holzgefassten Stiften.

Chiffriermaschine

Die Entwicklung Deutschlands wird nicht nach rechts, son-
dern nach links gehen, je mehr die Zahl der abhängigen
Existenzen zunimmt und je mehr auf der Rechten der Einfluß
der Arbeitgeber der ausschlaggebende ist, denen man im Volk
selbst dann nicht viel glaubt, wenn sie recht haben.

Gustav Stresemann

**Jacob Ludolf Arthur Scherbius ist der Erfinder der Chiffrierma-
schine Enigma.**

Die Enigma (griechisch für Rätsel) war lange Zeit die sicherste Ver-
schlüsslungstechnik der Welt.

Das 12 Kilogramm schwere Chiffriergerät wurde etwa 40.000-mal hergestellt. Im Zweiten Weltkrieg war die Enigma-Verschlüsselung praktisch nicht zu decodieren. Nachdem es den Briten doch gelang, wurde
eine zusätzliche Sicherheitsstufe, die Enigma-Uhr eingeführt.

Auch nach 1945 arbeiteten noch viele Staaten mit dieser deutschen Ver-
schlüsselungstechnik.

Nicht alles, was wir entschlüsseln, können wir
auch begreifen.

Unbekannt

Chipkarte

*Letztendlich wurden zwei Weltkriege geführt, um eben das,
eine dominante Rolle Deutschlands, zu verhindern.*

Henry A. Kissinger

Es gibt Erfindungen, deren Unscheinbarkeit uns vergessen bzw. nicht wahrnehmen lässt, wie abhängig wir von ihnen geworden sind.

Stellen Sie sich vor, Sie müssen zu Ihrem Arzt gehen. Obwohl Sie sich gesund ernähren, ausreichend Sport treiben und nicht nur genügend Schlaf und frische Luft haben, sondern auch ein reines Gewissen, hat Sie irgendetwas erwischt und so machen Sie sich das erste Mal seit Jahren auf den Weg zu Ihrem Hausarzt.

Freudig stellen Sie fest, dass die freundliche Arzthelferin, die Sie noch von früheren Besuchen kannten, immer noch am Empfang sitzt und auch sie erkennt Sie wieder.

Obwohl Sie kein neuer Patient sind und der Mitarbeiterin bekannt, fragt sie trotzdem nach Ihrer Versicherten-Karte.

Selbstverständlich haben Sie daran gedacht, Ihre Karte mitzunehmen und nach wenigen Sekunden ist Ihre Chipkarte durch das Lesegerät gezogen und Sie sind registriert.

Nach dem Besuch beim Arzt, der natürlich nichts Ernsthaftes diagnostiziert hat, entschließen Sie sich noch schnell ein wenig Obst im Supermarkt einzukaufen. Beim flüchtigen Blick in Ihr Portemonnaie stellen

Sie fest, dass Sie kaum noch Bargeld bei sich haben und so gehen Sie zum nächsten Geldautomaten stecken Ihre EC-Karte in den Schlitz und versorgen sich mit Bargeld.

Nachdem Sie Ihren Einkauf erledigt haben, führt Sie Ihr nächster Weg in Ihre Firma. An der Tiefgarage angekommen, stecken Sie Ihre Parkkarte in den Automaten und die Schranke geht hoch. Nach wenigen Schritten sind Sie am Haupteingang der Firma, in der Sie arbeiten und öffnen mittels Ihrer Firmenkarte die Tür. Im Büro angekommen, registrieren Sie sich schnell noch und Ihr Arbeitstag kann losgehen.

Bei dieser – zugegeben – konstruierten Geschichte haben Sie schon an einem ganz normalen Vormittag fünf Mal eine Chipkarte eingesetzt.

Chipkarten sind in unserem Alltag kaum wegzudenken und auch wenn aufgeklärte Mitmenschen so viel wie möglich bar bezahlen und sich so wenig wie möglich irgendwo registrieren, lässt es sich kaum vermeiden, im Alltag Chipkarten zu verwenden.

Weltweit setzen Banken, Versicherungen, Sicherheitsunternehmen und tausende andere Branchen auf den Einsatz der Chipkarte und so kann diese kleine Erfindung durchaus als revolutionär bezeichnet werden.

Auch bei der Chipkarte war es wieder deutscher Erfindergeist, der diese omnipotente kleine Karte möglich machte.

Jürgen Dethloff entwickelte bereits 1969 zusammen mit Helmut Gröttrup die standardisierte Plastikkarte mit dem kleinen integrierten Schaltkreis.

Mit der smartCard, keine zehn Jahre später, erfand Helmut Gröttrup die Mikroprozesskarte, die frei programmiert werden kann. Zudem können die smartCard-Daten deutlich besser geschützt werden.

Die Chipkarte ist ein weiteres eindrucksvolles Beispiel dafür, dass es bahnbrechende Erfindungen gibt, die so unscheinbar daherkommen und trotzdem noch viele Jahrzehnte nach ihrer Einführung täglich von Milliarden Menschen genutzt werden.

Schauen Sie mal nach, wie viele Karten Sie heute besitzen, in denen ein Chip enthalten ist.

Eine Regierung, die ihren Auftraggebern, dem Souverän, also uns Bürgern, heimlich einen unsichtbaren Chip in die Ausweispapiere pflanzt, dokumentiert damit sicher nur ihr Verständnis einer „freiheitlich-demokratischen Grundordnung".

Erschreckenderweise geht die Entwicklung der Chipkarte schon länger in eine eher beunruhigende Richtung. Immer mehr Menschen finden Gefallen an dem Gedanken sich, ähnlich wie es bei Tieren bereits seit langem gemacht wird, einen Chip direkt unter die Haut zu pflanzen. Ohne Chipkarte die Haustür, das Auto und die Bürotür öffnen. Beim Einkaufen einfach die Hand hinhalten und bei der Verkehrskontrolle nicht umständlich nach Papieren suchen, sondern sich ebenfalls mittels Hand-Scanner identifizieren.

Die Gefahr der totalen Überwachung und Kontrolle durch solche implantierten Chips liegt zwar auf der Hand, wird aber von vielen Menschen entweder ignoriert oder als Panikmache abgetan. Auch bei der Erfindung der Chipkarte und ihren Nachfolgern gilt: .

Wer seine persönlichen Daten und Identität nicht schützt,
begibt sich schnell in Teufels Hand!

Unbekannt

Computer

Es ist wahr, die Deutschen haben große Schwierigkeiten, aber sie werden sie meistern, und sie werden danach stärker sein als je zuvor.

Francois Mitterrand

Als ich in der 10. Klasse war, habe ich als einziger meine Hausaufgaben mit einer Schreibmaschine geschrieben. Voller Stolz und mit einem gerüttelten Maß an jugendlichem Geltungsdrang genoss ich es, keine handgeschriebenen Texte beim Lehrer abzugeben.

Zugegeben, weder wussten meine Lehrer diesen Mehraufwand zu schätzen noch gab es dafür bessere Zensuren. Ich war aber schon damals darauf bedacht, nicht nur inhaltlich, sondern auch bei der Form meiner Arbeit ein Mindestmaß an Schneid und Stil zu dokumentieren.

Im Zeitalter des Homecomputers, I-Pads und der Rundum-Digitalisierung klingen solche Erinnerungen wie aus einem anderen Jahrtausend und tatsächlich, das sind sie auch.

Bis in die späten 1980er Jahre waren in Unternehmen Schreibmaschinen weder ungewöhnlich noch selten. Mit der massenhaften Verbreitung des Computers Ende der 1980er Jahre änderte sich das.

Heute ist es schier unverständlich, welch hoher Aufwand noch vor wenigen Jahrzehnten betrieben werden musste, um einen Text zu erstellen, einen Brief zu verfassen, ein Buch zu schreiben oder einfach nur die Buchhaltung zusammenzustellen.

Mit dem Siegeszug des Computers änderte sich praktisch alles in der Unternehmens-Kultur und im Alltag eines jeden von uns.

1943 prognostizierte der Chairman von IBM, Thomas Watson, folgendes:

Ich denke, dass es weltweit einen Markt für vielleicht fünf Computer gibt!

Mit dieser Einschätzung lag der IBM-Manager nur knapp daneben. Nach einer Untersuchung des Marktforschungsunternehmens Gartner wurden 2023 weltweit über eine Milliarde Computer genutzt.

Es besteht kein Zweifel, dass der Computer das Leben der Menschheit in den letzten 70 Jahren gravierend verändert hat. Ob Fahrzeug, Flugzeug, Telefon, Kühlschrank, Waschmaschine, Herd, Kaffee-Automat, Fernsehapparat oder sonstige moderne technische Entwicklung, ohne Computer stünde unsere Welt umgehend still.

Kraftwerke, Krankenhäuser, Flugplätze, Häfen, Produktion, Verwaltung, Handel, Agrarwirtschaft, Forschung, Bildung, Verteidigung und noch tausende anderer Bereiche sind ohne die Erfindung des Computers heute undenkbar.

Selbstverständlich fällt vielen beim Thema Computer umgehend Windows oder Apple ein. Steve Jobs oder Bill Gates sind die Namen, die mit dem Siegeszug des Computers verbunden werden.

Doch in Wahrheit haben weder der eine noch der andere etwas mit dieser bahnbrechenden Erfindung zu tun. Sowohl Bill Gates als auch Steve Jobs waren noch nicht geboren, als sich der Computer auf den Weg machte, die Welt zu revolutionieren!

Erfunden wurde der Computer von dem deutschen Techniker und Erfinder Konrad Zuse.

Dabei wird erzählt, dass er nur deshalb den Computer erfunden hat, um sich zeitraubende statistische Berechnungen zu ersparen.

1941 baute Konrad Zuse den Z3. Den weltweit ersten funktionsfähigen Computer.

Dieses technische Wunderwerk war vollautomatisch und arbeitete bereits in binärer Gleitkommarechnung. Mit dieser Technik gelang es Zuse Berechnungen durchzuführen. Sprünge und Programmschleifen waren allerdings bei diesem ersten Model noch nicht möglich.

Fragen Sie mal einen 20- oder 30-jährigen Deutschen, wer den Computer erfunden hat. Fragen Sie auch, was passieren würde, wenn es von heute auf morgen keine Computer mehr geben würde. Sehr wahrscheinlich würden Sie weder auf die erste noch die zweite Frage eine adäquate Antwort erhalten.

Ohne Konrad Zuse wäre die Welt heute eine andere.

Natürlich könnte man mutmaßen, dass sicher irgendein anderer den Computer erfunden hätte. Früher oder später.

Früher oder später hätte sicher ein anderer den Computer erfunden. Ein Jahr später, zehn Jahre, hundert Jahre? Wir wissen es nicht.

Es ist auch müßig, darüber zu philosophieren, weil wir es einem deutschen Erfinder zu verdanken haben, dass wir heute mit den Segnungen des Computers leben können.

Wo Licht ist, gibt es auch Schatten und so hat uns die Erfindung des Computers nicht nur unzählige Segnungen verschafft, sondern auch eine Abhängigkeit von Technik, die bei einem Blackout jederzeit die Menschheit ins Mittelalter stürzen könnte. Zudem werden die Menschen der täglich wachsenden Gefahr einer totalen Überwachung bis hin zur Versklavung durch die sogenannte KI (Künstliche Intelligenz) ausgesetzt.

Weltweit arbeiten unzählige Regierungen, Unternehmen und Geheimorganisationen daran, die Menschheit der absoluten Kontrolle zu unterwerfen.

All diese NGOs, vertreten durch Bill Gates, Klaus Schwab und Co., die von keinem Volk der Welt gewählt wurden, sind auch Zeitzeugen der vielgepriesenen „freiheitlich-demokratischen Grundordnung".

Mit dem Einführen digitaler Währungen soll das Bargeld abgeschafft werden. Ohne Bargeld ist jeder Bezahlvorgang, jede Transaktion und alles, was wir konsumieren, kontrollierbar.

Viele sagen an dieser Stelle: Nun gut, wer sich nichts zu Schulden kommen lässt, der braucht auch keine Überwachung zu befürchten. Auf den ersten Blick eine geradezu liebevoll naive Einstellung. Auf den zweiten Blick eine verantwortungslose und dumme Sichtweise.

Mit Hilfe von Computern und einer Digitalwährung kann jede Regierung den Menschen eine Währung mit Ablaufdatum zuteilen. Das bedeutet, wenn wir unser digitales Geld nicht bis zu einem bestimmten Zeitpunkt ausgegeben haben, ist es wertlos. Zudem kann exakt kontrolliert werden, wer wann was kauft.

Krankenversicherungen könnten darüber informiert werden, wenn der Versicherungsnehmer Wein gekauft oder Zigaretten erworben hat. Im Zeitalter des CO_2-Wahns könnte die Regierung digital bezahlte Lebensmittel analysieren und uns beim Kauf bestimmter Güter sperren. Regierungskritische Demonstranten könnten beim Kauf von Bahnfahrkarten ausgeschlossen werden und so die Demonstration nicht besuchen.

Die Liste der Grundrechtseinschränkungen, die mit der Abschaffung des Bargelds machbar sind, ist schier unendlich. Fakt ist, dass dies keine Science-Fiction-Fantasien sind, sondern vieles davon bereits heute in China umgesetzt worden ist.

Dank des Computers sind aber nicht nur das digitale Geld und die Digitalisierung praktisch aller Bereiche möglich. Auch der Einsatz von KI soll zeitnah unser Leben maßgeblich bestimmen.

Bei einer militärischen Simulation hat 2023 eine Drohne ihren menschlichen Kommandanten getötet, weil dieser sie mitten beim Versuchsablauf daran hindern wollte, die Zielperson zu töten.

Glücklicherweise handelte es sich bei diesem Vorfall nur um eine Simulation, bei der niemand zu Schaden kam. Das Ereignis lässt aber den glasklaren Schluss zu, dass die Möglichkeit besteht, dass die Menschheit eines Tages von KI beherrscht wird.

Sie sehen also, lieber Leser, dass der Computer noch einiges zu bieten hat und es an uns, jedem einzelnen, ist, auch der Technik Grenzen zu stecken und nicht alles, was denkbar und machbar ist, auch umzusetzen.

Die wenigsten von uns können sich heute ein Leben ohne ihr Smartphone vorstellen. Telefonieren, Musikhören, Fotos und Filme machen, das Internet nutzen, den Taschenrechner, Wetterbericht, Nachrichten und vieles mehr. Ohne die Erfindung des Computers gäbe es auch kein Smartphone.

Wie stark und kraftvoll der Computer und dessen Möglichkeiten sind, kann man an Bill Gates erkennen. Man erzählt sich, er habe als Teenager in der Garage seiner Eltern den ersten Windows Computer entwickelt und mit viel Fleiß und Ehrgeiz sein Milliarden-Imperium aufgebaut. Man mag diese Erzählung glauben oder auch nicht. Fest steht, dass Bill Gates die Möglichkeiten des Computers in Kombination mit seinem unfassbar großen Erfolg zu Kopf gestiegen sind.

Anstatt sich darum zu kümmern, dass seine Computer frei von Viren sind, investiert Bill Gates Milliarden in die WHO und in Labore, die sich mit „Impfstoffen" beschäftigen. Über Stiftungen (die clevere Steuersparmodelle sind) fließen Milliarden in Forschung und Entwicklung mehr als fragwürdiger medizinischer Konzerne.

Unlängst startete Bill Gates ein Experiment mit Milliarden gentechnisch veränderter Mücken und Zecken, die frei gelassen wurden.

Nebenbei investiert er in Bierhersteller und wurde innerhalb weniger Jahre zum größten Agrarflächenbesitzer der USA.

Ich kann nicht einschätzen, was Bill Gates vorhat. Spätestens nach seinem Engagement für die aus meiner Sicht lebensgefährliche mRNA-Spritzung und seinem Ruf nach Impfung von sieben Milliarden Menschen mit einem experimentellen Spritzstoff ist mir jedoch klar, er sollte besser an einem Windows-Rechner arbeiten, der frei von Viren ist und beim menschlichen Körper dem Gott gegebenen Immunsystem vertrauen.

Der Computer ist ein großartiges Beispiel dafür, dass praktische jede positive Erfindung auch zum Negativen weiterentwickelt bzw. genutzt werden kann. Ich bin mir aber sicher, dass jeder von uns etwas dafür tun kann, dass die Dystrophien eines Bill Gates, Klaus Schwabs und anderer Möchtegern-„Weltverbesserer" scheitern.

Dafür bedarf es der Informiertheit, des Engagements und vor allem des Einsatzes einer „Sache", die keine KI der Welt ersetzen kann: Die des Herzens!

Das menschliche Herz können kein Computer und keine KI ersetzen. Benutzen wir mehr unser Herz und weniger das Smartphone!

Wenn es keinen Strom gibt, dann sterben Computer – Leute aber leben auf.

Andrej Ok, Andrej

Currywurst

*Deutschland fängt an, auf Pump zu leben, im Ausland und
bei den kommenden Generationen.*

Jürgen W. Möllemann

Bei der Recherche für dieses Buch habe ich Unmengen an deutschen
Erfindungen gesichtet. Einige weniger bekannte und doch eindrucksvolle und natürlich auch sehr bekannte, weniger eindrucksvolle. Zu
letzteren gehört die Currywurst. Gleichwohl war es mir als gebürtigem
Berliner und Deutschen eine Pflicht und Schuldigkeit diese international berühmte Speise hier zu verewigen.

Es wird erzählt, dass Herta Heuwer am 4. September 1949 am Stuttgar-
ter Platz im Westberliner Bezirk Charlottenburg in ihrer Imbissbude die
Currywurst erfunden hat.

Sie vermischte der Erzählung nach klein geschnittenen frischen Pap-
rika, Paprikapulver, Tomatenmark und verschiedene Gewürze zu der
ersten Currysoße der Welt. An diesem Tag wurde „Fastfood"-Legende
geschrieben.

Auch im 21. Jahrhundert werden in Deutschland noch etwa 800 Millionen Currywürste pro Jahr gegessen. Kombiniert mit Pommes Frites
oder einem Brötchen gilt die Currywurst auch bei Touristen als echter
deutscher Leckerbissen.

Viele Jahrzehnte bis in die frühen 1990er Jahre prägten Currywurst-
buden das Bild Berlins und vieler anderer deutscher Innenstädte. In-

zwischen gibt es nur noch einen Bruchteil an Imbissläden, doch der Mythos Currywurst hat sich den Döner- und Falafel-Läden noch nicht ergeben.

Gleichwohl ist selbst die Currywurst inzwischen unter die Räder der politischen „Korrektheit" geraten.

Unternehmen wie VW stoppten den Verkauf der Currywurst in der Betriebskantine, um vorwiegend vegane Kost anzubieten und in den „sozialen" Medien wird von der „WOKE"-Generation der Konsument der Currywurst als „alter, weißer Mann bezeichnet!

Sie sehen also, lieber Leser, dass der Kampf gegen alles typisch Deutsche auch nicht bei so banalen Dingen wie einem Würstchen Halt macht. Ein solch respektloser, beleidigender und vor allem mit drei Worten dreifach diskriminierender Satz über den typischen Konsumenten eines Döners oder einer Falafel hätte sicher wochenlange Sondersendungen gegeben und den Verantwortlichen wegen Volksverhetzung vor Gericht gebracht.

Ich bin ein Freund ausgewogener Ernährung und trotzdem freue ich mich auch gelegentlich, eine anständige Currywurst extra scharf mit Pommes Frites zu genießen.

Die Currywurst ist der Kraftriegel des Facharbeiters ...

Gerhard Schröder

Digitale Bildverarbeitung

Wir müssen ein normales Verhältnis zu uns selbst finden. So wie der Einzelmensch nicht ausgeglichen zu seinen Mitmenschen sein kann, wenn er in sich selbst verkrampft ist und nicht wirklich ja auch zu sich selbst sagen kann – so wird auch Deutschland diesen Weg zu einem normalen Miteinander nicht finden, wenn es nicht auch ja zu sich selbst sagen kann.

Steffen Heitmann

Wer heute im Grafikbereich tätig ist, in einer Werbeagentur und überall dort, wo digitale Bildverarbeitung von Nöten ist, der weiß möglicherweise nicht, wem er zu verdanken hat, dass digitale Bildverarbeitung überhaupt möglich ist.

Rudolf Hell entwickelte bereits 1951 den „Klischograph", das erste Gerät der Welt, welches es ermöglichte, Bilder elektronisch zu erfassen.

Rudolf Hell hat sich in diesem Buch noch weitere Plätze verdient! Lassen Sie sich von ihm überraschen.

Mit der Digitalen Bildverarbeitung verschwanden die letzten Hemmungen der Nachrichtensender.

Unbekannt

Drahtseil

Vor allem im Bergbau wurden früher Ketten und geflochtene Hanfseile verwendet. Da die Ketten bei der Beschädigung eines Gliedes rissen und dabei oft Menschen ums Leben kamen und weil auch Hanfseile häufig den schweren Lasten im Bergbau nicht gewachsen waren, ersann der Jurist, Oberbergrat und Ingenieur Wilhelm August Albert 1834 das geflochtene Drahtseil.

Wilhelm August Albert erfand das Drahtseil.

Nach der erfolgreichen Erprobung seines Drahtseils kam das „Albert-Geflecht" innerhalb weniger Jahre international zum Einsatz. Ketten und Hanfseile verloren durch diese Erfindung schnell an Bedeutung und von diesem Moment an wurde nicht nur der Bergbau sicherer und wirtschaftlicher.

Druckpapier

Denk ich an Deutschland in der Nacht, / Dann bin ich um den Schlaf gebracht, / Ich kann nicht mehr die Augen schließen, / Und meine heißen Tränen fließen.

Heinrich Heine

Ohne die nächste deutsche Erfindung könnten Sie, lieber Leser, dieses Buch nicht in den Händen halten. Allgegenwärtig und in praktisch jedem Haushalt zu finden, ist das Druckpapier auch im Zeitalter der Digitalisierung unverzichtbar.

Über Jahrhunderte war die Herstellung von Papier sehr aufwendig. Das Wort stammt von Papyrus, einer Pflanze, die bereits in der Antike im alten Ägypten weit verbreitet war. Aus der bis zu drei Meter hohen Pflanze fertigte man vor tausenden Jahren im Nildelta das erste Papier. Dieser aufwendige und kostspielige Prozess machte Schriftgut zu einer wahren Kostbarkeit.

Friedrich Gottlob Keller erfand 1843 die Holzschleifmaschine. Mit dieser Maschine konnte erstmals Papier, wie wir es kennen, aus Holzschliff produziert werden.

Da Keller aber nicht über die finanziellen Mittel verfügte, um seine Erfindung technisch zu erproben, konnte er kein Patent beantragen.

Der wohlhabende Papierfabrikant Heinrich Voelter erwarb die Pläne von Keller und machte mit dessen Erfindung aus seinem bereits beträchtlichen Vermögen ein noch größeres.

Wie so oft in der Geschichte der Erfindungen und Kunst sind nicht immer die Erfinder oder Künstler die Nutznießer ihrer Arbeit. Gleichwohl können wir Friedrich Gottlob Keller für die Tatkraft und seinen Erfindergeist danken.

Druckpapier ist nicht nur eine wegweisende Erfindung, es ist auch ein imaginäres Tor zu einer Welt der Philosophie, Kunst, Kultur, Poesie und den vielen anderen wundervollen Dingen, die wir zu Papier bringen möchten.

Besonders im Zeitgeist der Digitalisierung gewinnt Papier an Bedeutung! Wir können unseren Liebsten eine SMS oder eine WhatsApp Nachricht schreiben, um ihnen zu sagen, wie sehr wir sie lieben. Aber wenn wir uns ein Blatt und einen schönen Stift zur Hand nehmen und einen handgeschriebenen Brief verfassen, dann entfaltet die Erfindung des Papiers in Verbindung mit der Liebesenergie unserer Zeilen wahre Magie! Probieren Sie es einfach einmal aus!

Feder und Papier entzünden mehr Feuer als alle Streichhölzer der Welt.

Malcolm Stevenson Forbes

Düsentriebwerk

Die Deutschen haben sechs Monate Winter und sechs Monate keinen Sommer.

Napoleon Bonaparte

In der Luftfahrtindustrie ist der Düsenantrieb bereits seit den 1960er-Jahren nicht mehr wegzudenken.

Mit dem Airbus A 380 wurde am 27. April 2005 um 10.29 Uhr in Toulouse die Geschichte des Düsenantriebs und der Luftfahrt gekrönt!

Das größte Passagierflugzeug der Welt, von dem bis zur Einstellung der Produktion 251 Exemplare gefertigt wurden, ist auch eine Hommage an den Erfinder des Düsentriebwerkes. Der A380 mit einer Spannweite von 79,80 Metern, einer Länge von 73,00 Metern und einer unglaublichen Höhe von 24,10 Metern sprengt alle bis dahin gekannten Dimensionen der zivilen Luftfahrt.

Das Flugzeug hat eine Reichweite von 15.200 Kilometern und kann dabei 299 Tonnen Kerosin und Ladung aufnehmen. Mit 945 km/h Höchstgeschwindigkeit und der Möglichkeit, bis zu 853 Passagiere zu befördern, setzt dieses, maßgeblich von deutschen Technikern und Ingenieuren gebaute, Flugzeug Maßstäbe in vielen Bereichen.

Der Antrieb des Airbus wird von Rolls-Royce-Turbinen sichergestellt. Historisch gesehen haben englische Entwickler schon an Düsentriebwerken getüftelt, lange bevor das erste gebaut wurde und zum Einsatz kam.

Mit dem ersten Flug der Heinkel HE 178 am 27. August 1939, noch vor Beginn des Zweiten Weltkriegs begann das Düsenzeitalter in Deutschland und der Welt. Es war auch ein deutscher Erfinder, der „der Düse den Trieb gab".

Hans Joachim Pabst von Ohain war der Erfinder des Düsentriebwerks.

Nach seinem Physikstudium widmete sich Ohain der Entwicklung propellerloser Antriebe. Dank der Unterstützung des Automechanikers Max Hahn schrieb Hans von Ohain Luftfahrt-Geschichte. Das erste Strahltriebwerk der Welt war geboren.

Der Düsenantrieb arbeitet ganz anders als ein propeller-betriebenes Flugzeug.

Beim Düsenantrieb wird Luft angesaugt, stark verdichtet, verbrannt und ausgestoßen. Dadurch entsteht der Schub.

Mehr als zwei Jahre später schaffte es der englische Entwickler Frank Whittle ebenfalls, einen Düsenantrieb zum Laufen zu bringen. Doch der Wissens- und Entwicklungsvorsprung der Deutschen war so gewaltig, dass sie mit der Messerschmitt ME 262 den ersten serienreifen Düsenjäger der Welt produzieren konnten. Bis zum Ende des Zweiten Weltkriegs wurden 1.433 Maschinen entwickelt, von denen Überlieferungen zufolge aber nur etwa 200 tatsächlich einsatzbereit waren.

Die Überlegenheit der Düsenjäger konnte seinerzeit am 18. März 1945 unter Beweis gestellt werden. Während eines Großangriffs alliierter Bomberverbände wurden die Düsenjäger an diese herangeführt und zerstörten innerhalb weniger Minuten eine B-24-Liberator und 12 B-17-Bomber. Bei diesem Einsatz stießen zwei deutsche Maschinen zusammen und gingen ebenso wie drei – durch Feindeinwirkung zerstörte – verloren.

Die amerikanischen B-17-Besatzungen waren so überrascht, mit welcher Geschwindigkeit und Wendigkeit die Messerschmitt angeflogen kamen, dass sich in den Wochen danach viele Bomberpiloten große Sorgen machten, auch einer solchen Begegnung mit dem Feind zum Opfer zu fallen.

Nur knapp zwei Monate nach diesem Vorfall war der Krieg zu Ende und die Siegermächte nahmen alles, was nicht niet- und nagelfest war, mit in die USA, England nach Frankreich und Russland. Tausende Zeichnungen, Teile und Patente wechselten den Besitzer. Und wenn Deutschland den Düsenjäger in größerer Stückzahl hätte einsetzen können und den Krieg nur einige Wochen in die Länge gezogen hätte, dann wären die Atombomben wohl sicherlich nicht auf Japan, sondern auf Deutschland geworfen worden. Die Pläne dazu sind seit langem kein Geheimnis.

Wie bereits erwähnt, sind viele Erfindungen auch für die Entwicklung von Waffentechnik „missbraucht" worden. Beim Düsenantrieb war es möglicherweise der Eintritt in den Zweiten Weltkrieg, der dieser Erfindung erst zum Durchbruch verholfen hat.

Je schneller der Menschheit Düsentriebwerke wurden,
desto langsamer wurde die Menschlichkeit.

Claudius Fabig

Dynamo

Je weiter ich beim Schreiben dieses Buches in die Geschichte deutscher Erfindungen vorstieß, desto ehrfürchtiger wurde ich unseren Ahnen gegenüber.

Immer wieder schießen mir Gedanken durch den Kopf, was mit Deutschland passiert ist oder präziser gesagt, was man Deutschland angetan hat, dass sich neben einer völlig zerrissenen Gesellschaft auch eine vorwiegend desinteressierte und vaterlandslose Jugend entwickelt hat.

Zugegeben, auch ich war noch vor einigen Jahren der Meinung, dass man nicht auf das Land, in das man hineingeboren wurde, stolz sein könne. Schließlich hatte man augenscheinlich nichts zu den Errungenschaften der Vorfahren beigetragen. Als ich eines Tages mit einem Freund über meinen Bruder sprach und anmerkte, wie stolz ich auf ihn sei, weil er nach dem Abitur zielstrebig darauf hingearbeitet hatte, heute Professor Dr. für Luft- und Raumfahrt-Technik zu sein, wurde mir bewusst, dass man natürlich auch auf die Leistungen anderer stolz sein kann.

Jeder hat schon einmal zu einem Familienmitglied oder Freund gesagt: Ich bin stolz auf Dich! Stolz, dass Du abgenommen hast, mit dem Rauchen aufgehört hast, Dich getrennt hast, wieder einen Job gefunden hast, gekündigt hast, endlich bei der Wahl eine deutschland-freundliche Partei gewählt hast usw.

Stolz auf die eigene Leistung, aber auch auf die anderer, die einem nahestehen, ist ein positives und konstruktives Gefühl. Dieser Stolz hat weder etwas mit Hochmut noch Überheblichkeit zu tun. Es ist ein Gefühl der Anerkennung, Wertschätzung und Verbundenheit.

Jeder Deutsche kann stolz auf seine Familie sein. Ebenso sollte er aber auch einen Vaterlands-Stolz kultivieren.

Solange das deutsche Volk seit 1945 permanent und unerlässlich an den 12 Jahren von 1933 bis 1945 gemessen und definiert wird, ist es nur schlüssig, sich auch an den übrigen mehr als 1.000 Jahren deutscher Geschichte orientieren zu dürfen. Wer das eine kann, sollte das andere nicht unterlassen.

In meiner Schulzeit wurde ich von der fünften Klasse an jedes Jahr ununterbrochen mit dem Zweiten Weltkrieg konfrontiert. Kein Wort über Hiroshima und Nagasaki, nicht über den Korea-Krieg oder den Krieg in Vietnam.

Rückblickend war meine Schulzeit in West-Berlin nicht nur im Geschichtsunterricht eine Dauerberieselung mit „der deutschen Schuld".

Möglicherweise haben andere Schulkinder in Deutschland konträre Erfahrungen gemacht, aber ich habe bisher ausschließlich Menschen getroffen, die meine Eindrücke aus der Schule bestätigt haben. Gleichwohl sah der Schulplan in der DDR deutlich anders aus. Hier wurden auch die Kriegs-„Leistungen" der USA und Großbritanniens „gewürdigt". Möglicherweise ist das auch der Grund, weshalb in Ost-Deutschland deutlich mehr Patriotismus und Vaterlandliebe zu finden ist als in den „alten Bundesländern"

Wie dem auch sei, mit diesem Buch möchte ich von Herzen gern auch sehr junge Menschen ermuntern, sich mit Deutschland außerhalb der propagierten Seite zu beschäftigen. Mit einem Land der Dichter und Denker, großartiger Menschenfreunde und Erfinder.

Einer dieser Erfinder kann mit Gewissheit als der Vater der zweiten Industriellen Revolution bezeichnet werden: Werner von Siemens!

Carl Friedrich Gauß entwickelte den nichtrotierenden Stromerzeuger. Der Erfinder des Generators ohne Permanentmagnete war aber Werner von Siemens.

Siemens entdeckte 1866 das dynamoelektrische Prinzip und konstruierte die erste Dynamomaschine der Welt.

Mit den von Siemens entwickelten großtechnischen Stromgeneratoren war es nun möglich Strom in praktisch unbegrenzter Stärke preiswert und bequem dort zu erzeugen, wo Arbeitskraft zur Verfügung stand.

Mit der Erfindung von Siemens kam es zur Abkehr vom Dampf als Energiequelle und der Strom kam im wahrsten Sinne des Wortes aus dem Labor raus und wurde zum Allgemeingut.

Bereits im Jahr 1878 wurde das erste Kraftwerk der Welt mit Siemens-Generatoren ausgestattet und diente dem Bayernkönig Ludwig II. dazu, seine künstlich angelegte Venusgrotte auf Schloss Linderhof zu erleuchten. Der Rest ist Geschichte.

Siemens galt als sozialer Arbeitgeber und noch heute kann man in Berlin die Siemensstadt bewundern.

Im Mittelalter war das Verhältnis von Arbeitskraft zu Energiegewinn beim Holzsammeln 1:3 bis 1:5. Bei der ersten Industriellen Revolution und dem Einsatz von Kohle war das Verhältnis 1:20

Mit dem Erschließen des Öls zur Energiegewinnung stieg das Verhältnis auf 1:50 und durch die Atomkraft konnte das Verhältnis auf 1:200 gesteigert werden.

Dank Werner von Siemens war diese sensationelle Entwicklung erst möglich. Dank der weltweiten pseudo-grünen Verbotspolitik und dem flächendeckenden Bau von Windrädern und dem Zupflastern von Ackerflächen mit Solarfeldern ist das Energieverhältnis bei diesen Energieerzeugungstechniken wieder dort angelangt, wo wir im Mittelalter waren, bei 1:3 bis 1:5.

Erwähnenswert ist dabei auch, dass ein Windrad vier Jahre durchlaufen müsste, um die bei der Produktion anfallende Energie auszugleichen. Die Rotorblätter sind nach sieben bis zehn Jahren verschlissen und müssen getauscht werden. In den Rotorblättern sind pro Windrad bis zu 150 Balsabäume aus dem Regenwald verbaut und die Hülle der Rotorblätter ist nicht recyclebar.

Der Physik-Nobelpreisträger 2022 Dr. John Clauser sagte 2023, dass der „Klimanotstand" ein gefährliches Narrativ sei. Er bezeichnete die Agenda als „gefährliche" Korruption der Wissenschaft, die die Weltwirtschaft und das Wohlergehen von Milliarden Menschen bedrohe! Zudem sprach er von einer fehlgeleiteten Klimawissenschaft, die sich „in eine massive schockjournalistische Pseudowissenschaft verwandelt".

Der Greenpeace-Gründer Patrick Moore ergänzte, dass man dabei sei, die schlimmsten Taten in der Geschichte der menschlichen Zivilisation zu begehen, für die man alle Menschen und Tiere töten müsste, um eine Netto-Null-Emission zu erreichen. Damit erklärte Moore sinngemäß dieses Narrativ zum Wahnsinn.

Die Pioniere der Stromerzeugung würden sich bei so viel ideologie-gesteuerter Ignoranz im Grabe umdrehen!

Siemens hat noch unzählige andere Erfindungen zum Wohle der Menschheit gemacht. Der Dynamo, der es uns bis heute ermöglicht, Strom zu erzeugen, darf aber als weitere bahnbrechende deutsche Erfindung bezeichnet werden.

Ich wünsche mir, dass jeder dieser deutschen Deutschland-Hasser seine destruktive Energie gegen eine konstruktive tauscht.

Mit dem gleichen typisch deutschen Enthusiasmus, mit dem er bisher alles Deutsche bekämpft und verleugnet hat und mit dem er auf Demonstrationen Patrioten bekämpft, in den Medien gegen sie schreibt und in Parteien gegen Deutschland arbeitet, sollte er von nun an konstruktiv FÜR Deutschland und die DEUTSCHEN arbeiten, schreiben und agieren. Im Geiste von Siemens, Gutenberg und Einstein erschaffen, entwickeln und verbessern, anstatt zu zerstören, zu bekämpfen und zu verneinen.

Werner von Siemens hat der Welt die massenhafte Nutzung des Stroms geschenkt. Dank seiner Erfindung sind wir alle Nutznießer unzähliger technischer Geräte, die uns ohne Strom nicht dienlich wären.

Die Deindustrialisierung Deutschlands, das Abschalten aller Atomkraftwerke und Runterfahren der letzten Kohlekraftwerke, führt früher oder später zu massiven Stromausfällen. Auf Wind und Solarenergie zu setzen, ohne die Möglichkeit zu haben, den so gewonnenen Strom auch im großen Stil preiswert zu speichern, führt über kurz oder lang zu einem Blackout!

Möglicherweise gehört das auch zum Plan der Deutschland-Hasser. Ein Blackout würde sofort zehntausende Menschenleben kosten, hunderttausende mittelfristig und mit diesem totalen Stromausfall könnte Deutschland endgültig als Industrienation zerstört werden.

Ich bin immer noch guter Dinge und voller Optimismus, dass unser Volk zeitnah Politiker wählt, die sich um die deutschen Interessen kümmern. Politiker, die erkannt haben, dass sie ihren Auftraggebern, dem Souverän, dem deutschen Volk, verpflichtet sind. Denjenigen, die dafür arbeiten gehen, das Gehalt der Volksvertreter zu erwirtschaften, im Vertrauen darauf, auch adäquat und gerecht regiert zu werden.

Werner von Siemens ist auch ein Maßstab für Patriotismus und Vaterlandsliebe. Er hat sich um seine Arbeiter so gekümmert, als wären es Familienmitglieder. Ebenso sollten wir uns um unsere Landsleute kümmern und die vom Volk gewählten Politiker um ihr Volk. Nicht von oben herab, wie ein Fürst oder Lehnsherr, sondern auf Augenhöhe, wie ein Angestellter mit einem guten Chef umgehen sollte.

Wenn Deutschland eines Tages wieder anfängt, miteinander und füreinander das Land und sein Volk zu entwickeln, dann werden wir einig und stark wie nie zuvor sein. Dieses geeinte und starke Land ist dann auch in der Lage, anderen Nationen als positives Beispiel zu dienen und Schwächeren zu helfen.

Nur wenn Wir in Deutschland wieder **Einigkeit** & **Recht** & **Freiheit** kultivieren, kann und wird dieses Land wieder wahre Dichter & Denker hervorbringen, die eines Werner von Siemens würdig sind.

Mit ruhiger Anschauung und tätigem Eingreifen in die gefürchteten Räder des Schicksals kann man sehr viel erreichen, manches Unheil abwehren, manche Gegner zu Freunden machen. In dem ‚Ich will' liegt eine mächtige Zauberkraft, wenn es ernst damit ist und Tatkraft dahinter steht!

Werner von Siemens

Elektroauto

Im Dreiländereck Argentinien, Bolivien und Chile werden mehr als 70% des weltweiten Lithium-Vorkommens vermutet. Für die Herstellung von Akkus, die vorwiegend in Elektroautos verbaut werden, ist Lithium von elementarer Bedeutung.

Mit dem Abbau dieses Rohstoffs verlieren viele Bauern in den Ländern ihre Lebensgrundlage. Milliarden Liter Süßwasser werden durch die Lithiumgewinnung vernichtet. Der Grundwasserspiegel sinkt, Böden in den ohnehin trockenen Gegenden dürren weiter aus und sowohl Ackerbau als auch Viehzucht werden bald nicht mehr möglich sein. Sowohl die Hersteller von Elektroautos als auch die Propagandisten in den Medien und bei den NGOs verschweigen diese schmutzige, umweltzerstörende Seite der sogenannten Null-Emissionen-Technik. Auch ein weiterer Bestandteil der Elektroautos offenbart, dass es sich bei dieser Technologie weder um eine umweltbewusste noch humane Entwicklung handelt.

Allein im Kongo arbeiten nach Schätzungen von UNICEF mehr als 40.000 Kinder beim Abbau von Kobalt. Wie viele Kinder in Sambia beim Abbau beschäftigt sind, kann nur geschätzt werden, aber auch dort geht die Zahl möglicherweise in die Tausende.

Kobalt wird für die Akkus von Elektroautos benötigt und wie beim Lithium interessieren sich die meisten Käufer dieser Fahrzeuge nicht für das Elend, welches sie unterstützen.

Ohne sogenannte seltene Erden ließen sich E-Autos nicht produzieren. Lanthan, Promethium oder Ytterbium werden in Ländern wie China oder auf Madagaskar geschürft. Dabei werden gigantische Mengen an Süßwasser vernichtet, Chemikalien in die Natur freigegeben, Böden und Grundwasser verseucht.

Für Bohrlöcher, Auffangbecken und die Infrastruktur werden riesige Waldflächen gerodet und die Arbeiter, deren Aufgabe das Fördern der seltenen Erden ist, inhalieren giftige Stäube und müssen unter teils sklavenhaften Bedingungen arbeiten.

Ein E-Auto ist chic und angesagt. Man gehört mit so einem Fahrzeug automatisch zu „den Guten", man ist „moralisch überlegen". Als E-Auto-Besitzer geht man mit der Zeit und kann sowohl Nachbarn als auch Kollegen gegenüber dokumentieren, dass man umweltbewusst und hip ist.

In Wahrheit ist das E-Auto der Türöffner der ideologie-gesteuerten Machthaber, um die Völker zu demobilisieren und es dokumentiert neben dem „Hipsein" auch die „umweltfreundliche" Geisteshaltung eines Grünen.

Würde Deutschland die rund 47 Millionen Autos, die nicht elektrisch fahren, durch E-Autos ersetzen, würden maximal 5% der Fahrzeuge fahren. Die restlichen 95% könnten aufgrund nicht vorhandener Ladekapazitäten nicht aufgeladen werden. Exakt das ist den Politikern und NGOs bewusst, die uns die E-Mobilität als Nonplusultra verkaufen. In Wahrheit soll zeitnah eine kleine „Elite" noch Auto fahren dürfen, derweil das gemeine Volk mit Bus oder Bahn zu fahren hat.

Wer nicht zu dumm oder faul zum Rechnen ist, kann diese von mir aufgestellte Behauptung leicht nachvollziehen.

Ungeachtet dessen ist ein Elektroauto aufgrund der enormen Mehrkosten erst nach durchschnittlich 125.000 Kilometern umweltbewusster (CO2-Bilanz) als ein konventionelles Dieselfahrzeug. Dabei ist ein Diesel nach 125.000 Kilometern gerade einmal gut eingefahren. Das E-Auto muss nach dieser Lauf-Leistung bereits einen neuen Akku verbaut bekommen, was die 125.000 Kilometer-Rechnung wieder zunichtemacht.

In zahlreichen Parkhäusern dürfen E-Autos nicht parken, weil die Brandgefahr zu groß ist.

Im August 2023 gerieten einige E-Autos auf einem mit 3783 Autos beladenen Schiff, der „Fremantle Highway", in Brand. Das Schiff brannte komplett aus und obwohl erst knapp zwei Jahre zuvor ein ähnliches Unglück geschah, bei dem der Frachter auf hoher See versank und für immer auf dem Meeresboden verschwand, wurde aus dieser Katastrophe nichts gelernt und so konnte sie sich wiederholen.

Die Reichweite der meisten E-Autos ist unter realistischen Bedingungen nur etwa ein Drittel so groß wie bei einem Auto mit Verbrenner-Motor. Elektroautos haben einen schlechteren Wiederverkaufswert, deutlich höhere Unterhaltskosten und lassen sich ins osteuropäische Ausland praktisch gar nicht gebraucht weiterverkaufen.

Die Ladezeit beträgt je nach Fahrzeugtyp und Ladestation zwischen einer Stunde und zehn Stunden, derweil ein konventionelles Auto in zwei bis drei Minuten vollgetankt ist.

Ich bin weder für noch gegen Elektromobilität. Aber das absolute Ausblenden der unzähligen negativen Aspekte und die religiös anmutende

Propaganda für die angebliche Null-Emissions-Technologie beleidigt meine und sicher auch Ihre Intelligenz, lieber Leser.

Der Strom dieser Fahrzeuge wird überwiegend in Kohlekraftwerken oder Atomkraftanlagen (Importstrom aus dem Ausland) produziert. Diese Technik ist eine Blendgranate der Politik, um uns der Individual-Mobilität zu berauben.

Ungeachtet dessen ist der Strom in Deutschland der teuerste der Welt und eine Ladung für das E-Auto bald teurer als eine mit Benzin oder Diesel.

„Wenigstens" haben die Autohersteller erkannt, dass sie sich bei dieser technischen „Revolution" auch am Tank-Vorgang ihrer Stromer bereichern können.

Misslich nur, dass 2023 der Verkauf der E-Autos um bis zu 50% eingebrochen ist und viele Käufer dieser Technik wieder auf Verbrenner umsteigen. Hier haben sich die Hersteller offensichtlich verrechnet. Nicht zum ersten Mal!

Am Elektroauto scheiden sich die Geister. Natürlich benötigt diese Technologie auch Zeit, um zu reifen. Möglicherweise gibt es zeitnah eine Revolution bei der Akkuentwicklung.

Es darf aber nicht sein, dass Regierungen den Herstellern und Käufern von Autos oder auch anderen Dingen vorschreiben, was sie herzustellen bzw. zu kaufen haben.

Angebot und Nachfrage regeln den Markt. In Deutschland wurden bis zu 9.000 € als Steuersubvention beim Kauf von Elektroautos bezahlt. Dieses Geld haben Menschen, die ohnehin viel verdienen bzw. besitzen erhalten und es wurde überwiegend von Steuerzahlern erwirtschaftet, die mit ihren hart erarbeiteten Steuergeldern diese Subventionen bezahlen mussten.

Würde es um den Umweltgedanken gehen, um die Reduzierung von CO_2, dann würde die Bundesregierung zum einen auch das CO_2 berücksichtigen, welches bei der Produktion des Akkus und E-Autos entsteht und zum anderen würden alternative Treibstoffe wie E-Fuel, die inzwischen aus Abfall gewonnen werden können und 90% weniger CO_2 emittieren als konventioneller Kraftstoff, gefördert und propagiert werden.

Letzteres wäre auch im Sinne des deutschen Unternehmers und Erfinders des E-Autos Andreas Flocken.

Bereits 1888 präsentierte er den Flocken-Elektrowagen der Fachwelt. Flocken war damit der Erfinder des E-Autos.

Ich bin fest davon überzeugt, dass der E-Auto-Irrsinn zeitnah aus den Geschichtsbüchern verschwunden und in unserer Welt in Vergessenheit geraten sein wird.

Ich vergeude mein Leben nicht mit Ladesäulen-Suche.

Walter Röhrl

Elektromotor

Die deutsche Sprache ist eine der schönsten und ausdrucks-
vollsten aller Sprachen – wenn man sich ihrer Kraft bedient!
Ich verlange die Freiheit, die ein Schriftsteller, ja ein Dichter
für sich in Anspruch nimmt.

Klaus Kinski

1834 entwickelte Moritz Herrmann Jacobi den ersten Gleichstrom-
motor.

Der Bruder des Mathematikers Carl Gustav Jacobi setzte seinen Motor 1838 in einem Elektroboot ein, mit dem er in Russland nahe St. Petersburg auf der Newa erste Testfahrten unternahm.

Dieses, mit einem Elektromotor angetriebene, Boot erreichte eine Geschwindigkeit von 2,5 km/h und legte bei der Jungfernfahrt 7,5 Kilometer zurück.

Ein Jahr später 1839 war der Motor bereits deutlich leistungsstärker und konnte 4 km/h schnell über das Wasser gleiten.

Ohne diesen Pionier gäbe es heute möglicherweise keine Diskussionen über Elektromobilität.

Es hängt von dir selbst ab, ob du das neue Jahr als Bremse
oder als Motor benutzen willst.

Henry Ford

Elektronenmikroskop

Weißt Du, was ich an Deutschland sehr, sehr gerne mag? Hier wird extrem früh und vor allem unerschrocken angegrillt.

Donnie O' Sullivan

Als mein Bruder etwa acht Jahre alt war, bekam er ein Mikroskop zu Weihnachten geschenkt. Seine Begeisterung war so groß, dass in den nächsten Tagen und Wochen praktisch alles, was bei uns in der Wohnung herumstand, früher oder später unter seinem neuen Mikroskop landete. Naja, zumindest die Gegenstände, die größentechnisch auf dem kleinen Trägerglas Platz fanden.

Am meisten hat mich die Vergrößerung von Leitungswasser beeindruckt, in dem mir damals „Pantoffeltierchen" gezeigt wurden.

Die Vergrößerung dieses einfachen Mikroskops war nicht mit der eines Elektronenmikroskops zu vergleichen. Mit dieser revolutionären Vergrößerungstechnik gelang es Wissenschaftlern im letzten Jahrhundert erstmals eine völlig neue Welt zu entdecken.

Ernst Ruska und Max Knoll gelang es am 9. März 1931 mit magnetischen Linsen die erste zweistufige elektronenoptische Vergrößerung zu erreichen. Mit dieser Entwicklung war die Grundlage des Elektronenmikroskops geschaffen.

Den nächsten Prototyp entwickelte Ruska 1933 und überschritt bei 12.000-facher Vergrößerung die Licht-Auflösungsgrenze. Dank der Unterstützung seines Schwagers, dem Ingenieur Bodo von Borries, entwickelte Ruska das Mikroskop so weiter, dass es 1939 in Serie hergestellt werden konnte.

Mit dieser Erfindung wurde und wird mit der Entdeckung und Beobachtung kleinster Teilchen Großes erkannt und oft Größeres weiterentwickelt.

Ein schwacher Verstand ist wie ein Mikroskop, das Kleinigkeiten vergrößert und große Dinge nicht erfasst.

Gilbert Keith Chesterton

ESP

Spätestens seit dem legendären „Elch-Test" war klar, dass einem Auto physikalische Grenzen gesetzt sind. Bei diesem Test war 1997 eine Mercedes A-Klasse ins Schleudern gekommen und umgekippt. Ein gefundenes Fressen für die Presse. Der Begriff „Elchtest" war über Nacht in aller Munde. Für Mercedes war dieser Vorfall ein PR-Desaster.

1995 hatte Mercedes im S-Klasse Coupe (Baureihe C 140) das vom deutschen Hersteller Bosch erfundene ESP verbaut.

Dieses elektronische Stabilitätsprogramm ist in der Lage, in die Fahrzeugtechnik helfend einzugreifen, wenn der Wagen Gefahr läuft, ins Schleudern zu geraten. Fairerweise muss erwähnt werden, dass die Erfindung bei Bosch in Deutschland maßgeblich von Anton van Zanten, einem in den Niederlanden geborenen Techniker, mitentwickelt wurde.

Die A-Klasse bekam das ESP als Serien-Ausstattung und Boris Becker machte einen Werbespot nach dem Motto:

Am meisten habe ich aus meinen Fehlern gelernt.

Eugen Roth schrieb einst:

Der Mensch blickt in der Zeit zurück und sieht sein Unglück war sein Glück!

So war es für Bosch ein wahrer Glücksfall, dass die A-Klasse beim Test umgekippt war. Nur so konnte das ESP in ein Fahrzeug des Massenmarkts verbaut werden.

Seither verdanken sicher hunderttausende Autofahrer ihr Leben dem ESP und Bosch konnte mit dieser Erfindung erneut dokumentieren, welches Potential deutsche Unternehmen haben.

Wem der Sinn für wahre Werte wie Familie, Gesundheit, Anstand, Ehre und Gerechtigkeit fehlt, dem wird kein ESP der Welt Stabilität ins Leben bringen.

Claudius Fabig

Fahrrad

Ich bin mir sicher, dass der geneigte Deutschland-Hasser deutscher Herkunft dieses Buch akribisch durchforstet, um an der einen oder anderen Stelle eine Entwicklung zu entdecken, die hier zu Unrecht als deutsche Idee und Erfindung aufgelistet ist. Tatsächlich gibt es Erfindungen aus Deutschland, bei denen zur gleichen Zeit in einem anderen Land etwas Ähnliches entwickelt wurde. Ebenso gibt es deutsche Erfindungen, die Grundlage für Verbesserungen waren, die von Entwicklern aus anderen Ländern später ergänzt bzw. hinzugefügt wurden. Weiterentwicklungen gelten aber nicht als Erfindungen.

Eine der wohl bahnbrechendsten Erfindungen der Menschheit ist für uns so selbstverständlich, dass kaum einer überlegt, wem er diese technische Segnung zu verdanken hat.

Beim Fahrrad ist es ein deutscher Erfinder und Tüftler.

Baron Karl von Drais hat das Fahrrad 1817 in Deutschland erfunden. Er nannte es Draisine.

Die Draisine wurde 1861 von dem Französischen Kutschbauer Pierre Michaux mit einem Tretkurbelantrieb optimiert.

1888 erfand der englische Tierarzt John Dunlop den Luftreifen. Dunlop machte das Fahrradfahren dadurch komfortabler und gründete nebenbei den Weltkonzern Dunlop.

In Deutschland gab es 2023 etwa 78 Millionen Fahrräder. Das Fahrrad ist damit das Massen-Fortbewegungsmittel unserer Zeit. Fahrradfahren ist gerade bei schönem Wetter und für kurze Strecken eine optimale Fortbewegungsmöglichkeit. Wenn man keine größeren Lasten zu transportieren hat, ist eine Fahrt mit dem Fahrrad die schönste Art und Weise, sich gesund und naturverbunden fit zu halten.

Besonders wenn man über Land fährt, kann man die Düfte der Natur in vollen Zügen genießen.

Mir ist es eingefallen, während ich Fahrrad fuhr.

Albert Einstein über die Relativitätstheorie

Intermission 1 – Demokratie

Dieses Kapitel habe ich für die vierte Auflage von Botschaft für Deutsche geschrieben. Damit ich auch gleich ein bisschen Werbung für dieses rund 470 Seiten starke Buch machen kann, lesen Sie hier das Demokratie-Kapitel exklusiv im Vorabdruck.

Es war einmal das Königreich Liberta und das lag weit, weit weg. Hinter sieben Bergen, sieben Meeren und sieben Wäldern. In diesem Reich herrschte der alte, weise und gerechte König Onesto mit seiner wunderschönen Gemahlin Magico.

Die Menschen im Königreich von Liberta waren glücklich und zufrieden. Sie zahlten nur 10% Steuern, konnten kostenlos zum Arzt gehen und die Schulen im Königreich waren so gut ausgestattet und beliebt, dass die Kinder sich jeden Tag aufs Neue freuten, dorthin gehen zu können.

In Liberta gab es weder Hunger noch Durst. Alles war vorhanden. Die Menschen hatten saubere Flüsse und Seen und in den riesigen Wäldern lebten alle möglichen Arten wunderschöner Tiere

Liberta hatte keine Feinde und kam mit seinen Nachbarn seit Jahrhunderten in Frieden aus.

Eines Tages entdeckte ein angeklanischer Tourist, der bei Shell tätig war, zufällig, dass es in Liberta riesige Erdölvorkommen gab. Er machte sich auf zum König, um ihm vorzuschlagen, ihm dabei behilflich zu sein, das Erdöl zu fördern. Zu seiner Verwunderung lehnte dieser mit folgenden Worten ab:

„Mein lieber Herr, ich bin seit vielen Jahren der König in meinem Land, so wie mein Vater und Urgroßvater und all unsere Vorfahren seit Jahrhunderten. Wir lieben unser Volk und unsere Natur. Dazu zähle ich auch jedes Lebewesen, jeden Baum, Fluss, die Felder und unsere Gebirge. Mein Königreich hat alles, was es braucht, um die Menschen zu ernähren und glücklich, harmonisch und gesund leben zu lassen. Ich bin sehr dankbar, dass Sie mir Ihre Hilfe beim Abbau unseres Erdöls anbieten, aber ich möchte kein Öl in unserem Königreich fördern. Unsere Natur bleibt, wie sie ist."

Der Angeklaner versuchte nach besten Kräften König Onesto doch noch zu überreden, musste dann aber feststellen, dass unser König sich nicht überzeugen ließ.

Unverrichteter Dinge reiste er ab und der König vergaß das Gespräch bald wieder.

Etwa sechs Monate später kamen plötzlich viele „Touristen" aus Angeklanistan nach Liberta und sie brachten Gold, Geschenke und andere schöne Dinge mit, die sie eifrig unter den Libertanern verteilten. Sie verbreiteten die Botschaft, dass ihr König ein böser Diktator sei, der dem armen geknechteten Volk von Liberta nicht den Wohlstand gönnen würde, den es verdient hätte und dass sie für Demokratie und Freiheit kämpfen müssten. Weiterhin verkündeten sie, dass Angeklanistan immer zu Diensten wäre, wenn es darum ginge, unterdrückten Völkern zu helfen, sich von Diktatoren zu befreien und zur Demokratie zu gelangen.

Nur wenige Tage, nachdem die Touristen ins Land gekommen waren, begehrten einige Libertaner auf. Sie streikten, zogen vor das Schloss und forderten den König auf, „ihre" Ölvorkommen zu fördern, um „ihren" Reichtum sicherzustellen.

24 Stunden später berichtete die Weltpresse von den guten Freiheitskämpfern von Liberta, die sich gegen den bösen Diktator Onesta aufgelehnt hätten. Weitere 24 Stunden danach intervenierten angeklanistanische Truppen im Königreich, nahmen den König und seine Frau fest, setzten eine neue „demokratische" Regierung ein und begannen damit, die Ölförderung vorzubereiten.

Viele Libertaner waren damit nicht einverstanden und so eskalierte der Konflikt zum Bürgerkrieg, es gab viele Tote, das Land versank im Chaos und die Angeklanistanischen Truppen errichteten eine Militärbasis, um die „Demokratie" im Land sicherzustellen.

Es dauerte noch wenige Wochen, bis das Königreich in Schutt und Asche gelegt wurde, das Volk zerstritten und uneinig geworden war, die Wälder, Flüsse und Seen zerstört und kontaminiert wurden und das Öl gefördert werden konnte.

Ein weiteres Land auf der Erde lernte den Wert wahrer „Demokratie" kennen.

Dies ist natürlich nur ein Märchen, doch wer die tatsächliche Definition von „Demokratie" kennt und sich dann anschaut, was überall im Namen dieser „Demokratie" veranstaltet wird, der darf die Frage stellen, …

… ob die tatsächlich praktizierte Form der „Demokratie" überhaupt noch erstrebenswert ist bzw. ob „Demokratie" nicht längst ein anderes Wort für Diktatur geworden ist.

Die Länder, denen „Demokratie" in den letzten Jahren gebracht oder besser gesagt verordnet wurden, heißen unter anderem Syrien, Libyen, Afghanistan und Irak.

Jeder kann sich ein Bild davon machen, wie „dankbar" die Menschen in diesen Ländern sind. Das „Flaggschiff" der „Demokratie", die USA, leistet sich einen Militärhaushalt von 877 Milliarden Dollar (Russland hat knapp 65 Milliarden Dollar für das Militär im Haushalt eingeplant). In den USA leben offiziell 582.462 Menschen auf der Straße, 107.000 Drogentote wurden 2022 verzeichnet, die Zahl der Drogenabhängigen liegt im zweistelligen Millionenbereich und laut Statista sind knapp 1,8 Millionen US-Amerikaner im Gefängnis. „Unser" demokratisches Vorbild, die USA, leistet sich mehr als 5.400 militärische Einrichtungen. Davon sind mehr als 750 außerhalb der USA (Russland hat drei außerhalb des eigenen Landes).

Ein Blick nach Deutschland in unsere „freiheitlich-demokratische Grundordnung" dokumentiert, welche Werte die neue Demokratiedefinition dem Volk gebracht haben:

• Mehr als 1.000 Tafeln,

• 1,9 Millionen Kinder in Armut,

• 3,2 Millionen Rentnern in Armut,

• eine desolate Infrastruktur, Schulen, Universitäten und Landesverteidigung,

• mehr als 250.000 Menschen, die hauptberuflich vom Flaschensammeln leben,

• 150 Milliarden Euro Investitionsstau bei kommunaler Infrastruktur laut deutschem Städtetag, zeigen deutlich, dass, im Namen der „Demokratie", das Volk die höchste Steuerlast der Welt zu tragen hat, derweil die Regierung das Land seit Jahrzehnten verkommen lässt. Ist das demokratisch und im Sinne des Souveräns?

Es ist gut vorstellbar, dass der Souverän, das Volk in Deutschland, den USA, aber auch in all den anderen Ländern, die sich „Demokratie" auf die Fahnen geschrieben haben, gerne auf gigantische Rüstungsausgaben verzichten und dafür die astronomischen Summen in Renten, Gehälter, Infrastruktur, Bildung, Forschung, Pflege, Krankenversorgung und andere Projekte im Land investieren würde. Es entsteht immer mehr der Eindruck, dass die „Demokratien" der Welt sich des Wertes und der Bedeutung von „Demokratie" nicht bewusst sind oder ihn absichtlich verdrehen, um die Völker langsam aber sicher zu verdummen, zu verarmen und letztlich zu versklaven. In Deutschland schrieb 2023 ein(e) Mitarbeiter(in) des zwangsgebühren finanzierten öffentlich-rechtlichen Rundfunks in den sozialen Medien folgendes:

„Wir müssen unsere Demokratie auch mit undemokratischen Mitteln gegen ihre Feinde verteidigen. Weil sie es wert ist."

(ACHTUNG! DER LETZTE SATZ IST EIN ZITAT EINER STAATS-JOURNALIST(TIN)).

Diese Geisteshaltung dokumentiert das Verständnis der Majorität unserer Mainstream-Medienvertreter und Politiker in Bezug auf den Wert der vielzitierten „freiheitlich-demokratischen" Grundordnung!

Der Begriff Demokratie stammt aus dem Griechischen und steht für Volksherrschaft. In einer Demokratie ist das Volk der Souverän. Das Volk ist die oberste Staatsgewalt und die politischen Ent-

scheidungen werden durch den Mehrheitswillen des Volkes gefällt.

In diesem Kontext darf der Frage nachgegangen werden, weshalb es die sogenannte „demokratische Welt-Gemeinschaft" nicht interessiert, wenn in einigen arabischen und afrikanischen Ländern Homosexuelle ihrer Neigung wegen hingerichtet, Frauen zu Menschen zweiter Klasse degradiert und Kinder zur Arbeit gezwungen werden!

Weshalb machen EU und USA beste Geschäfte mit lupenreinen Diktaturen, derweil sie Länder wie den Jemen, Afghanistan, Somalia, Syrien und Libyen mit der Behauptung, Demokratie zu bringen, ins Chaos stürzen.

Die Prediger ihrer „Demokratie", allen voran Amerikaner, Franzosen, Engländer und die deutsche „Linke", sind auch diejenigen, die uns die WOKE-Bewegung aufdrängen möchten. Diese sogenannten „Erwachten" blicken von ihrem hohen Ross zu den Völkern herab und diktieren deren „demokratische Grundordnung". Mit der vollen Inbrunst moralischer „Überlegenheit" wird uns, neben vielem anderem, erklärt, weshalb wir nicht mehr Indianer, Zigeuner, Schwarzer oder gar Neger sagen dürfen.

Dieselben „Demokraten", die uns, kleinen Kindern gleich, ständig erziehen und belehren möchten und ihren „Korridor des Sagbaren" in einem Atemzug mit Meinungsfreiheit propagieren, sind direkt oder indirekt auch an der brutalen Ausbeutung unzähliger Länder beteiligt.

Die in ihrer selbstgefälligen Arroganz und Überheblichkeit ihresgleichen suchenden Politiker, Medienvertreter und Schreihälse der Antifa laden tagtäglich mehr Schuld auf sich. Im Namen der „Demokratie" werden rohstoffreiche Länder wie Niger, Mali, Burkina Faso und viele andere ausgebeutet. Die gold-, öl-, diamanten- und uran-reichen Länder müssen dank geheimer Verträge all ihre Bodenschätze unter anderem an Frankreich abgeben, ohne dass die völlig verarmte Bevölkerung in diesen Ländern daran partizipiert.

Niger ist für mehr als 25% des Urans, welches die USA für ihre Atomkraftwerke benötigen, zuständig. Ein großer Teil der französischen Kernkraftwerke könnte ebenfalls ohne den Rohstoff aus Niger nicht betrieben werden. Auch Deutschland profitiert direkt von dieser Abhängigkeit, da unser Land von den Stromlieferungen aus französischen Atomkraftwerken abhängig ist.

Die Grünen, Linken, Christlich-Sozialen und die Sozialisten in Deutschland erheben sich täglich unter Zuhilfenahme der Mainstream-Medien über Menschen, die nicht adäquat gendern, sich des Neusprechs nicht bedienen oder es wagen statt „people of color" „Schwarzer" oder gar „Neger" zu sagen.

Dieselben Protagonisten interessiert es aber in Wirklichkeit einen Dreck, dass Schwarz-Afrika ausgebeutet wird und die Einheimischen in Not und Elend leben, derweil der „demokratische" Westen sich aller Bodenschätze bedient, ohne die Erzeuger-Länder angemessen zu bezahlen.

In Niger haben 82% der Menschen keinen Stromanschluss, während Frankreich auch aus diesem Land seine Energie schöpft

Die Leute, die das Wort „Negerkuss" unter Strafe stellen möchten, profitieren direkt oder indirekt von der brutalen Ausbeutung Afrikas. Es lässt sich kaum in Worte fassen, wie abstoßend diese, wahren Rassisten sind.

Wenn das die „Demokratie" ist, derer „Wir" uns ständig rühmen und deren Wert so einmalig ist, dass er auf der ganzen Welt mit Geheimverträgen und Waffengewalt verteidigt werden muss, dann kann resümiert werden, dass die Verteidiger dieses „Wertes" sich dessen tatsächlicher Bedeutung nicht bewusst sind oder ihn absichtlich verdrehen, um ihre Verbrechen gegen die Menschheit und Menschlichkeit zu verschleiern.

Würden die „Demokratien" des Westens, den Afrikanern ihre Bodenschätze zu marktüblichen Preisen abkaufen, gäbe es weder Gründe für Kriege in Afrika noch die auch daraus resultierenden Flüchtlingsströme.

Wenn die Ausbeuter Afrikas wenigstens dafür sorgen würden, dass ihre Völker in Wohlstand lebten, könnte diesen Machenschaften noch ein gewisser „Charme" abgerungen werden. Tatsächlich leben in den USA und Westeuropa so viele Einheimische in Not und Elend wie seit 90 Jahren nicht mehr!

Die Idee der Demokratie ist großartig! Das Volk bestimmt einige Volksvertreter, die auf Zeit die Dinge umsetzen, die sie dem Volk vor einer demokratischen Wahl versprochen haben.

Die vom Souverän gewählten Volksvertreter arbeiten für das Volk – ihre Arbeitgeber - sowie zum Wohle und im Interesse des Volkes, welches sie gewählt hat.

In einer tatsächlichen Demokratie geht alle Macht vom Volk aus und die gewählten Regierungspolitiker sind sich bei all ihrem Tun und Lassen darüber im Klaren, dass sie einzig „ihrem" Volk, ihren Wählern verpflichtet sind.

Wenn wir das Wort Demokratie und den Wert, der sich dahinter verbirgt, ernst nehmen wollen, dann sind wir dazu verpflichtet, als Volk die Volksvertreter an diesem Wert zu messen, sie daran zu erinnern und sie mit aller Kraft haftbar dafür zu machen, wenn sie diesem Wert nicht gerecht werden, ihn verraten.

Ein Verrat an der Demokratie ist auch, wenn Parteien, die vom Volk gewählt wurden, politisch und medial ausgegrenzt werden und nicht an der politischen Gestaltung teilnehmen dürfen, weil die politische Konkurrenz entschieden hat, sich so ihrer Mitbewerber zu entledigen. Wer sich so verhält, grenzt nur oberflächlich „ein paar Volksvertreter" aus. Tatsächlich verhält er sich undemokratisch, geradezu faschistoid, weil er die Teile der Bevölkerung, die die politische Konkurrenz gewählt haben, durch das Ausgrenzen ihrer Volksvertreter aus dem politischen Diskurs ausschließt.

Der Begriff Volksverräter trifft auf jeden Staatsdiener zu, der nicht im Interesse der Demokratie – im tatsächlichen und ursprünglichen Sinn des Wortes – arbeitet, sondern gegen die Volksinteressen, das Wohl des Volkes und Staates agiert.

Die gebetsmühlenartig viel zitierte „freiheitlich-demokratische Grundordnung" ist zu einer Worthülse ohne moralischen, menschlichen und substanziellen Inhalt verkommen.

In einem Land, das sich demokratisch nennt, welches aber bei jeder sich bietenden Gelegenheit, die Kritiker der Regierung als Demokratie-Feinde bezeichnet, muss an die Definition von Demokratie erinnert werden. Selbstverständlich beinhaltet Demokratie auch das Recht eines jeden Menschen in diesem System die gewählten Volksvertreter zu kritisieren, auch negativ. Jeder hat das Recht und auch die Pflicht, auf Missstände im Land und bei der Regierung hinzuweisen.

Deutschland hat keine Verfassung. Anstelle dieser, die noch vom Volk zu wählen wäre oder aus den historischen Archiven geholt und eingesetzt werden müsste, haben wir ein Grundgesetz.

DAS GRUNDGESETZ HEISST SO, WEIL ES DEM DEUTSCHEN VOLK GRUNDRECHTE VERBINDLICH VERBRIEFT UND GARANTIERT!

Weil es Grundrechte sind, können diese nicht auf Pause gestellt werden. Nicht bei einer Wahl, die rückgängig gemacht werden soll und auch nicht bei einer „Pandemie". Wer diese Grundrechte außer Kraft setzt, der handelt undemokratisch. Wer das Grundgesetz missachtet, ist ein Feind der Demokratie.

Ein sogenannter Verfassungsschutz, der nicht darauf achtet, dass unser Grundgesetz geschützt und eben nicht wegen einer „Pandemie" ausgehebelt wird, ist ein Regierungsschutz und wird damit seiner Aufgabe, die Demokratie, das Grundgesetz oder das Volk zu schützen, nicht gerecht.

Wir konnten in den letzten Jahren tausendfach erleben, wie diese sogenannte „freiheitlich-demokratische Grundordnung" ad absurdum geführt wurde.

- Der Artikel 5 im Grundgesetz, in dem jedem Deutschen die freie Meinungsäußerung garantiert wird, wurde mit dem Netzwerkdurchsetzungsgesetz und einem Demokratiefördergesetz negiert.

- In Thüringen wurde ein demokratischer Ministerpräsident auf demokratischem Weg gewählt und eine Bundeskanzlerin hat die Wahl rückgängig gemacht. Der Ministerpräsident wurde neu gewählt und nachdem gerichtlich festgestellt wurde, dass die Annullierung der Wahl undemokratisch und rechtswidrig war, gab es keine Konsequenzen.

- Die Berliner Landtagswahl 2021 wurde aufgrund von 285.000 ungültigen und teils gefälschten Stimmen nach langen Diskussionen wiederholt. Die ebenfalls am selben Tag stattgefundene Bundestagswahl wurde nicht wiederholt.

- Das Volk wird gezwungen, eine GEZ-Zwangsgebühr zu bezahlen und die Sendeanstalten sind nach dem Rundfunkstaatsvertrag zur objektiven, ausgewogenen Berichterstattung verpflichtet. 2022 wurde bei mehr als 450 Talkshow-Auftritten nur zweimal ein Vertreter der Oppositionspartei AfD eingeladen.

- Ein Politiker der AfD wurde mit mehr als 51% zum Landrat gewählt und musste sich nach der Wahl einem „Demokratietest" unterziehen. Veranlasst von einem Verfassungsschutzpräsidenten, der selbst nicht die Voraussetzung – die Befähigung zum Richteramt - besitzt, dem Verfassungsschutz vorzustehen.

- Die Bundestagsabgeordneten stimmten gegen die Stimmen der AfD dafür, dass bei der nächsten „Pandemie" die Privatorganisation WHO sämtliche Macht übernehmen kann. Das inkludiert die Definition, was überhaupt eine „Pandemie" ist sowie sämtliche Maßnahmen wie Zwangsimpfungen, Ausgangssperren, Testpflicht, Maskenpflicht und auch Internierungslager. Die Politiker hatten nicht das Recht, die Macht des Souveräns, des Volkes, an dieser Stelle an eine private Organisation abzugeben.

- Der Kanzler verkündete, es gäbe im Kampf gegen Corona keine roten Linien. Diese von seinem späteren grundgesetzwidrigen Handeln untermauerte undemokratische Sichtweise widerspricht einer wesentlichen roten Linie: unseren Grundrechten, verbrieft im Grundgesetz.

- Die Außenministerin verkündete im EU-Parlament, Deutschland befinde sich im Krieg mit Russland. Mit dieser Aussage proklamierte sie einen Angriffskrieg gegen Russland oder einen Verteidigungskrieg. Beides hätte von den Volksvertretern im Bundestag und Bundesrat vorher aber als Verteidigungsfall festgestellt werden müssen (Art. 115a Abs 1 Satz 1 GG).

- Die Innenministerin hat die Beweislast für Beamte umgedreht. Beamte müssen ihre Verfassungstreue beweisen und nicht wie in einer Demokratie, einem Rechtsstaat üblich, umgekehrt.

- Der Bundeswirtschaftsminister, der, nachdem das Bundesverfassungsgericht entschieden hat, dass ein Heizungsgesetz mehr Zeit zur Entscheidung benötige, verkündete, dass dieses Gesetz nach der Sommerpause trotzdem unverändert ohne inhaltliche Änderungen kommen würde, ignoriert die Rechte und auch Pflichten der Volksvertreter, die über dieses Gesetz abzustimmen haben.

- Bundestagabgeordnete, die gegen einen Corona-Untersuchungsausschuss gestimmt und damit die Aufarbeitung der gravierendsten Grundrechtsverletzungen, Grundgesetzverletzungen und Menschenrechtsverletzungen in der Geschichte der Bundesrepublik verhindert haben, handelten in wessen Namen?

- Politiker, die für eine Corona-Impfpflicht stimmten, obwohl sie genau wussten, dass diese Impfung tödlich ausgehen kann und zu diesem Zeitpunkt die Gefahren für Leib und Leben längst bekannt waren, handelten nicht zum Wohle des deutschen Volkes und auch nicht im Interesse derer, die sie zu vertreten hatten.

- Die Ausgangssperren während der „Pandemie" waren sinnlos, nutzlos, unmenschlich und vor allem gegen unsere im Grundgesetz verbrieften Rechte.

- Die Maskenpflicht war unnütz, schädlich und gegen unsere Menschrechte. Diese Maskenpflicht war undemokratisch.

- Das Isolieren unserer Alten in der „Pandemie" war gegen unser Grundgesetz und vor allem gegen ethische, moralische und menschliche Grundprinzipien.

- Personen in Uniform, die bei den Demonstrationen für Frieden und Freiheit tausendfach(!) anständige Menschen auf der Straße niedergeknüppelt, getreten, geschubst, mit Pfefferspray besprüht und mit Wasserwerfern weggespritzt haben, sind im Auftrag einer Regierung gegen ihre Mitmenschen vorgegangen, ohne die Legitimierung des Grundgesetzes, jeglicher Moral oder menschlicher Grundsätze. Dieselben Uniformierten haben praktisch zeitgleich Demonstrationen für Black Lives Matter, Christopher Street Day oder Last Generation freundlich lächelnd eskortiert.

- Täglich melden sich Protagonisten wie ein Grünen-Vorsitzender zu Wort, die wörtlich sagen: „Auf der einen Seite sind die demokratischen Parteien und auf der anderen Seite sind die Nazis von der AfD".

- Die Einführung des Euros ohne eine Volksbefragung und ohne die Ankündigung vor der Wahl war demokratisch?

- Die faktische Enteignung der gesamten Bevölkerung durch künstliche Inflation (wer sich informiert, weiß, dass die Inflation 2022/2023 künstlich gemacht wurde) und das „Heizungstauschgesetz" wurde dem Volk vor der Wahl nicht angekündigt. Wie demokratisch ist das gewesen?

- Die Innenministerin lässt mit Hilfe des sogenannten Verfassungsschutzes Regierungskritiker überwachen, um ihnen „Delegitimierung des Staates" zu unterstellen. Dabei ist in einer Demokratie zwischen Amt und Mensch zu unterscheiden. Nach dem Gewaltenteilungsgrundsatz (Art 20. Abs. 2 Satz 2 GG) ist es jedem Bürger erlaubt, den Regierenden zu misstrauen.

Der Staat ist das Staatsvolk, die Staatsgrenze und die Staatsfläche. Uns wird aber von Politik und Medien seit Jahrzehnten verkauft, dass die Regierung der Staat sei.

Diese Regierung trennt sich auch sprachlich von „ihrem" Volk. Es wird von „den Bürgern da draußen" schwadroniert. Dabei muss deutlich klargestellt werden, dass jeder in diesem Land ein Mensch ist – übrigens KEINE PERSON – und jeder Mensch darf gerne auch als Bürger bezeichnet werden, aber in diesem Kontext sind Politiker auch Bürger.

Sie stehen nicht über uns und wir nicht unter ihnen.

Inzwischen muss jedem halbwegs klarsehenden und denkenden Mitmenschen bewusst geworden sein, dass sich viele Politiker, vor allem der Regierungsparteien, als unsere Herren fühlen und aufspielen.

• Ein Grünen-Ministerpräsident fliegt in ein Naturschutzgebiet zum Wandern mit dem Hubschrauber und verlangt gleichzeitig, dass wir nicht duschen, sondern nur einen Waschlappen benutzen sollen.

• Ein CDU-Ministerpräsident bezeichnet die Angst vor der Impfpflicht als bösartige Unterstellung von Rechten und stimmt dann für die Impfpflicht.

• Wirtschafts- und Arbeitsminister fliegen am selben Tag nach Indien und benutzen dafür zwei verschiedene Maschinen. Zeitgleich verlangen sie vom Rest-Volk Mäßigung beim Konsum.

• Spitzenpolitiker aller Parteien lassen sich ungeniert ohne Maske ablichten, derweil das Volk längst Abstand und Maske einzuhalten hat.

- Politiker, die für die Masken-Pflicht verantwortlich zeichnen, verdienen nebenbei direkt am Verkauf von Masken und werden nicht in Regress genommen.

- Das Außenministerium gibt 15 Millionen Euro für Bewirtung aus, verdreifacht damit mal eben den Betrag und das Volk wird dazu aufgerufen, den Gürtel enger zu schnallen.

- Ein Ex-Bundespräsident sagt, die Ostdeutschen würden nicht eigenverantwortlich leben können und am selben Tag ruft die Vorsitzende des Ethikrates (die immer noch rät, was Ethik bedeuten könnte) dazu auf, zu begreifen, dass Essen keine Privatsache sei.

- Die Bunderegierung spendiert Indien 10 Milliarden Euro unserer Steuern, derweil immer mehr Rentner Flaschen sammeln müssen und die Finanzämter darauf hinweisen, dass die Gelder vom Flaschensammeln versteuert werden müssen.

- Regierungskritikern werden die Haustüren eingeschlagen und die Wohnungen durchsucht. Richter, die nicht systemkonforme Urteile sprechen, kommen wegen Rechtsbeugung vor Gericht. Ärzte, die Menschen vor Leben bedrohlichen Spritzungen bewahrt haben, kommen wegen „falscher Impfpässe" für Jahre ins Gefängnis. Und Oppositionspolitiker, die der Wahrheit die Ehre geben, werden wegen absichtlich falsch interpretierter Aussagen vor Gericht gezerrt.

- Tägliche Massenvergewaltigungen, 60.000 Messerangriffe pro Jahr und eine ausufernde Gewalt in Freibädern, Parks und ganzen Wohnvierteln, nachweislich durch kulturfremde Völkerscharen, die auf Kosten der Steuerzahler im Land leben, werden klein geredet, ignoriert und von der Politik als Einzelfälle dargestellt.

Wer in Deutschland auch nur ansatzweise die Politik kritisiert, riskiert, medial an den Pranger gestellt zu werden, Besuch von der Antifa zu bekommen oder seinen Job, das Konto und die Reputation zu verlieren.

Anständige Menschen wie Professor Dr. Bhakdi, die uns vor den Gefahren der Corona-Spritzung gewarnt haben, können ein Lied davon singen.

Die einzige Delegitimierung des Staates wird in diesem Land von den Regierungspolitikern betrieben:

• Sie haben das Staatsmonopol auf Gewalt und überlassen ihr Volk der Gewalt der Zuwanderer und Clans.

• Sie haben das Monopol auf Information und zensieren alles, was nicht regierungskonform ist.

• Sie haben das Monopol auf die Erziehung unserer Kinder und missbrauchen es mit brutalster politischer Indoktrination und unbarmherziger Frühsexualisierung.

Die Delegitimisierung des Staates betreiben die sogenannten Volksvertreter selbst.

Mit Demokratie – also der Macht, die vom Volk ausgeht, - hat das alles schon lange nichts mehr zu tun.

• Wer die Staatsgrenze nicht schützt, der legitimiert den Staat?

• Wer das Staatsvolk nicht schützt, der legitimiert den Staat?

• Wer die Staatsfläche nicht schützt, der legitimiert den Staat?

• Wer das Gewaltmonopol nicht benutzt, um das Volk, welches er zu vertreten hat, zu beschützen, der legitimiert den Staat?

- Wer die Energieversorgung durch Terror zerstören lässt und die Täter nicht benennt, der legitimiert den Staat?

- Wer den Frieden im Land gefährdet, indem er sich in fremde Kriege mit Waffenlieferungen, Geld und Propaganda einmischt, der legitimiert den Staat?

- Wer die Opposition einschüchtert und überwachen lässt, legitimiert den Staat?

- Wer Regierungskritiker als Staatsfeinde diskreditiert, legitimiert den Staat?

- Wer ausländische Messerstecher und Vergewaltiger mit milden Bewährungsstrafen davonkommen lässt und einheimische GEZ-Zahlungsverweigerer einsperrt, legitimiert den Staat?

- Ursula von der Leyen ist die Präsidentin der Europäischen Kommission, war aber nicht als Kandidatin für diesen Posten von der CDU aufgestellt worden. Das deutsche Volk konnte nicht für sie stimmen. Trotzdem wurde sie nach der EU-Wahl auf Vorschlag des Europäischen Rates einfach auf diesen Posten in das EU-Parlament gewählt. Das ist Legitimierung des Staates?

- Ursula von der Leyen hat 135 Milliarden (!) Euro Steuergelder für Corona-Spritzstoffe ausgegeben. Die Bestellungen wurden mittels SMS getätigt. Kein Unternehmer und auch keine Privatperson tätigen Geschäfte per SMS. Die Bestellung auf diesem Weg ist unseriös und fühlt sich nach Unrecht an. Tatsächlich hat sich von der Leyen geweigert, die Details der Bestellung zu offenbaren und das EU-Parlament hat einen Untersuchungsausschuss dazu mehrheitlich abgelehnt (Wer sich nichts zu Schulden hat kommen lassen, bräuchte keinen Untersuchungsausschuss zu fürchten). Legitimiert dies den Staat?

- Die Bundeswehr bestellt 35 Stück des amerikanischen Kampfjets F35. Der Kaufpreis beträgt 237 Millionen Euro pro Stück. Polen zahlt für das gleiche Flugzeug nur 132 Millionen Euro. Die USA zahlen pro F35 nur 73 Millionen Euro. Wer an dieser Stelle von Veruntreuung des deutschen Volksvermögens spricht, könnte als Deligitimierer des Staates angezeigt werden. Ist in Wahrheit nicht der Kauf in dieser Form die eigentliche Deligitimierung des Staates?

- Im Artikel 22 Abs.2 des Grundgesetzes steht: Die Bundesflagge ist schwarz-rot-gold. Das Aufhängen einer Regenbogenfahne an Bundesgebäuden ist keine Delegitimierung des Staates?

- Ein Kanzler, der schweigend danebensteht, wenn der Präsident der USA offen sagt, dass er die deutsche Energieversorgung zerstören wird, wenn Russland die Ukraine angreift und der nicht widerspricht, der vertritt nicht sein Volk und erfüllt nicht seinen Auftrag, zum Wohle Deutschlands zu arbeiten. Legitimiert er den Staat?

- Sogenannte V-Leute haben unter anderem Oppositionsparteien unterwandert und begehen dort straffrei Straftaten. Diese Aktivitäten legitimieren den Staat?

- Wer die Berliner bei einem Volksentscheid befragt, ob sie den Flughafen Tegel offen behalten möchten und beim klaren Volksentscheid von 56,1% FÜR die Offenhaltung von TXL den Flughafen trotzdem direkt danach schließt, legitimiert den Staat?

- Berlin gehört zu rund 1.000 Städten, die das Ziel der Privatorganisation WEF (World Economic Forum) einen „Great Reset" umsetzen zu wollen, unterstützen. Ohne vom Souverän, dem Volk, beauftragt zu sein und ohne die Entscheidung bei einer demokratischen Wahl dem Volk zu überlassen, hat sich auch die Hauptstadt Deutschlands der sogenannten „C40 Cities Climate Leadership Group" angeschlossen. Demnach werden in Berlin, wie in anderen deutschen, europäischen und weltweiten Städten, ab 2030 neben vielem anderem Milchprodukte, Fleisch und Privatautos verboten sein. Zudem dürfen in der freiheitlich-demokratischen Grundordnung Deutschlands dann Bürger nur noch alle drei Jahre einen Kurzstrecken-Flug antreten. Ist das eine Legitimierung des Staates?

Demokratie ist eine großartige Staatsform. Wahre Demokratie sollte für jeden von uns erstrebenswert sein. Das, was uns als Demokratie verkauft wird, hat aber mit der Definition dieses Wortes nichts zu tun.

Sprechen unsere Regierungspolitiker von Demokratie-Feinden, meinen sie in Wahrheit Regierungskritiker.

Die größten Feinde der wahren Demokratie sind Politiker, Richter, Staatsanwälte, Medienvertreter, Kirchenvertreter und sonstige Personen, die das „Rest-Volk" nur als Stimmvieh, Steuerzahler, Claqueure und Systemlakaien begreifen, ohne dessen Dienste dabei auch nur im Mindesten wertzuschätzen.

Wer dieses Regime kritisiert, der riskiert, mit allen Mitteln zerstört zu werden! Jede Regierungsorganisation, staatliche Institution und jeder Mainstream-Medien-Vertreter können entfesselt werden, um jeden Kritiker nicht nur einmal zum Schweigen zu bringen, sondern endgültig zu vernichten.

Die Akteure handeln dabei wie eine Mischung aus beleidigten, infantilen Kleinkindindern, die es nicht gelernt haben, sich mit Kritik an ihrem Handeln auseinanderzusetzen und Psychopathen, die rachsüchtig, gnadenlos, feindselig und mit satanischer Härte alles zu vernichten trachten, was nicht nach ihren – sich täglich ändernden - Spielregeln mitspielt.

Die „freiheitlich-demokratische Grundordnung" ist im Deutschland des 21. Jahrhunderts zur menschenfeindlichen Unordnung verkommen.

Der Karls-Preis dokumentiert, was die Herrschenden unter Demokratie verstehen. Benannt nach König Karl wird der Preis alljährlich wahren „Demokraten" verliehen. 2023 erhielt ihn Wolodymyr Selenski, Präsident der Ukraine. Kurz zuvor sagte dieser die „demokratischen" Wahlen in seinem Land ab, verbot die russische Sprache in „seinem" Land, viele Glaubensgemeinschaften und erließ ein Gesetz, welches Friedenverhandlungen mit seinem Kriegsgegner Russland unter Strafe stellte. Die Oppositions-Nachrichtenkanäle wurden ebenso verboten wie alle Parteien, die Oppositionsarbeit leisteten.

Der Namensgeber des Karls-Preises, König Karl, ging in die Geschichte auch als Schlächter der Sachsen ein. Unter „Karl dem Großen" wurden die Sachsen 772 bis 804 nach Christus unterworfen, weil sie sich weigerten, dem Christentum beizutreten.

Mit unnachgiebiger Brutalität schlachtete „Karl der Große" die Sachsen ab, weil sie ihren germanischen Traditionen treu bleiben wollten.

Im Namen eines Schlächters und seiner angeblichen Taten zum Wohle der Einigung Europas wird seit 1950 in Aachen der Karls-Preis verliehen.

Das kleine Märchen am Anfang dieses Kapitels ist sicher eine naivpositive Beschreibung der Monarchie in einer idealen Märchenwelt.

Die Demokratien, die uns auf der Welt präsentiert werden, sind dagegen ein glasklares Spiegelbild der Definition von Demokratie. Das konnten wir spätestens seit der „Pandemie" 2020 erkennen. Weltweit!

Würden wir uns eine ideale Welt selbst gestalten können, dann wäre es wohl die in einer Demokratie.

Ebendiese würde aber keine flaschensammelnden Rentner, Kinder in Armut, prügelnden Personen in Uniform, messerstechenden Gäste, Obdachlose in den Städten und all die anderen „Errungenschaften" der aktuellen „freiheitlich-demokratischen Grundordnung" beinhalten

In einer echten und wahren Demokratie, die der Definition gerecht wird, hat die Regierung auch keine Angst vor negativer Kritik und „Fake-News", denn wer der Wahrhaftigkeit zugetan ist, fürchtet nicht die Lüge.

Nur wer seine Macht durch Lug und Trug aufrecht erhält, fürchtet sich vor der Kritik anderer.

Zum Abschluss dieses Kapitels kann ich Ihnen, lieber Leser, versichern, dass es zeitnah in unserem Land wieder wahre Freiheit und Rechtstaatlichkeit geben wird. Die dunklen Zeiten werden vorübergezogen sein und unser Land sieht einer blühenden Zukunft entgegen.

Das Licht wird obsiegen. Gott – das Gute – ist auf der Seite derer, die reinen Herzens ein Miteinander und Füreinander aller Deutschen und aller Völker dieser Welt anstreben.

In der internationalen Politik geht es nie um Demokratie oder Menschenrechte. Es geht um die Interessen von Staaten. Merken Sie sich das, egal, was man Ihnen im Geschichtsunterricht erzählt.

Egon Bahr

Fallschirm

Ja! Sie haben Recht! Die Idee des Fallschirms ist keine deutsche Erfindung

Gleichwohl ist die Erfindung des zusammenlegbaren Fallschirms die Grundlage aller späteren Entwicklungen in diesem Bereich.

Ohne den zusammenlegbaren Fallschirm wäre Fallschirmspringen weder sicher noch praktikabel.

Die Luftakrobatin und Erfinderin Käthe Paulus war nicht nur die erste deutsche Fallschirmspringerin, sie erfand auch den zusammenlegbaren Fallschirm.

Im ersten Weltkrieg produzierte sie für die Armee insgesamt 7.000 „Paketfallschirme".

Ihre Erfindung machte sie vermögend, doch mit der Inflation in Deutschland verlor sie alles innerhalb weniger Wochen.

Käthe Paulus hinterlässt uns und der Welt ihre Vision des sicheren Fallschirm-Sprungs.

Fax

Ich habe große Achtung für die deutschen Soldaten.
In Wirklichkeit sind die Deutschen das einzige anständige
in Europa lebende Volk.

US-General George Smith Patton, Jr.

1989 musste ich einer Firma eine Zeichnung zukommen lassen. Ungeduldig wie ich war, wollte ich das Bild aber nicht mit der Post versenden und tagelang warten, sondern die Skizze irgendwie schneller verschicken. Da fiel mir mein Freund Holger ein. Er hatte eines dieser Faxgeräte in seiner Unternehmensberatung und so fuhr ich zu ihm ins Büro und zwei Minuten später war das Bild bei dem Lieferanten, dem ich es senden wollte.

Ich war so begeistert, dass ich umgehend auch so ein großartiges Gerät haben musste. Kurz darauf flog ich nach Los Angeles und brachte mir einen Panasonic-Combi Fax- und Anrufbeantworter mit.

Plötzlich hatte ich „die Zukunft" zuhause. Meine Begeisterung war schier grenzenlos.

Wenn man so eine Geschichte heute liest oder erzählt, kann man gar nicht mehr glauben, dass diese verhältnismäßig „einfache" Technik einst so begehrt und beliebt war. Heute finden Faxe nur noch an einem Ort in der Welt ihren Einsatz. In den Behörden der Bundesrepublik Deutschland.

Die Bundesnetzagentur hat im Februar 2023 (!) einen Dienstleiter zum

Senden und Empfangen von Faxen gesucht. Deutlicher kann man den Zustand unserer Regierung und des Landes nicht dokumentieren.

Der Vater des Faxgerätes war der deutsche Erfinder Rudolf Hell. Er nannte seine Erfindung aus den späten 1940er Jahren aber nicht Fax sondern „Hellschreiber".

„Schicken Sie uns das Formular einfach per Fax!" „Ich kann von hier aus kein Fax verschicken!" „Wo sind sie denn?" „Im Jahr 2019, liebe Behörde! Ich bin im Jahr 2019!"

Soho Man

FCKW-freier Kühlschrank

Verfluchtes Volk! Kaum bist du frei, / so brichst du dich in dir selbst entzwei. / War nicht der Not, des Glücks genug? / Deutsch oder Teutsch, du wirst nicht klug.

Johann Wolfgang von Goethe

Viele von uns erinnern sich noch an die Klimapropaganda der 1980er Jahre. Damals wurde uns erklärt, dass die Ozonschicht von FCKW-Treibhausgasen zerstört werden würde.

Der DDR-Betrieb Foron konnte die Wende überstehen und den Entwicklern von Foron war es gelungen, den ersten FCKW-freien Kühlschrank der Welt zu bauen.

Eine technische Innovation, die beim Kühlen auf ein Gasgemisch aus Propan und Isobutan setzte. Bei der Entwicklung stand Greenpeace „beratend" zur Seite.

Der Erfolg dieser Technik war sensationell. Da Greenpeace aber darauf bestand, diese revolutionäre deutsche Erfindung nicht patentieren zu lassen, um vielen Kühlschrankherstellern die Möglichkeit zu geben, von der Technik zu profitieren, war die 100.000 Mark teure Promotion-Tour für den „Greenfreeze" genannten Kühlschrank der Foron-AG die letzte kaufmännische Aktivität des innovativen ehemaligen DDR-Unternehmens.

Die Foron-AG ging dank der „genialen" Idee von Geenpeace, die Erfindung nicht zu patentieren, pleite.

Diese Geschichte ist eine von vielen, die eindrucksvoll dokumentiert, was passiert, wenn Vernunft, Verstand und wirtschaftliche Grundprinzipien durch Ideologie ersetzt werden.

So wie es Foron erging, ergeht es seit Jahren vielen deutschen Unternehmen und Privatleuten. Sie gehen pleite, rutschen in die Insolvenz, weil das Land nicht von Volksvertretern mit Herz und Verstand regiert wird, sondern weil Ideologen mit einer glasklaren Agenda das Ruder übernommen haben. Umverteilung von „Unten" nach „Oben", Gleichmacherei, Bestrafung von Leistung und Belohnung von Untätigkeit.

Eine Agenda, die ganz klar ausspricht, dass es gegen die sogenannten alten, weißen Männer geht und dass es weder ein deutsches Volk, eine deutsche Kultur noch deutsche Gene gibt. Eine Doktrin, die unsere Sprache gewaltsam umdeutet und mit unbeugsamer Ignoranz das zu vernichten versucht, was sich Familien und Unternehmen über Jahrzehnte aufgebaut haben.

Es bedarf keines großen Gedankensprungs, um von Greenpeaces dümmlichen Rat, eine Erfindung nicht zu patentieren, auf die dümmliche Politik in unserem Land zu reflektieren.

Gleichwohl möchte ich auch an dieser Stelle betonen, dass ich fest davon überzeugt bin, dass wir Deutsche auch diese Zeit überstehen werden. Wir werden den weit fortgeschrittenen Versuch, uns zu zerreißen und das Land zu vernichten, zeitnah vereiteln. Unser Volk wird die ideologischen Fesseln von Politik und Medien wie einen alten Lumpensack abstreifen und aus dieser entbehrungsreichen, erniedrigenden Zeit gestärkt hervortreten.

Unsere Ahnen haben sich der Römer erwehrt. Unsere Vorfahren haben der Welt unzählige Erfindungen geschenkt, ohne die alle noch im Mittelalter rumdümpeln würden und unsere Großeltern und Urgroßeltern haben zwei Weltkriege überstanden, das Land zweimal wieder aufgebaut und eine schicksalhafte Teilung überwunden.

Wir Deutsche werden nicht auf den Spuren der Foron-AG wandeln, wir folgen unseren mutigen und tapferen Ahnen im Geiste der Revolution von 1848.

Dieser Spirit wird und **Einigkeit** und **Recht** und **Freiheit** bescheren. Dass es dafür der Tatkraft, des Mutes, des Optimismus und des Zusammenhaltes bedarf, sollte einem jedem von uns die Verpflichtung sein, sich täglich dieser Werte zu besinnen und ihnen treu zu folgen!

Wer Vernunft seiner Ideologie unterordnet, wird das eine nicht gewinnen und das andere verlieren!

Claudius Fabig

Fernsehapparat

O Deutschland, schwöre der Gasse ab und suche wieder
Waldpfad und Feldweg mit all den wartenden Gesängen
deiner jetzt verstörten Seele.

Friedrich Lienhard

Offengestanden glaube ich nicht, dass vielen Menschen bewusst ist, wieviel Einfluss das Fernsehen auf die Gesellschaft ausübt. Auch wenn der Verkauf von Empfangsgeräten zurückgeht und die Einschaltquoten ebenso schnell sinken, wie das Interesse vor allem der unter 60-jährigen am Fernsehen, ist und bleibt das Fernsehen weltweit noch DAS Instrument, um die Massen zu erreichen.

In den 1930er Jahren hat Josef Goebbels, Propagandaminister im Dritten Reich, erkannt, wie kraftvoll das Fernsehen sein kann. Am 22. März 1935 wurde die erste Fernsehsendung ausgestrahlt. Anlässlich der Olympischen Spiele von Berlin 1936 wurden Fernsehapparate in Fernsehstuben aufgestellt, in denen man in Deutschland die Spiele mit leichter Zeit-Verzögerung anschauen konnte. Später gab es regelmäßige Sendungen aus dem Haus des Rundfunks in der Masurenallee in Berlin. Aufgrund der verhältnismäßig hohen Kosten für die Empfangsgeräte leisteten sich nur wenige wohlhabende Menschen in Deutschland einen eigenen Apparat.

Erst in den 1950er Jahren begann der Siegeszug des Fernsehens in Deutschland. Ein Gerät kostete mit etwa 1.000 Mark zweieinhalb Mal so viel wie der durchschnittliche Bruttolohn eines Arbeiters. Trotzdem gab es zehn Jahre nach Ende des Krieges bereits 100.000 Geräte im

Land. Nur zwei Jahre später im Oktober 1957 waren es bereits eine Millionen Fernseher.

Angefangen hatte alles mit einem deutschen Erfinder, der in der Schule nicht durch die besten Leistungen glänzte. Nur in Mathematik und Physik war er außergewöhnlich begabt.

Der Wissenschaftler Manfred Baron von Ardenne gilt als der Erfinder des Fernsehapparates.

Bereits als 16-jähriger erhielt er sein erstes Patent. Als der Hamburger 1928 die Internationale Funkausstellung in Berlin besuchte, interessierte er sich besonders für ein mechanisch gesteuertes Verfahren zur Bildübertragung.

Baron von Ardenne erkannte aber, dass die präsentierten Apparate unbrauchbar waren, und so begann er mit der Entwicklung eines elektronisch gesteuerten Verfahrens auf Basis der Braunschen-Röhre.

1930 entstand so in seinem Berliner Laboratorium eine erste Übertragungseinheit, deren Vorteile das „große" Bild, eine hohe Auflösung und die verhältnismäßig geringen Kosten waren.

Der NDR betitelte Manfred Baron von Ardenne 2019 als den Herrn des Fernsehens.

In meiner Kindheit hatten wir einen Schwarz-Weiß-Apparat ohne Fernbedienung und mit unglaublichen vier Kanälen: Das Erste, Das Zweite, DDR 1 und DDR 2.

Später konnten wir dank meines Bruders, der bereits mit 12 Jahren ein kleiner Ingenieur war, auch noch den amerikanischen Sender AFN mit Ton empfangen.

In dieser Zeit gab es erst ab 9.00 Uhr morgens ein Fernsehprogramm. Spätestens um 00.30 Uhr war Sendeschluss und wenn es mal einen Spielfilm gab, saß oft die ganze Familie vor dem Apparat und betrachtete andächtig das Geschehen. Es gab die Regel, um 20.00 Uhr niemanden mehr anzurufen, da ja die Tagesschau lief und am Freitagabend um 18.30 Uhr kam Väter der Klamotte. Stan Laurel, Oliver Hardy & Buster Keaton begeisterten uns Kinder. Eines Tages kam Fantomas im Fernsehen und auch wenn es heute schier unvorstellbar klingt, aber über diesen Film haben wir Kinder noch Tage nach der Ausstrahlung in der Schule gesprochen.

Seit den 1990er Jahren hat sich das Fernsehen sprichwörtlich zusehends zur Verblödungsmaschine entwickelt. Mit dem Einzug der privaten Kanäle begann ein imaginärer Wettstreit der Programme um die niveauloseste Zuschauerberieselung!

Spätestens im 21. Jahrhundert wurde das „Projekt" Volksverblödung im Fernsehen noch um das Aufgabenprofil „politische Indoktrination" erweitert.

In meiner Kindheit gab es Sendungen für Kinder, die uns zum Lernen und Lachen und zum Miteinander-Spielen angeregt haben. Heute zeigt das zwangsgebühren-finanzierte Kinderfernsehen den Kleinsten sexuelle Praktiken, die ich hier nicht niederschreiben werde und erklärt, weshalb die AfD eine böse Partei ist, die etwas gegen Ausländer und die gute Regierung hat.

Uns Erwachsenen wurden und werden Geschichten von Massen-Vernichtungswaffen im Irak erzählt, von Konzentrationslagern in Jugoslawien, von Giftgaseinsätzen des Präsidenten in Syrien und von nebenwirkungsfreien Impfungen. Geschichten, die sich im Nachhinein als Lügen herausgestellt haben.

Im Fernsehen hören wir bei 25 Grad, dass es sich um eine Hitzewelle handelt und es noch nie so heiß war und man erklärt uns, dass da auf einem Berg auf Hawaii der höchste jemals auf der Erde gemessene CO_2-Wert erfasst wurde und dies ein Beleg für den menschengemachten Klima-Wandel sei. Dass dieser „Berg" der gerade aktive und lavaspeiende Mauna Loa auf Big Island ist, wird verschwiegen.

Ich könnte an dieser Stelle ein weiteres Buch mit den Lügen, Verdrehungen und der intelligenz-beleidigenden Indoktrination schreiben, möchte aber Sie, lieber Leser, nicht in die gleiche schlechte Schwingung bringen, in die ich mich soeben beim Schreiben dieser Zeilen gebracht habe.

Fakt ist, dass die Zwangsfernsehgebühren in Deutschland, die jeder zahlen muss, auch wenn er keinen Fernseher und kein Radio besitzt, inzwischen mehr als 10 Milliarden Euro betragen. Fakt ist auch, dass es einen Rundfunkstaatsvertrag gibt, der die zwangsfinanzierten Sender verpflichtet, objektiv und ausgewogen zu berichten.

In der Realität haben sich diese Anstalten aber zum Regierungssprachrohr gemacht.

Das Fernsehen wird dazu benutzt, die Politik der Regierung zu verkaufen und jeden, der das Regime kritisiert, zu verunglimpfen, bloßzustellen und auf keinen Fall mit, sondern nur über ihn zu sprechen.

Das Fernsehen ist zum größten Zeit-Dieb in unserer Gesellschaft verkommen.

Das Fernsehen macht dumm, faul, abgestumpft, depressiv und ängstlich!

Während der sogenannten „Pandemie" zwischen 2020 und 2023 waren das Fernsehen und deren Macher die Kirche und das „heilige" Haus der Corona-Sekte.

Täglich wurden die Zuschauer mit falschen Zahlen, Toten, Überbelegungen, Vergleichen, Experten, Wissenschaftlern, Prognosen, Inzidenzen, Versprechungen und Propheten zugemüllt!

Täglich wurden Angst und Hoffnungslosigkeit gepredigt! Die Fernsehmacher haben sich nicht nur in Deutschland schuldig gemacht. Versündigt an einer ganzen Generation von unschuldigen Kindern, hilflosen Alten und an einem Volk, dass auch dank der „Journalisten" und Moderatoren im Fernsehen zerrissener denn je ist.

Die Ausgangssperren ab 21.00 Uhr, deren Nichteinhaltung mit hohen Bußgeldern und sogar Gefängnis geahndet wurden, hatten nachweislich keinen gesundheitstechnischen Nutzen. Da ohnehin praktisch alle Geschäfte geschlossen waren, hätte man um 21.00 Uhr außerhalb der eigenen vier Wände kaum jemand getroffen.

Da die Regierung ihren perfiden Plan der Massenhypnose und Angst aber minutiös umsetzte, mussten die Menschen abends zuhause gehalten werden, um via Fernsehen erreichbar und manipulierbar zu bleiben.

Das deutsche Volk soll zerrissen werden! Wir sollen uneinig sein. Es ist Ziel und Aufgabe der Fernsehmacher unserer Zeit NICHT zu einen, NICHT zu versöhnen, NICHT zu stärken und NICHT Hoffnung zu geben.

So genial die Erfindung des Fernsehens auch war, umso erschreckender ist der Stellenwert dieses Apparates in unserer Gesellschaft und Familie.

Schauen Sie sich das Wohnzimmer an und Sie werden sehen, dass praktisch in jedem Haushalt die Lebens- und Wohnsituation nach dem Fernsehapparat ausgerichtet ist.

Dabei indoktriniert und verblödet der moderne Fernseher nicht nur, er spioniert uns dank Smart-TV & Alexa auch noch aus. Das Mikrofon und die Kamera in jedem Fernseher kann alles sehen und aufzeichnen.

Ich sehe schon seit vielen Jahren kein Fernsehen und seit der Corona-Belästigung höre ich auch kein Radio mehr. Ich kann Ihnen verbindlich zusagen, dass der Verzicht auf diese Quellen gesund und lebensverlängernd ist.

Hätte die Regierung das Medium genutzt, um während der „Pandemie" den Menschen Mut und Hoffnung zuzusprechen, hätte es Informationssendungen für Sport, gesunde Ernährung, für Sonne und Vitamin D3 gegeben und wäre regelmäßig ein Regierungspolitiker im Fernsehen aufgetreten, der nicht Angst und Panik, sondern Ehrlichkeit und Optimismus verbreitet hätte, dann wären das Fernsehen und ihre Macher ihrer Verantwortung gerecht geworden. Doch spätestens seit 2020 sollte jedem Menschen, der halbwegs bei Verstand ist, klar sein, dass das Fernsehen nur die Aufgabe hat, uns zu ängstigen, zu kontrollieren und den Konsum meist unnötiger Güter anzukurbeln.

Da ich der Erfindung des Fernsehens ein schönes Kapitelende widmen möchte, zeichne ich meine Vision von deren Zukunft.

In einer nicht allzu fernen Zukunft gibt es keine Zwangsgebühren mehr. Die Satiresendungen senden dann keine unlustige Regierungspropaganda und die Wissenschaftssendungen verbreiten Wissen und nicht NGO-Ideologie. Kinder können wir wieder beruhigt fernsehen

lassen, weil sie Sendungen sehen, die sie aufbauen, stark und selbst-
bewusst machen.

Das Fernsehen der Zukunft lässt alle Strömungen in unserer Gesellschaft gleichberechtigt zu Wort kommen und es wird dabei neutral
moderiert. Die Nachrichten im Fernsehen sind positiv, inspirierend,
kraft- und mutgebend.

Ich freue mich auf diese mediale Zukunft und bin sicher, dass wir gemeinsam jeden Tag etwas dafür tun können. Auch das trägt zu einem
besseren Deutschland bei!

---

*Wenn alle Leute nur von dem redeten, von dem sie etwas ver-
stehen, dann gäbe es keine Fernsehdiskussionen.*

Werner Höfer

Fieberthermometer

Das Neue, Große, Befreiende muß kommen aus dem deutschen Geist und zwar im Gegensatz zu Macht, Reichtum und Geschäften.

Jacob Burckhardt

Die nächste Erfindung hat mit Sicherheit schon Millionen Menschenleben gerettet. Das Fieberthermometer.

1890 entwickelte der deutsche Drogist Wilhelm Uebe das noch heute gängige, geschlossene Fieberthermometer. Uebe verschmolz das Glasthermometer am oberen Ende, anstatt es mit einem Gipsstopfen zu verschließen. Damit wurde die Anwendung sicher und praktisch.

Heute wird ein klassisches Thermometer mit Quecksilber eher selten verwendet. Digitale Messgeräte, die innerhalb von Sekunden die Temperatur anzeigen, haben das klassische Fieberthermometer verdrängt Noch vor wenigen Jahren war man aber auf den Klassiker beim Fiebermessen angewiesen und ich erinnere mich noch, wie eindringlich mich meine Eltern vor dem gefährlichen Quecksilber in unserem Fieberthermometer warnten.

Die Studenten sind die Fieberthermometer der Gesellschaft.

Alberto Moravia

O.E. HASSE

Flugzeug

Wach auf, wach auf, du deutsches Land, Du hast genug geschlafen. Bedenk, was Gott an dich gewandt, Wozu Er dich erschaffen. Bedenk, was Gott dir hat gesandt. Und dir vertraut sein höchstes Pfand. Drum magst du wohl aufwachen.

Johann Walter

Der Traum vom Fliegen ist so alt wie die Menschheit. Frei wie die Vögel durch die Luft zu gleiten, ist auch heute noch fester Bestandteil in den Träumen vieler Menschen.

1485 skizzierte Leonardo da Vinci bereits eine Flugmaschine. Eine Gerätschaft, die modernen Drachenfliegern nicht unähnlich ist. Gleichwohl kann diese Zeichnung nicht als die Erfindung des Flugzeugs gelten.

In den Geschichtsbüchern, vor allem denen in den USA, werden die Gebrüder Wright als die Erfinder des Flugzeugs genannt. Am 17. Dezember 1903 flog Orville Wright mit dem Flyer I am Strand von North Carolina 37 Meter weit.

Nur wenige wissen, dass dies aber nicht der erste motorisierte Flug war. Tatsächlich war es ein deutscher Erfinder, der mehr als zwei Jahre zuvor am 14. August 1901 den ersten erfolgreichen, kontrollierten Motorflug der Geschichte absolvierte.

Flugpionier, Erfinder, Tüftler & Visionär Gustav Albin Weisskopf

war der erste Mensch, der mit einem selbstkonstruierten motorisierten Flugzeug geflogen ist!

Wie bei vielen geschichtlichen Ereignissen können wir feststellen, dass nicht immer die Wahrheit in den Geschichtsbüchern abgedruckt wird. Weisskopf war kein Geschäftsmann und ihm waren Ruhm und Bekanntheit nicht so wichtig wie sein Drang zu fliegen.

Der Erfinder des Flugzeugs ist aber nicht Gustav Albin Weisskopf, sondern der ebenfalls aus Deutschland stammende Otto Lilienthal. Der 1848 in Anklam (Mecklenburg-Vorpommern) geborene Lilienthal arbeitete als Maschinenbauingenieur und gründete 1881 eine Dampfmaschinen- und Dampfkessel-Fabrik. Bereits im Alter von 19 Jahren erforschte er die Grundlagen des Fliegens und begann mit selbstgebauten Flugmodellen zu experimentieren.

Mit typisch deutscher Gründlichkeit und Akribie unternahm er umfangreiche Messungen zur Aerodynamik.

1889 fasste er seine Erkenntnisse in dem Werk „Der Vogelflug als Grundlage der Fliege-Kunst" zusammen. Nach mehr als 20 Jahren intensiver, gründlicher Forschung sprang Otto Lilienthal 1891 als erster Mensch mit seinem selbstgebauten Flugzeug von einer Rampe.

Im Laufe der Jahre entwickelte und teste er 17 unterschiedliche Flugapparate und sprang mit ihnen von bis zu 60 Meter hohen Hügeln.

Otto Lilienthal gab den ersten Gleitflieger in Serie. Das erste Serienflugzeug der Welt! Im August 1896 geriet er beim Testflug seines Segelfliegers in einen thermischen Aufwind kam ins Trudeln und stürzte ab. Am nächsten Tag verstarb der Flugpionier in einer Berliner Klinik.

Der Erfinder des Flugzeugs Otto Lilienthal flog 1893 bereits 250

Meter weit. 10 Jahre vor den Gebrüdern Wright und acht Jahre vor Weisskopf!

Die Analysten von „Flight Ascend Consultancy" schätzen, dass es weltweit 23.600 Passagier- und Frachtmaschinen gibt. Das Flugzeug gilt als das sicherste Fortbewegungsmittel unserer Zeit und mit ihm hat sich ein jahrhundertealter Traum der Menschheit erfüllt.

Wie werden einmal unsere Namen hinter den Erfindern des Fliegens und dergleichen vergessen werden?

Georg Christoph Lichtenberg

Funkuhr

Die Deutschen stehen im Ruf eines guten Charakters, näm-lich dem der Ehrlichkeit und Häuslichkeit; Eigenschaften, die eben nicht zum Glänzen geeignet sind.

Immanuel Kant

Es sind die kleinen Erfindungen, die uns im Leben Freude machen. Eine davon ist die der Funkuhr.

Bereits 1990 brachte das deutsche Unternehmen Junghans diese auf den Markt.

Mit der Mega 1 wurde die erste Armbanduhr der Welt präsentiert, die immer sekundengenau ging. Dank der Funkverbindung zum europäischen Zeitsender DCF 77 und Mikroelektronik gelang es Junghans, eine Uhr zu entwickeln, die nicht nur hochpräzise war, sondern auch automatisch von Sommer- auf Winterzeit, und umgekehrt wechseln konnte. Im Zeitalter des Smartphones eine schöne Erinnerung an eine analoge Zeit mit digitalen Highlights.

Eine stillstehende Uhr hat doch täglich zweimal richtig gezeigt und darf nach Jahren auf eine lange Reihe von Erfolgen zurückblicken.

Marie Freifrau von Ebner Eschenbach

Fußballschuh

In meiner Schulzeit war ich wohl der Einzige, der keinen Turnbeutel hatte. Mein „Turnzeug", wie es hieß, war in einer Plastiktüte verstaut. Hauptaccessoire waren blaue Turnschuhe von Adidas.

Ähnlich wie bei den Füllfederhaltern, die wir Füller nannten, wo es die Geha- und die Pelikan-Fraktion gab, war es auch bei den Turnschuhen. Entweder man trug Adidas oder Puma.

Ich gehörte zur Adidas- und Geha-Seite und damals waren das so ziemlich die einzigen Marken, mit denen wir Schulkinder in „Konkurrenz" zueinander antraten.

Was die meisten von uns damals noch nicht wussten, war die Tatsache, dass sowohl Adidas als auch Puma aus der gleichen Familie stammten.

1920 gründeten die Gebrüder Dassler in Herzogenaurach eine gemeinsame Schuhfabrik. Nach dem Krieg zerstritten sich die beiden Brüder und jeder ging seines Weges. Rudolf Dassler gründete Puma und sein Bruder Adolf „Adi" Dassler die Firma Adidas.

Bei der Recherche zum Erfinder des Fußballschuhs mit auswechselbaren Stollen fand ich natürlich die bekannte Geschichte von Adolf Dassler, der mit den, von ihm angeblich erfundenen, Schraubstollen dazu beigetragen hat, das „Wunder von Bern" zu ermöglichen. Neun Jahre nach Ende des Zweiten Weltkriegs gewann damals die deutsche Nationalmannschaft unter Führung des legendären Nationaltrainers Sepp Herberger die Fußball-WM in der Schweiz.

Dank des Adidas-Fußballschuhs sei dieser Sieg, der dem deutschen Nationalstolz eine erste zaghafte Wiederbelebung ermöglichte, überhaupt nur möglich gewesen.

Sucht man nach dem Erfinder des Fußballschuhs stößt man auf Adidas. Bei genauerem Hinschauen kann man aber auch einen weiteren Namen finden.

Der 1907 in Schönowitz im Oberschlesien geborene Alexander Salot entwickelte bereits 1947 Fußballschuhe mit wechselbaren Schraubstollen. Die nur 350 Gramm leichten Sportschuhe waren rund 100 Gramm leichter als die Konkurrenz-Schuhe und dank der Schraubstollen anderen Herstellern überlegen. 1947 spielte die Blumenthaler Fußballmannschaft mit Salots Schuhen und wurde dreimal hintereinander Bremer Meister.

Am 24. August 1949 meldete Alexander Salot seine Erfindung in Darmstadt zum Patent an. Am 21. November 1952 meldete Adolf Dassler ein Gebrauchsmuster mit der Bezeichnung

„Buchse mit durchgehender Gewindebohrung zur Aufnahme von unterhalb der Sohle eines Sportschuhs angebrachter Stollen" an.

Dank der Zusammenarbeit mit Sepp Herberger und dem WM-Sieg setzte sich Adidas mit seinen Schuhen durch. Weshalb Alexander Salot sein Patent nicht verteidigt hat, ist nicht überliefert.

Fest steht, dass deutscher Erfindergeist die Sportwelt mit dem Stollenschuh bereichert hat. Ohne die Fußballstollen wäre heute kein Spiel mehr denkbar.

Wenn ich so Fußball gespielt hätte wie Berti Vogts, so als reiner Wadenbeißer, dann hätte ich mit 18 Jahren meine Fußballschuhe verbrannt.

Klaus Toppmöller

Gasherd

Preiswertes Gas war für viele Jahrzehnte einer der wesentlichen Stützpfeiler der deutschen Industrie und Wirtschaft.

Bezahlbares Gas ist auch viele Jahre der Grund dafür gewesen, dass sich in Deutschland immer mehr Hausbesitzer eine Gasheizung eingebaut haben. Gas ist umweltbewusst und der Einbau von Gasheizungen wurde sogar bis vor wenigen Jahren noch steuerlich gefördert.

Als der Kanzler Olaf Scholz Anfang 2022 US-Präsident Joe Biden in Washington besuchte, erklärte Biden, dass die USA die Gasversorgung durch die Nord Stream 2-Pipeline unterbinden würden, wenn Russland die Ukraine angreifen würde.

Olaf Scholz, der darauf geschworen hatte, im Interesse des deutschen Volkes zu handeln, stand grinsend daneben und stand weder für Deutschland, dessen Interessen noch für das deutsche Volk ein.

Es kam zum kriegerischen Konflikt zwischen Russland und der Ukraine und in der Nacht zum 26. September 2022 wurden drei der vier Röhren von Nord Stream 1 & 2 gesprengt.

Damit war die Versorgung Deutschlands und einiger Teile Europas mit preiswertem, für Industrie und Privathaushalte lebensnotwendigem

Gas unterbrochen.

Wenige Wochen später begann Deutschland damit, mehrfach teureres und durch das in Böden eingespritzte Chemikalien gewonnene umweltschädliche, Fracking-Gas zu importieren. Dieses Gas wird mit Tanklastschiffen nach Europa transportiert, die mit Schweröl angetrieben werden. Nach der Tank-Entladung an den sogenannten LNG-Terminals werden die Tanks mit Chlor ausgespült und die schmutzige Flüssigkeit dann ins Meer geleitet.

Der Gedanke, dass der Kanzler nicht zum Wohle des deutschen Volkes, seiner Arbeitgeber gehandelt hat und hatte, wird auch dadurch beflügelt, dass auch ein Jahr nach den Anschlägen auf die Energieversorgung Deutschlands keine Ergebnisse vorlagen, die erklären, wer für den Anschlag verantwortlich ist.

Informationen dazu wurden von der Bundesregierung als streng geheim eingestuft.

Bürger, die für eine Wiederaufnahme der Gasexporte demonstrierten, wurden als Rechtsextreme und Nazis bezeichnet

Der Pulitzer-Preis-Träger Seymour Hersh, der nach den Verursachern der Anschläge gefahndet hat und handfeste Beweise vorgelegt hat, dass die USA hinter den Anschlägen stecken, wurde von unseren Mainstream-Medien ausgeblendet oder diskreditiert.

Die Gasvorkommen Russlands sind schier unerschöpflich, es gibt direkte Verbindungen, über die diese Energie umweltschonend und preiswert bezogen werden könnte. Eine Sanktionspolitik, die darauf bedacht ist, Russland in die Knie zu zwingen, indem man keine Geschäfte mehr mit diesem Land macht, wird mittel- und langfristig nicht Russland sondern Deutschland schaden. Exorbitante Inflation, unbezahlbare Heiz- und Energiekosten, Massenarbeitslosigkeit, Not und Elend werden die Folgen sein

In diesem Kapitel aber geht es um eine Erfindung aus unserem Land, die in einer Zeit gemacht wurde, als die Beziehungen zwischen Russland und Deutschland noch gut und geradezu freundschaftlich waren.

1802 erfand Zachäus Andreas Winzler den ersten Gasherd der Welt.

Noch heute wird in guten Küchen ausschließlich mit Gas gekocht. Die Flamme ist sehr präzise einzustellen, die Hitze verteilt sich gleichmäßig und Gas ist verhältnismäßig preiswert. Zudem ist der Einsatz von Induktionsherden strahlungstechnisch umstritten und Elektroherde benötigen lange, bis sie die optimale Temperatur erreichen und ebenso lange, bis sie sich wieder abgekühlt haben.

Mit der Erfindung des Gasherdes konnte im Laufe der Jahrzehnte sehr langsam aber sicher Omas Holzofen aus der Küche verbannt werden. Obwohl man sich heute fragen muss, ob der alte Holzofen nicht mehr Unabhängigkeit garantieren würde als der liebgewonnene Gasherd.

Etwa 1913 begann die Menschenbefreiung oder genauer die Frauenbefreiung sehr langsam mit dem Gaskocher und etwa 1922 wurde der Gasherd ein ernster Konkurrent des kohlegefeuerten Küchenherds. Sogar Zentralheizungen blieben lange noch mit Kohle oder Koks geheizt. Die furchtbare Hausarbeit muß die Lebensdauer sehr verkürzt haben, von dem Arbeitsleid, das heute durch Lebensfreude ersetzt wird, ganz zu schweigen. Das verdanken die Frauen der Technik, auch die, die die Feindschaft gegenüber der Technik predigen.

Karl Popper

THEO LINGEN

Geigerzähler

Man kann nie zu stolz sein, wenn andere uns vergessen oder gar verachten wollen. Was sind die Völker und die Völkchen, die unseren Namen mit Hohn auszusprechen wagen. Laß sie sich erst fragen, was sie gleich oder besser als wir getan und gewirkt haben. Ich muß an unsere Tugend und Kraft erinnern, damit wir ihren heiligen Samen lebendig erhalten zur Lust und Blüte der kommenden Zeiten. Daß Stolz und Mut nicht vergehe, weise ich euch auf das letzte Unglück hin und auf alte und neue Verluste. Unsterblich Sehnsucht nach Freiheit, Standhaftigkeit, Würde und Hochsinn ziemt dem Gefallenen mehr als dem Stehenden; auch die Träne ziemt ihm über das Verlorene, aber nur, damit sein Herz heißer schlage und sein Haupt höherrage. Hört, hört! und klagt und weint mit mir, entbrennet und euch aufrichtet.

Ernst Moritz Arndt

Das auch Geiger-Müller-Zählrohr genannte Gerät ist eines der ersten elektrischen Messgeräte zur Bestimmung von Radioaktivität.

Der Geigerzähler wurde 1928 von Walter Müller und Hans Geiger an der Christian-Albrecht-Universität in Kiel erfunden.

Es gibt Erfindungen, bei denen man sich wünscht, sie niemals anwenden zu müssen.

Unbekannt

Glühlampe

Spätestens bei diesem Kapitel wird es bei dem ein oder anderen einen Aufschrei geben! Glühlampe!? Die wurde doch von Thomas Alva Edison erfunden!

Tatsächlich hat Edison die Erfindung der Glühlampe patentiert und in praktisch allen Geschichtsbüchern kann man lesen, dass er der wahre Erfinder dieser Beleuchtungsrevolution war.

Fakt ist, dass mehrere Entwickler am künstlichen Licht tüftelten und einer davon war der deutsche Erfinder Heinrich Göbel.

Göbel, der wie viele Deutsche in die USA ausgewandert war, erfand bereits 1850 die Glühbirne. Erst 29 Jahre später präsentierte Edison der Weltöffentlichkeit seine Erfindung. Der Patentstreit im Jahr 1880 wurde zu Gunsten Edisons entschieden.

Um der Wahrheit die Ehre zu geben, widme ich Heinrich Göbel hier seinen Platz als Erfinder der Glühlampe.

Goldbären

Deutschland ist in äußerster Not. Von der Urzelle aus muß die Erneuerung kommen. Die Urzelle ist aber keine sinnliche Sache, kein Außen, sondern ein Innen: Erneuere dein Herz, reinige dein Gewissen, ringe dich zum Sinn des Daseins durch!

Friedrich Lienhard

Natürlich gehört auch der Haribo Goldbär in dieses Buch. Die Gummibärchen sind möglicherweise eine Süßigkeit, die Groß und Klein verbindet. Deshalb könnte ein Slogan nicht passender sein:

Haribo macht Kinder froh und Erwachsene ebenso.

Ich habe die Gummibärchen geliebt und erst als ich erfahren habe, was da so alles drin ist und nachdem ich schon vor geraumer Zeit auf Zucker praktisch vollständig verzichte, sind die kleinen Leckereien von meinem Speiseplan verschwunden.

Gleichwohl verkauft das Unternehmen Haribo die Goldbären in über 100 Länder und macht mit seinen Produkten schätzungsweise drei Milliarden Euro Jahresumsatz.

Die Zentrale von Haribo hat ihren Hauptsitz in Bonn und produziert mit ca. 7.000 Mitarbeitern in vier Betrieben in Deutschland und zehn weiteren in anderen Ländern in Europa.

Es wird geschätzt, dass am Tag mehr als 100 Millionen Goldbären produziert werden. Damit ist die Süßigkeit eine der meist produzierten der Welt. Ein kleiner Bär, der nicht nur die Kinder in aller Welt von Deutschlands süßer Seite begeistert und grüßt.

Wenn Du einmal traurig bist, stell dir einfach vor, du sitzt in einem Bonbon-Glas und ein Gummibärchen hält deine Hand.

Unbekannt

Heckscheibenheizung

Deutschland ist mir das Heiligste, das ich kenne! Deutschland ist meine Seele! Mein Halt, mein alles ist Deutschland. Es ist, was ich bin und haben muß, um glücklich zu sein! Das Schöne in den Augen der Kinder ist doch Deutschland, es ist die Treue, die Ehrlichkeit, der Fleiß der stillen Tat, die Anständigkeit, der Ruhepunkt im ziellosen Herumsuchen. Deutschland ist das, was mich gut macht! Die alten, verträumten Schlösser..., die lieben, windschiefen Häuser, die hochgiebeligen Städte, unser Hausrat, die Spinnenwinkel, die moosigen, klappernden Mühlen, die Sägen, der Christbaum, die Pfefferkuchen, das Fest, der Winter da draußen, die Schlittenschellen, die so segnend hereinklingen, dies alles ist Deutschland! Unsere Liebe ist deutsch, unser Zusammenhaltenmüssen, unser Aneinandergebundensein! Wenn Deutschland stirbt, so sterbe auch ich."

Königin Luise von Preußen...

Wie bereits erwähnt, hatten meine Eltern, als ich klein war einen VW-Käfer und dieser Wagen zeichnete sich auch dadurch aus, dass er im Winter gerne etwas länger benötigte, um den Fahrgästen ein wenig angewärmte Luft zukommen zu lassen. Häufig kam man in der Stadt am Ziel an, als der Wagen anfing zu heizen. Scheiben kratzen gehörte im Winter zum Startritual und bei richtig strengen Wintern war die Scheibe kurz nach dem Losfahren durch den Atem der Fahrgäste, vor allem hinten, auch von innen vereist.

Mit der serienmäßigen Einführung der Heckscheibenheizung Ende der 1960er Jahre war vor allem bei der Heckscheibe Schluss mit Kratzen. Diese kleine und doch so wichtige Erleichterung beim Autofahren im Winter haben wir einem weiteren deutschen Techniker zu verdanken

Heinz Kunert erfand Anfang der 1960er Jahre die Heckscheibenheizung.

Wer immer durch die Heckscheibe des Lebens blickt, wird seine Zukunft nie ins Auge fassen können.

Claudius Fabig

Heftpflaster

Es wäre für jeden Deutschen wert, daß er einmal hinaus in die Fremde käme, um zu erfahren, was aus Deutschland geworden sei und wie burgenhaft stolz es sich von ferne ausnähme. Dann würde er es recht lieben lernen, nicht wie der Bauer seine Milchkuh, des Vorteils wegen, sondern wie ein Sohn seine Mutter, als unantastbares heiliges Gut.

Julius Stinde

1920 kam in den USA von Johnson & Johnson das erste Heftpflaster auf den Markt. Doch bereits knapp 40 Jahre zuvor entwickelte ein Deutscher das Original.

1882 erfand Paul Carl Beiersdorf das Heftpflaster und erhielt das Patent zur Herstellung gestrichener Pluster.

Erneut eine kleine Erfindung, die aber täglich Millionen Menschen in der Welt das Leben ein bisschen leichter macht. Zumal ein gutsitzendes Pflaster eine Wunde nicht nur schützt, sondern sie auch vor dem Eindringen von Keimen bewahren kann.

Wenn uns die Verleumdung schlägt, / heilen letztlich gleich die Wunden, / wird, wieviel man Pflaster legt, / immer doch die Narbe funden.

Friedrich Freiherr von Logau

Homöopathie

Was Deutsch sei, nämlich: die Sache, die man treibt, um ihrer
selbst und der Freude an ihr willen treiben.

Richard Wagner

1810 veröffentlichte Samuel Hahnemann sein Grundlagenwerk
zur Homöopathie.

„Organon der rationellen Heilkunde" wurde zum Standardwerk für diese nicht unumstrittene Heilmethode.

Homöopathie basiert auf der Verdünnung von Inhaltsstoffen und hat
die Welt der Medizin bedeutend verändert.

Behandelt wird bei der Homöopathie in zwei Teilen. Zunächst werden
die Patienten ausführlich befragt, um die seelischen und physischen
Symptome akkurat zu erfassen. Dem Prinzip „Ähnliches mit Ähnlichem
heilen" folgend, werden Zuckerkügelchen oder Tropfen, sogenannte
Globuli, verabreicht. Der Inhaltsstoff ist bei dieser Methode so stark
verdünnt, dass nur noch von einer Wirkstoff-Erinnerung gesprochen
wird.

Die beschriebene Potenz zeigt an, wie oft der Inhaltsstoff bzw. Wirkstoff „vergeschüttelt" wurde.

Wenn man sich Informationen zu dieser Heilmethode beschaffen
möchte, stößt man zuerst auf die Hinweise bei Wikipedia. Hier wird
von Pseudowissenschaft gesprochen. Angeblich gäbe eine keine wis-

senschaftliche Begründung und auch keine Nachweise zur Wirkung der Homöopathie.

Da ich an dieser Stelle keine Doktorarbeit über dieses sehr komplexe Thema schreiben möchte, aber den Wikipedia-Eintrag nicht unkommentiert lassen kann, gebe ich zu bedenken, dass man auf Wikipedia Lobpreisungen der experimentellen mRNA-„Impfung" finden kann. Dieselbe Plattform, die den Leser vor Homöopathie zu warnen sucht, propagiert eine „Impfung", von der die Hersteller selbst sagen, dass sie NICHT auf Schutz vor Ansteckung und Übertragung getestet wurde.

Der Kampf der Pharmaindustrie gegen jede Form der „alternativen" Medizin hat aus meiner Sicht schon autoritäre Züge angenommen.

Auf allen Ebenen, Plattformen, Wegen und in praktisch allen Medien wird jede Form der natürlichen Heilmethode verteufelt, verunglimpft und oft mit Lügen, falschen Zahlen und Behauptungen bekämpft!

CDL soll ebenso verboten werden wie Vitamin D-Tabletten. Sogar Knoblauch und Ingwer geraten ins Visier der Pharmaindustrie und sollen auf den Index.

Sonne und Solarium werden seit Jahrzehnten von Big Pharma und der Kosmetikindustrie als krebserregend und schädlich verunglimpft und obwohl exakt das Gegenteil der Fall ist, wurde die negative Botschaft in das Massenbewusstsein eingepflanzt.

Ich kenne einige Menschen, denen Homöopathie geholfen hat. Diese natürliche und wundersame Heilmethode kann außerhalb der Welt des Placebos lindern und heilen. Den Milliarden schweren Drogenherstellern ist aber jede natürliche Form der Heilung ein Dorn im Auge und so wird mit aller Macht bekämpft, was im Wege steht.

Wikipedia zeigt auch an dieser Stelle, welchen Wert diese „freie" Plattform hat. Systemkonform kann hier alles veröffentlicht werden, was dem System-Narrativ entspricht! WOKE, gendergerecht, zivilcouragelich und den NGOs und der Pharmaindustrie treu ergeben.

Ich habe selbst schon einige gute Erfahrungen mit Homöopathie machen dürfen und kann verbindlich bestätigen: Mir hat es geholfen. Ich möchte aber nicht Ihr Maßstab sein, lieber Leser und so bitte ich Sie von Herzen im Interesse Ihrer Gesundheit selbst zu recherchieren und Ihre Möglichkeiten außerhalb der Chemie und Spritzen der milliardenschweren schweren Pharmagiganten zu erkunden.

Ich kann nicht ohne Homöopathie sein. Tatsächlich gehe ich nirgendwo ohne meine homöopathischen Arzneien hin.

Paul McCartney

Höhensonne

Die deutsche Nation war stets in Erfindung nützlicher Künste und Gewerbe die erste, weil sie die geduldigste und arbeitsamste ist.

Karl Julius Weber

In meiner Kindheit gab es in vielen Haushalten ein sogenanntes Höhensonne-Gerät.

Ein kleiner zusammenklappbarer Apparat, etwa 40 cm hoch, 25cm breit und nicht mehr als 10 cm tief.

Mit diesem Gerät konnte man zuhause UVA und UVB nutzen, um Akne sowie anderen Hautkrankheiten zu Leibe zu rücken. Als positiver Nebeneffekt wurde die Melanin-Produktion angeregt und es trat eine leichte Hautbräunung ein. Diese Geräte hatten den Nachteil, dass sie mit relativ hohen UVB-Dosen arbeiteten und so bei unsachgemäßer Anwendung ein schlimmer Sonnenbrand die Folge war.

Die Höhensonne wurde von dem deutschen Richard Küch erfunden. Küch entwickelte die Quecksilberdampflampe und war damit auch der Urvater der Höhensonne.

Das Patent der Quecksilberdampflampe wurde 1904 erteilt und war die Grundlage der 1905 erstmals konstruierten Höhensonne.

1911 führten Hugo Bach und Gottlieb Breiger diese Urform der künstlichen Heliotherapie zur Behandlung verschiedener Hautkrankheiten ein.

Dank der Höhensonne konnten Akne, Neurodermitis, Rachitis, Vitamin D-Mangel und Osteoporose behandelt werden.

Im Zweiten Weltkrieg wurde die Höhensonne bei den Soldaten als Therapie eingesetzt, um die Stimmung aufzuhellen, Vitamin D-Mangel im Winter auszugleichen und um den Körper und die Knochen der Soldaten zu kräftigen.

Nach dem Zweiten Weltkrieg wurden in Schulen viele Kinder mit der Höhensonne besonnt, um die bekannten biopositiven Effekte des UVA & UVB nutzbar zu machen.

Interessant ist, dass ich bei der Recherche zur Höhensonne wieder auf die von der Kosmetik- und Pharmaindustrie verbreitete Anti-Sonnenpropaganda gestoßen bin.

Die Technik stehe im Verdacht, Hautkrebs zu erzeugen und sei deshalb aus der Mode gekommen.

Ich werde an anderer Stelle in diesem Buch noch sehr ausführlich darauf eingehen, da eine der bahnbrechendsten Erfindungen im Gesundheitsbereich, ebenfalls aus Deutschland kommt und der tatsächliche Grund für das Ende der Höhensonne war.

Sonne ist Leben.

Dr. Friedrich Wolf

Hubschrauber

Die bedeutende Fähigkeit zur Arbeit und zum Nachdenken ist ebenfalls einer der charakteristischen Züge der deutschen Nation.

Germaine de Staël

Der deutsche Flugzeugpionier Heinrich Focke entwickelte 1936 den ersten Hubschrauber der Welt.

Das erste Mal in der noch jungen Geschichte der Luftfahrt war es dank Focke möglich, ohne Start- und Landebahn senkrecht abzuheben und zu landen.

Neben Focke arbeiteten auch Erfinder wie Engelbert Zaschka an der Entwicklung des Hubschraubers.

Weltweit gibt es inzwischen etwa 26.500 zivile Hubschrauber. Die Vorteile des Fluggefährts sind extreme Wendigkeit in Verbindung mit der Fähigkeit, praktisch an jedem Ort landen zu können. Für Rettungszwecke in schlecht zugänglichem Gelände oder in Gegenden, wo kein Krankenhaus erreichbar ist, bewährt sich der Hubschrauber täglich und weltweit als Segnung für Leib und Leben.

Wie bei allen großartigen Erfindungen wird der Hubschrauber aber auch zum Töten in Kriegen eingesetzt.

Heinrich Focke sollte für das deutsche Militär Kampfflugzeuge in großer Stückzahl fertigen, wollte aber seinen Erfindergeist nicht für kriegerische Zwecke einsetzen. Aus diesem Grund kam seine Erfindung auch nicht massenhaft im Zweiten Weltkrieg zum Einsatz.

Wir sind zwar Beherrscher der Luft und können Erdteile und Ozeane überqueren, aber das nächste Hausdach haben wir mit unseren Luftfahrzeugen noch nicht erobert. Die Erfüllung dieses Wunschtraumes erhoffen wir, neben vielen anderen Möglichkeiten, von dem Hubschrauber.

Engelbert Zaschka

Interkontinentalrakete

Deutsch sein heißt vielen: amerikanisch, englisch, französisch oder japanisch – aber um alles in der Welt nicht deutsch sein!

Otto von Leixner

Der Mensch kann ein wundervolles Wesen sein. Liebevoll, mitfühlend, herzlich, kreativ und voller Erfindergeist. Zum Leidwesen der Menschheit führt der Erfindergeist der Menschen sie auch immer wieder in Versuchung.

Angetrieben von Neugier und Pioniergeist, aber häufig auch der Geldgier und Machtgelüste wegen, tüfteln Menschen so lange an ihren Erfindungen, bis sie nicht zum Wohle, sondern zum Leid ihrer Mitmenschen beitragen.

Auch die Erfindung der Interkontinentalrakete trug zunächst nicht zum Wohle der Menschheit bei. An dieser Stelle erspare ich uns eine philosophische Betrachtung darüber, wer als erster auf wen Bomben geworfen hat und wessen Seite weniger Recht zu kämpfen hatte. Fakt ist, dass Wernher von Braun mit der „Aggregat 4" die erste gesteuerte und flugstabilisierte Großrakete der Welt 1942 in Peenemünde hat abheben lassen.

Die spätere V2 (Vergeltungswaffe2) wurde ab September 1944 von Deutschland aus massenhaft im Kampf gegen die Alliierten eingesetzt. Die V2 erreichte eine Flughöhe von 84,5 km und flog damit an der Grenze zum Weltall. Nach dem Krieg wurde Wernher von Braun

„entnazifiziert" und durfte mit seinem Mitarbeiterstab in den USA das NASA-Raumfahrtprogramm entwickeln.

Die Raketentechnik Deutschlands war den Amerikanern Jahrzehnte voraus und so ist es wenig verwunderlich, dass nicht nur die kompetenten Wissenschaftler, sondern auch alle Teile und Baupläne in die USA mitgenommen wurden.

Alles, von dem sich der Mensch eine Vorstellung machen kann, ist machbar.

Wernher von Braun

Jeans

Es wird ein Stück aufgeführt werden in Deutschland,
wogegen die französische Revolution nur wie eine harmlose
Idylle erscheinen möchte.

Heinrich Heine

Ich erinnere mich noch genau, wie mir meine Mutter 50 Mark gab, damit ich mir eine neue Jeans kaufen konnte. Im Alter von 13 Jahren wuchs ich so schnell, dass mir meine Hosen schon nach wenigen Monaten nicht mehr passten.

Für 50 Mark gab es in der Schloßstraße in Berlin-Steglitz eine Blue Jeans von Wrangler. Damals war eine echte Levis noch unbezahlbar, aber für mich war es am wichtigsten, dass die Jeans passte und noch bedeutender unten einen ordentlichen Schlag hatte. Als frisch gebackener Elvis-Fan orientierte ich mich damit nicht nur am Zeitgeist der späten 1970er Jahre, sondern auch am King, der mich auch modisch mit seinen Jumpsuits inspiriert hatte.

In dieser Zeit war die Jeans längst zur Massenware geworden und sie war vor allem die Mode aller. Ob jung, alt, reich oder arm, die Jeans ließ zumindest modisch gesellschaftliche Barrieren verschwinden.

Ursprünglich wurde die Hose nicht als Alltags-Accessoire kreiert, sondern als Arbeitshose für die Goldgräber in San Francisco in den frühen 1870er Jahren in Kalifornien.

Der deutsche Auswanderer Levi Strauss und der Schneider Jacob Davis hatten 1872 die Idee, die Ecken der Hosentaschen mit robusten Nieten zu verstärken. Am 20. Mai 1873 wurde diese Erfindung auf den Namen von Strauss und Davis patentiert.

Ursprünglich war die Jeans aus extrem stabilem braunem Segeltuch, das aber später durch den mit Indigo gefärbten blauen Baumwollstoff Denim ersetzt wurde. Gleichzeitig wurde die nun blaue Hose mit orangefarbenen Nähten und Nieten verstärkt und verziert.

Die Baumwolle für die Hose kam aus der italienischen Stadt Genua. Aus der französischen Form des Städtenamens Genes entwickelte sich in den USA die Aussprache Jeans.

Der in Franken geborene Levi Strauss kam bereits 1847 nach Amerika, wo er sich auf den beschwerlichen Weg nach Westen machte. In San Francisco angekommen, hatte er schnell erkannt, dass die Goldgräber keine adäquaten Hosen hatten, die den harten Arbeitsbedingungen standhalten konnten.

Die Idee, robuste Arbeitskleidung die „Genes" aus dem Stoff „Serge de Nimes" (Gewebe aus der Stadt Nimes) zu fertigen, führte zu der Bezeichnung „Denim Jeans"

In der DDR nannte man die Jeans auch passend Niethose und sie war dort, so sie denn aus dem Westen kam, beinahe kostbarer als Gold.

Viele Jahrzehnte war die Jeans ein Kleidungsstück der Arbeiterklasse. Erst in den 1950er Jahren gelang der Jeans der Durchbruch in den modischen Massenmarkt.

Unbestritten ist auch, dass die Jeans vielen Männern und Frauen den modischen Schneid abgekauft hat. Kleideten sich früher die Männer noch in Anzug und Hemd und die Frauen in Rock und Kleid machte die Jeans Mann und Frau gleich, unisex. Ein Trend, der sich bis ins 21. Jahrhundert fortgesetzt hat und in seinem vorläufigen Höhepunkt dazu führte, dass man gut gekleidete Männer und Frauen daran erkennt, dass sie nicht durch die Städte Deutschland laufen oder wenn sie es tun, sie in der Regel nicht aus Deutschland kommen.

Die Jeans kann als Fluch und Segen zugleich betrachtet werden. Für diejenigen, die eine Agenda des Unisex und der geschlechtlichen Gleichmacherei verfolgen, war die Akzeptanz der Jeans und deren modischer Siegeszug der erste große Schritt auf dem Wege der Entweiblichung unserer Frauen und der Entmännlichung der Männer.

Betrachtet man die positive Seite der Jeans, kann man, ohne zu übertreiben, festhalten, dass ihre Erfindung zeitversetzt auch ein Beitrag zur Emanzipation ganzer Generationen war und ist und auch wenn Elvis kein Deutscher war, hat er doch dieser deutschen Erfindung zum modischen Durchbruch verholfen.

Mit dem Film Loving You im Jahr 1957 verhalf Elvis Presley der Jeans zum Durchbruch bei der weltweiten Rock 'n Roll-Gemeinde. Praktisch über Nacht wurde aus der Arbeiterhose die Kultkluft der Rock 'n Roll-Bewegung,

Die „Hymne" Got a lot of living to do am Ende des Filmklassikers sang Elvis ganz in Jeans gekleidet. Von diesem Cineastischen Höhepunkt an war die Jeans fester Bestandteil der Jugendbewegung der 1950er und 1960er Jahre.

Ich wünschte, ich hätte Blue Jeans erfunden. Sie sind ausdrucksstark, bescheiden, sexy, einfach: alles, was ich in meiner Mode haben will. -

Yves Saint Laurent

Kaffeefilter

Kein Land sagt sich selber so viele Wahrheiten als Deutschland.

Jean Paul

Die Erfindung des Kaffeefilters ist ein weiteres großartiges Beispiel dafür, dass Unbequemlichkeiten und Probleme immer eine gute Absicht haben. Gleichgültig, was uns im Leben widerfährt, welche Schwierigkeiten sich uns in den Weg stellen und welches Problem uns immer wieder beschäftigt.

Wenn wir die gute Absicht bei allem akzeptieren, uns nicht ärgern, sondern innehalten und begreifen, dass wir alle Fähigkeiten in uns tragen, um eine Lösung zu finden, dann kann ein jeder von uns zum Erfinder werden.

Dabei geht es nicht darum, etwas zu erfinden, das uns reich und berühmt macht.

Vielleicht werden wir ja der Erfinder unserer Zufriedenheit, unseres Glücks, der Entdecker absoluter Harmonie!

Um diese Bewusstseinsschätze zu entdecken, bedarf es möglicherweise zunächst eines Mangels, eines Widerstands, einer Unbequemlichkeit, die uns dazu „zwingt", etwas zu ändern.

Melitta Bentz war Mutter von drei Kindern und liebte frischen Kaffee. Zu ihrer Zeit übergoss man das Kaffee-Pulver mit heißem Wasser und wartete so lange bis sich das Pulver abgesetzt hatte oder man siebte es aus. Beide Varianten hatten den Nachteil, dass der Kaffee nur noch lauwarm war.

Melitta wollte sich mit dieser täglichen Unbequemlichkeit nicht abfinden und so fing sie an zu experimentieren. Zunächst teste sie Messingbecher mit kleinen Löchern, doch dann kam sie eines Tages auf die Idee, von ihrem Sohn ein Blatt Löschpapier zu nehmen und konstruierte eine passende Form, in die sie das Papier einlegte.

Der erste Kaffeefilter der Welt war erfunden.

Nachdem Melitta Bentz ihre Erfindung modifiziert und markttauglich gemacht hatte, patentierte sie den Melitta-Kaffeefilter am 20. Juni 1908 beim Kaiserlichen Patentamt.

Melitta Bentz war eine der ersten Frauen, die ein Patent anmeldete und ihr Kaffeefilter wurde zum Welthit!

Heute ist die Melitta-Firmengruppe einer der Marktführer dieses Segments auf der Welt!

Die beste Methode, das Leben angenehm zu verbringen, ist, guten Kaffee zu trinken. Und wenn man keinen haben kann, so soll man versuchen, so heiter und gelassen zu sein, als hätte man guten Kaffee getrunken.

Jonathan Swift

Kaffeemaschine

In Deutschland werden pro Jahr 169 Liter Kaffee pro Kopf getrunken.

Um einen anständigen Filterkaffee zuzubereiten, benötigt man neben guten Bohnen und einem vernünftigen Kaffeefilter ebenso eine zuverlässige Maschine. Wer hat die entwickelt? Sie ahnen es schon. Es ist wieder eine Erfindung Made in Germany!

Der Ursprung des Kaffees wird in Äthiopien vermutet. Hier soll der Brauch, heißes Wasser mit Kaffeebohnen zu trinken, entstanden sein. Das äthiopische Hochland gilt als die Wiege des Kaffees und der Coffea Arabica.

Ein Großteil des weltweit getrunkenen Kaffes wird mit einer Filterkaffeemaschine zubereitet und die Entwicklung dieser Technik verdanken wir, Sie ahnen es, einem deutschen Erfinder.

Gottlob Widmann patentierte 1954 den Wigomat. Die erste Filterkaffeemaschine der Welt.

Mit dieser Erfindung wurde Filterkaffe, maschinell gebrüht, auch für Privathaushalte erschwinglich.

Es steht wieder die Frage im Raum, ob Kaffee überhaupt gesund ist. Inzwischen gibt es unzählige Studien, die nahelegen, dass ein maßvoller Konsum von Kaffee sogar positiv für den Organismus sein kann.

Moderater Kaffeegenuss soll ein geringeres Risiko für Herz-Kreislauf-Erkrankungen, Schlaganfälle und Lebererkrankungen bewirken. Zudem kann Kaffee Parkinson, Diabetes, Alzheimer und Depressionen entgegenwirken.

Zwei Dinge sind im Vatikan schwer zu bekommen:
Ehrlichkeit und eine Tasse Kaffee.

Papst Johannes Paul I

Kernspaltung

Die Deutschen haben an der Arbeit so viel Vergnügen wie andere an der Sünde.

Jacques Rivière

An kaum einer Erfindung wird es deutlicher, wie nah sich Fluch und Segen häufig bei Erfindungen kommen, als bei der Kernspaltung.

Otto Hahn und Fritz Straßmann machten eine bahnbrechende Entdeckung. Gemeinsam mit Lise Meitner forschten sie an der Radioaktivität und Atomphysik. 1938 beschoss Otto Hahn Uran mit Neutronen und entdeckte, dass das Element Barium dabei entstand. Barium wurde dadurch nur halb so schwer wie Uran. Zudem wurden bei dem Experiment weitere Neutronen freigesetzt und Energie produziert.

Diese Entdeckung war die Geburtsstunde der Kernenergie. Otto Hahn teilte sich diese sensationelle Entdeckung mit Lise Meitner, deren Analyse die wissenschaftliche Erklärung des Zerfalls von Uran-Atomkernen unter Neutronenbeschuss lieferte.

1944 erhielt Otto Hahn als einziger des Entwickler-Trios den Nobelpreis für Chemie. Dabei waren sowohl Otto Hahn als auch Lise Meitner und Fritz Straßmann an dieser Entdeckung gleichermaßen beteiligt.

Ohne die Entdeckung der Kernspaltung gäbe es weder Atomkraftwerke noch Atombomben.

Keine Frage, dass der Mensch die Atombombe entwickelt und auch eingesetzt hat, dokumentiert deutlich, dass nicht alles, was technisch möglich ist, auch technisch umgesetzt werden sollte. In diesem Kontext ist aber tragischerweise davon auszugehen, dass sich immer wieder sogenannte Wissenschaftler dazu hergeben werden, ihre Forschung nicht ausschließlich in den Dienst der Menschlichkeit, sondern primär den des Ruhms, der Macht und des Geldes zu stellen.

Bestes Beispiel dieser satanischen Herangehensweise ist der hemmungslose Einsatz von KI, mRNA-Spritzungen, Chemtrails (Geoengineering), gentechnisch veränderten Insekten, Lebensmittel und anderen Techniken, deren Auswirkungen auf Mensch und Tier zu unabsehbaren Katastrophen führen können.

Ähnlich wie bei der Atomkraft bedeutet die Entdeckung bzw. Erfindung außergewöhnlicher Kräfte nicht gleichzeitig, dass deren Schöpfer auch in der Lage sind, ihrer Verantwortung dem Menschen und der Restnatur gegenüber gerecht zu werden.

Solange die Atombombe sich nur in Händen der beiden Großmächte befindet, gibt es keinen Krieg. Gefährlich wird es erst, wenn sich jeder das dazu notwendige Plutonium aus der Drogerie holen kann.

Otto Hahn

Kettensäge

Als ich in den 1990er Jahren zum ersten Mal in Kalifornien im Yosemite-Nationalpark die Mammutbäume sah, verschlug es mir die Sprache.

Die Giganten stehen dort seit tausenden von Jahren und haben eine so widerstandfähige Rinde, dass sie sowohl Waldbränden als auch Schädlingen trotzen können.

Nur dem Menschen können sie nichts entgegensetzen.

Als die ersten Siedler um 1800 die Wälder Kaliforniens betraten, konnten sie der Verlockung nicht widerstehen, auch die teilweise über 100 Meter hohen Mammutbäume zu fällen. Damals hatten die Siedler glücklicherweise nur Äxte und verhältnismäßig einfache Sägen, um den Giganten zu Leibe zu rücken. Kettensägen gab es zu diesem Zeitpunkt noch nicht.

1890 wurde der Yosemite-Nationalpark gegründet und damit war das Fällen der Bäume endgültig vorbei. Da diese Giganten relativ unzugänglich in den Hügeln Kaliforniens stehen, trug der angerichtete Schaden der Baumfäller Gott sei Dank nicht zur totalen Vernichtung dieser majestätischen Waldgeschöpfe bei.

In Ermangelung von Kettensägen ging es einigermaßen glimpflich für die Mammutbäume aus.

Die Kettensäge wurde 1927 von Emil Lerp erfunden. Er stellte sie der verblüfften Öffentlichkeit im Thüringer Wald vor.

Das erste Modell war mit 58 Kilogramm noch verhältnismäßig unhandlich und nur von zwei Menschen zu bedienen. 1928 patentierte er die Benzin-Kettensäge. In seiner beruflichen Laufbahn arbeitete Emil Lerp auch mit Andreas Stihl zusammen, dem späteren Gründer der bekannten Marke Stihl.

Moderne Kettensägen wiegen zwischen 4,1 und 10 Kilogramm und inzwischen gibt es auch leichte, aber mit 2.500 Watt sehr leistungsstarke Elektro-Kettensägen.

Säge nicht auf dem Ast, auf dem Du sitzt.

Unbekannt

Kindergarten

Nie geraten Deutsche so außer sich, wie wenn sie zu sich kommen wollen.

Kurt Tucholsky

Unsere Sprache ist auch ein „lebender Organismus", sie entwickelt sich, verändert sich und wird ebenso von anderen Sprachen inspiriert, wie sie selbst andere beeinflusst.

Wer schon einmal in den USA war oder einen US-amerikanischen Film im Original gesehen hat, konnte bestimmt schon das ein oder andere deutsche Wort hören, das ins Amerikanische übernommen wurde. Einer dieser Begriffe ist der Kindergarten.

In diesem Kontext liegt es auch daran, dass der Kindergarten eine deutsche Erfindung ist.

Der Reformpädagoge Friedrich Fröbel eröffnete 1837 in Deutschland den ersten Kindergarten der Welt.

Fröbel hatte es sich schon damals zur Aufgabe gemacht, den von der Industrialisierung benachteiligten Kindern, einen Ort zu schaffen, an dem sie sicher und geborgen waren. Kindgerechte Aktivitäten wie gemeinsames Spielen, Lachen, Sport und Musizieren sollten den Kindern ein unbeschwertes Lernen und Leben ermöglichen.

Die Kindergärten von Friedrich Fröbel wurden zur Blaupause ähnlicher Projekte in der ganzen Welt.

Inzwischen sind viele Kindergärten zu Indoktrinations-Brutstätten verkommen.

Während der Corona-„Pandemie" wurden die kleinen Kinder zu schädlichen, sinnlosen und die Psyche schädigenden Tests gezwungen. Die Kleinen mussten Masken tragen, die es ihnen unmöglich machten, frei und gesund zu atmen und die Mimik ihres Gegenübers zu lesen und zu lernen.

Den Kindern wurde in den Kindergärten der Welt Angst vor Nähe, Umarmung und ihren Nächsten anerzogen. Kindergärtner nicht nur in Deutschland haben sich vielerorts zu Mittätern an einem Verbrechen an der Menschheit gemacht. Unter dem Vorwand des Infektionsschutzes wurden vor allem unsere Schutzbedürftigsten, unsere Kinder, einem System ausgeliefert, das viele Kinder für ihr Leben zu psychisch kranken Wesen verkommen ließ.

Fröbels Vision, den Kindern der Welt im Kindergarten einen Garten Eden des Friedens, der Geborgenheit und kindlicher Träumereien zu schaffen, wird in vielen Kindergärten pervertiert. Die Kleinen werden häufig früh sexualisiert und mit dem verquasten Gendersprech sprachlich und seelisch verkrüppelt.

Der neuste Trend in einigen Kindergärten, nicht nur in Deutschland, sind sogenannte Drag-Queen-Shows für die kleinen Kinder.

Transsexuelle Wesen kommen in die Kindergärten oder laden die Kinder ein, in die Shows zu kommen, wo sie ihre Drag Queen Tänze den kleinen Kindern präsentieren.

Kritik an solchen Aktionen wird von der Antifa und anderen regierungstreuen Organisationen nicht nur verbal, sondern auch physisch als homophob, transgender-feindlich und rassistisch bekämpft.

Die Erfindung des Kindergartens war eine christliche, menschliche und herzliche Angelegenheit. Zum Leidwesen der Kinder wird diese Institution heute oft als Indoktrinationsstätte missbraucht.

Eltern, die dagegen nicht vorgehen, machen sich mitschuldig!

Die Aufgabe der Umgebung ist es nicht, das Kind zu formen, sondern ihm zu erlauben, sich zu offenbaren.

Maria Montessori

Klebestift

In Deutschland werden Probleme nicht beseitigt, sondern subventioniert.

Jürgen K. Hultenreich

Angeblich soll ein Mitarbeiter der Firma Henkel bei einer Flugreise eine Dame dabei beobachtet haben, wie sie sich ihren Lippenstift auftrug. Diese Beobachtung war laut der Erzählung die Inspiration für die Erfindung des Klebestifts.

Dieser praktische Stift ist heute in keinem Büro, Haushalt und Kinderzimmer wegzudenken. Ob zum Basteln, Befestigen von Papier und Pappe oder zum sicheren Verschließen von Briefumschlägen. Der Klebestift ist ein universeller Helfer und obgleich er nur eine unscheinbare, kleine Erfindung aus Deutschland ist, werden von ihm weltweit mehr als 130 Millionen Stück verkauft.

Haben Sie auch so einen Klebstift im Schreibtisch?

Viele Menschen brechen die Herzen anderer so achtlos, als könne man sie mit einem Klebestift wieder zusammensetzen.

Unbekannt

Kleinbildkamera

Möge Deutschland nie seine Größe und sein Glück auf anderen Grundlagen erbauen wollen als auf der Gesamtheit aller seiner zur vollsten Ausbildung der in jedes einzelne von ihnen gelegten Anlagen und Kräfte erzogenen Kinder, also auf so vielen Grundlagen, als es Söhne und Töchter gibt.

Paul de Lagarde

Als ich in der fünften Klasse auf Klassenfahrt in Bayern, genauer gesagt in Oberwarmensteinach war, nahm ich etwas Kostbares mit, meine Kleinbildkamera.

Voll kindlicher Begeisterung knipste ich alles, was ich vor die Linse bekam.

Uns Kindern auf dieser Klassenfahrt war es nicht erlaubt, mehr als 20 Mark Taschengeld mitzunehmen und da ich mir vorgenommen hatte, alles, was ich sah, zu fotografieren, gab ich mein ganzes Geld für Filme aus.

Diese Erinnerungen sind so wertvoll und ich bin mir sicher, dass viele meiner Leser auch noch eine Zeit miterlebt haben, in der das Fotografieren nicht nur kostspielig, sondern auch kostbar war. Bei jedem Foto wurde abgewägt, ob das Motiv würdig war, abgelichtet zu werden.

Zugegeben, die Ausschussquote meiner Bilder war ebenso bemerkenswert, wie die Tatsache, dass ich nach vier Tagen all mein Geld für Filme ausgegeben hatte.

Mit diesen wundervollen Erlebnissen wertschätze ich heute den Luxus, mit dem Smartphone schier unbegrenzt fotografieren zu können.

In den ersten Jahrzehnten der Fotographie waren die Apparate riesig und schwer und so war das Fotografieren nur einigen wenigen Enthusiasten vorbehalten. Das sollte sich dank einer deutschen Erfindung innerhalb weniger Jahre ändern.

Der deutsche Feinmechaniker Oskar Barnack war Erfinder und Hobbyfotograf. Er war zudem der Leiter der Filmkameraentwicklung der Firma Leitz und weil ihn bei seinen fotografischen Exkursionen das komplizierte Justieren, die Entwicklungszeit und die schweren Filmplatten der Apparate störten, entwickelte er einen kleinen Kasten, in dem er die Empfindlichkeit eines kurzen Filmstreifens ausprobierte. Anstatt die damals gängigen schweren und großen Filmplatten zu nutzen, verwendete Barnack das Format eines 35mm Kinofilms.

Das Ergebnis seiner Erfindung war die erste Kleinbildkamera der Welt, die er dem neuen Management seiner Firma präsentierte. Seine Idee begeisterte so sehr, dass Leitz 1925 die Leica auf den Markt brachte (Der Name steht für Leitz Camera).

Das relativ geringe Gewicht und die Handlichkeit der Leica begeisterten und so löste das Gerät innerhalb weniger Jahre die klobigen und schweren Plattenkameras ab. Bis heute ist der Name Leica nicht nur unter Fotografen legendär!

Viele Dinge, technische Geräte und Errungenschaften sind für uns so selbstverständlich, dass es gelegentlich Sinn macht, sich zu vergegenwärtigen, was unsere Ahnen einst an Zeit, Aufwand und Liebe fürs Detail investiert haben, um uns, ihren Nachfahren, vieles zu erleichtern.

Ein als Selbstverständlichkeit empfundenes Erbe, das uns dazu verpflichten sollte, ihm auch gerecht zu werden, indem wir unsere deutschen Vorfahren achten und ehren!

Wer sehen kann, kann auch fotografieren. Sehen lernen,
kann allerdings dauern.

Leica

Kneipp - Wasserkur

Die Deutschen aber sind tapfer ohne Nebengedanken, sie schlagen sich, um sich zu schlagen, wie sie trinken, um zu trinken.

Heinrich Heine

Passend zu den schon angesprochenen Widrigkeiten im Leben, die sich uns immer mit einer guten Absicht in den Weg stellen, freue ich mich jetzt über Sebastian Kneipp berichten zu können.

Kneipp wurde am 17. Mai 1821 in Stephansried geboren. Bereits früh fand er zum Glauben und diente später der Kirche als Priester.

1849 wurde Kneipp schwer krank. Er bekam Tuberkulose. Kurz nach seiner Erkrankung fiel ihm ein Buch in die Hände: „Heilkraft des frischen Wassers" von Johann Siegmund Hahn. Sebastian Kneipp zögerte nicht lange und begann mit einer im Buch beschriebenen Therapie. Er badete in der eiskalten Donau in der Nähe von Dillingen. Die regelmäßigen eiskalten Bäder zeigten bald Wirkung und Kneipp wurde wieder vollständig gesund.

Durch seine Heilung inspiriert, begann Kneipp mit dem intensiven Studium der Heilung durch Wasser.

Bereits 1850 bekam er ein Gelände in München, wo er die Wasseranwendungen perfektionierte, die zu diesem Zeitpunkt auch bereits ein fester Bestandteil seines Lebens geworden waren.

Auf dem Gelände am Georgianum behandelte er bald auch heimlich Kommilitonen, die ebenfalls an Tuberkulose erkrankt waren.

Der Heilerfolg der Wasseranwendungen spornte Kneipp so sehr an, dass er weitere Bücher zu diesem Thema studierte und alsbald den „Verein der Wasserfreunde" besuchte. Am 06. August 1852 empfing Kneipp die Priesterweihe im Augsburger Dom.

Sebastian Kneipp vertiefte sich zusehends in seine Forschung und immer mehr Menschen kamen zu ihm, um geheilt zu werden. Im Februar 1853 wurde er wegen Kurpfuscherei angezeigt, weil er eine Magd erfolgreich mit heißen Wickeln behandelt hatte. Wegen des Verstoßes gegen das Kurierverbot musste Kneipp eine Strafe von zwei Gulden zahlen, wobei er dem urteilenden Richter noch nebenbei eine Kuranweisung gegen Gicht ausstellte.

In all den Jahren seines Schaffens zum Wohle der Volksgesundheit wurde Sebastian Kneipp angefeindet und bekämpft. Bereits damals waren natürliche, alternative Heilmethoden nicht im Interesse der Herrschenden. Ungeachtet dessen blieb Kneipp typisch deutsch standhaft und fest im Glauben. Der Geist von Kneipp hat dabei die Jahrhunderte überdauert und trat auch im 21. Jahrhundert bei den grundrechtsverletzenden Corona-Maßnahmen zutage.

Millionen anständige Menschen gingen auf die Straße, protestierten, widersetzten sich sinnlosen und schädlichen Maßnahmen. All dies taten diese mutigen, anständigen Bürger auch im Interesse ihrer systemgläubigen Mitmenschen, von denen sie bekämpft und verachtet wurden.

Kneipp wies immer wieder auf die vorbeugende Wirkung einer gesunden Lebensweise hin und er richtete drei Stiftungen ein: Das Kneippianum, das Sebstianeum und die Kneippsche Kinderheilstätte. Sebastian Kneipp machte bei seinen Patienten keine Unterschiede, ob sie arm oder reich waren.

Das Geheimnis der Kneipp-Therapie lässt sich in wenigen Worten so zusammenfassen:

Regelmäßig angewandtes, 16 bis 17 Grad kühles Wasser wirkt als Heilmittel. Es aktiviert den Stoffwechsel, stabilisiert den Kreislauf und regt das Immunsystem an.

Sebastian Kneipp wäre in unserer Zeit sicher mit den Deutschen auf der Straße gewesen, die sich für ein gesundes, selbstbestimmtes Leben eingesetzt haben, gegen ein diktatorisches Infektionsschutzgesetz und für eigenverantwortliche Gesundheitsprävention.

Unser Leben hat die Aufgabe, dem Schöpfer nachzuweisen, dass wir seinem Willen nachgekommen sind.

Sebastian Kneipp

Kokain

Wer nicht bereit, sich zu bekennen zu seinem Volk und seiner Pflicht, der mag vielleicht sich Deutscher nennen, jedoch in Wahrheit ist er's nicht.

Erich Limpach

Albert Friedrich Emil Niemann stellt 1860 Kokain als Reinalkoloid dar.

Der Name Kokain stammt von Niemann. Kokain wurde als Lokalanästhetikum verwendet.

Rauschgift: Eine unversiegelte Tür im Gefängnis der Identität. Sie führt auf den Gefängnishof.

Ambrose Gwinnett Bierce

Kolbenpumpe (Vakuum)

Es liegt im Wesen des Deutschen, daß er dem Ernsthaften eher vertraut als dem Gutgelauntem

Art van Rheyn

Die nächste Erfindung kommt wieder so unschuldig daher! Die Kolbenpumpe. Was könnte an so einer Gerätschaft schon bemerkenswert sein? Sehr viel! Dank der Erfindung dieser Pumpe war es erstmals gelungen, ein Vakuum herzustellen und zu beweisen.

Otto von Guericke erfand 1649 die Kolbenpumpe und ein Jahr später die Luftwaage. Beide Erfindungen nutzte er 1676 für den Beweis der Wirkung eines Vakuums.

Otto von Guericke stellte eine Metallkugel aus zwei Hälften her, pumpte die Luft heraus und befestigte dann an den gegenüberliegenden Seiten der Kugel je ein Pferd. Die Pferde sollten nun die, durch das künstliche Vakuum zusammengehaltene, Metallkugel auseinanderziehen.

Zur Verblüffung der Anwesenden gelang es den Pferden nicht, die beiden Metallhalbkugeln zu trennen. Das Vakuum war bewiesen.

Das Original-Versuchsmodell ist noch heute als Magdeburger Halbkugel bekannt und wird weltweit im Physikunterricht gelehrt.

Die Natur vermeidet das Vakuum.

Francois Rabelais

Kondom

Das Thema Verhütung und der Schutz vor Geschlechtskrankheiten ist so alt wie die Menschheit selbst. Jahrtausendelang wurde vorwiegend nach dem Prinzip Glück und Hoffnung verfahren, bis sich der Deutsche Julius Fromm 1912 selbstständig machte und 1914 auf einem Berliner Hinterhof seine Fabrikation für Parfümerie und Gummiwaren eröffnete. Fromm experimentierte so lange mit Gummistoffen, bis er das erste transparente und nahtlose Kondom der Welt erfunden hatte.

Julius Fromm ist der Erfinder des Kondoms.

Dafür tauchte er einen Glaskolben in eine von ihm speziell entwickelte Gummilösung und vulkanisierte das Gummi danach unter Schwefeldämpfen.

1916 verkaufte er das erste Markenkondom mit dem Namen „Fromms", bis heute ein gängiger Begriff für ein Kondom. Mit dieser Erfindung brach der Verbrauch von Tierdärmen und Fischblasen ins Bodenlose ein.

Möglicherweise ist diese Erfindung die leichteste in diesem Buch und gleichfalls eine, die, geschichtlich betrachtet, gerne öfter zum Einsatz hätte kommen können.

Vielleicht wäre so der Welt der ein oder andere „Weltverbesserer" erspart geblieben.

Die Erfindung des Kondoms konnte die Dummheit nicht verhüten.

Claudius Fabig

Kontaktlinse

Wir Deutschen bekamen nicht mehr Freiheit,
sondern nur mehr Auslauf.

Kurt Pfeifer

Wenn man jung ist, dann macht man sich über sehr viele Dinge, vermeintliche Selbstverständlichkeiten, oft wenig Gedanken. Eines Tages kann es jedoch passieren, dass an der einen oder anderen Stelle die ersten „Verschleißerscheinungen" am Körper auftreten.

Die wohl häufigste „Alterserscheinung" ist das Nachlassen der Sehkraft.

Glücklicherweise kann sowohl bei der Weit- als auch der Kurzsichtigkeit mit einer Brille nachgeholfen werden. Viele möchten aber nicht, dass sie der Brille wegen alt wirken und so verzichten sie lieber so lange wie möglich auf den Einsatz einer Brille zu Lasten ihrer Sehfähigkeit!

Für diejenigen, die keine Brille tragen, aber trotzdem gut sehen möchten, gibt es seit mehr als 100 Jahren eine praktische Lösung.

Im Jahre 1887 erfand der deutsche Physiologe Adolf Eugen Fick die Kontaktlinse.

Die ersten Kontaktlinsen aus schwerem brauen Glas testete er an Tieren. Tatsächlich tragbar wurden Kontaktlinsen dank des Wissenschaftlers Heinrich Wöhlk, der die erste Plexiglaskontaktlinse entwickelte. Diese Innovation passte auf die Hornhaut und konnte schon damals bis zu acht Stunden getragen werden.

Der nächste revolutionäre Durchbruch bei der Entwicklung der Kontaktlinse gelang 1959. In diesem Jahr erfand Otto Wichterle das biokompatible Hydrogel HEMA, welches zur Herstellung der weltweit ersten weichen Linse eingesetzt wurde. Damit stand dem Siegeszug der Kontaktlinse nichts mehr im Weg.

Nach Schätzungen von Statista werden weltweit Kontaktlinsen im Wert von 17,24 Milliarden Euro umgesetzt. Im Vergleich zu den 133 Milliarden Euro, die mit Brillen erwirtschaftet werden, ein verhältnismäßig kleiner Betrag.

Losgelöst von der Kontaktlinse und Brille wissen nur wenige, dass es nicht grundsätzlich Sinn macht, unseren Kindern bei Fehlsichtigkeit sofort eine Brille zu verordnen.

Unser Körper wächst ungleichmäßig und in Schüben. Es kann vorkommen, dass sich die Augen bei Kindern mit einer falsch bzw. zu früh verordneten Brille nicht so natürlich entwickeln, wie sie es ohne die Sehhilfe getan hätten. Die Brille wird oft zur Entwicklungsbremse bzw. zum Verhinderer adäquater Sehkraft bei Kindern.

Die Folge dieser Fehlbehandlung sind Erwachsene, die ihr Leben lang auf eine Brille angewiesen sind, weil sie als Kinder an einer natürlichen Entwicklung ihrer Augen gehindert wurden.

Freunde sind wie Kontaktlinsen. Wenn man sie verliert, findet man sie nie wieder.

Unbekannt

Kreuzfahrtschiff

Bei den Deutschen scheint die Gefahr, daß der Staat zum Widersacher des Volkes wird, besonders groß zu sein.

Wilhelm Schwöbel

Es gibt etwa 500 Kreuzfahrtschiffe auf der Welt. Weitere 800 Flusskreuzfahrtschiffe kommen noch hinzu. Bis zu 26 Millionen Passagiere im Jahr erleben eine Kreuzfahrt. Das größte Kreuzfahrtschiff der Welt „Wonder of the seas" ist 362 Meter lang und hat auf 15 Decks Platz für 6988 Passagiere.

Auch wenn so eine Kreuzfahrt nichts für jedermann ist, so scheint der Trend zur Seereise in den letzten Jahren stetig zuzunehmen.

Der Ursprung moderner Kreuzfahrten liegt im vorletzten Jahrhundert.

Der deutsche Reeder Albert Ballin, Generaldirektor der Hamburger Hapag, ersann die Idee, wie er die schlechte Auslastung seiner Passagierschiffe in den Wintermonaten kompensieren konnte. Aufgrund des hohen Seegangs und schlechten Wetters fuhren auf den Transatlantik-Passagen im Winter zu wenige Passagiere, um für Hapag wirtschaftlich noch attraktiv zu sein und so kam Albert Ballin auf die Idee, sogenannte Bildungs- und Vergnügungsfahrten ins Mittelmeer anzubieten. Diese Idee war so erfolgreich, dass andere Reedereien sie kopierten und der Grundstein der modernen Kreuzfahrt gelegt war.

Kein Wind ist demjenigen günstig, der nicht weiß, wohin er segeln will...", „Ein Mensch ohne Träume ist wie ein Boot ohne Segel." „Der Träge sitzt, weiß nicht ein noch aus, und über ihm stürzt ein das Haus; doch mit mutig gespannten Segeln munter fährt der Frohe das Leben hinunter.

Seefahrt-Zitate restchart.com

Kunstdünger

Über Deutschland lacht die Sonne, über die Regierung die ganze Welt.

Jürgen Linsenmeier

1840 fand der Chemiker Justus von Liebig die wachstumsfördernde Wirkung von Stickstoff, Kalium und Phosphaten heraus.

Stickstoff konnte bis zu Liebigs Entdeckung nur durch Nitrate auf die Felder aufgebracht werden. Diese wurde mittels Guano, einer aus den Exkrementen von Seevögeln gewonnenen Substanz, hergestellt.

In den Jahren 1905 bis 1908 erforschte der Chemiker Fritz Haber die katalytische Ammoniak-Synthese. Dank des Industriellen Carl Bosch wurde ein Verfahren entwickelt, welches die industrielle Herstellung von Ammoniak ermöglichte.

Das Haber-Bosch-Verfahren war die Grundlage für die Herstellung von synthetischem Stickstoff-Dünger, dem Kunstdünger.

Die Pioniere des Kunstdüngers hatten das Volkswohl im Sinn. Ihr Bestreben war es, möglichst vielen Menschen auf der Welt Nahrung zukommen zu lassen. Im 21. Jahrhundert werden kostbare Ackerflächen mit ineffizienten Solarenergie-Feldern zugepflastert, gigantische, umweltzerstörende, infraschall-produzierende und ebenfalls ineffiziente Windräder stehen auf den Feldern und sowohl die EU als auch die Regierung in den USA zwingen tausende Bauern, ihre Felder aufzugeben, um im Rahmen des „Green Deal" Moore zu rekultivieren und landwirtschaftliche Flächen zu Brachen verkommen zu lassen.

Die Folgen sind massiv steigende Preise für Lebensmittel und ein starker Anstieg von Lebensmittel-Exporten aus Afrika und Asien, was dazu führt, dass in diesen Ländern Not und Elend weiter ansteigen und die westlichen Konsumenten nicht nur deutlich mehr für ihre Nahrung zahlen müssen, sondern auch Mitschuld am Ausverkauf der sogenannten „Dritten Welt" tragen.

Begeisterung ist der Dünger fürs Gehirn.

Gerald Hüther

Kühlschrank

Lieber Leser, an dieser Stelle möchte ich Ihnen ein Geständnis machen! Als ich mit diesem Buch begann, hatte ich eine Vielzahl großartiger deutscher Erfindungen im Kopf. Natürlich kamen mir das Auto und der Computer in den Sinn, doch im Zuge meiner Recherchen stieß ich fast schon stündlich auf weitere bahnbrechende Erfindungen, die wir unseren Vorfahren zu verdanken haben. Eine dieser unersetzlichen Erfindungen ist der Kühlschrank!

1876 erfand Carl von Linde den ersten funktionsfähigen und zuverlässigen Kühlschrank der Welt!

Das erste Kühlgerät arbeitete mit komprimiertem Ammoniak und wurde innerhalb weniger Jahre zu einem internationalen Erfolg.

Vor Lindes Erfindung wurde Eis zur Kühlung eingesetzt, welches umständlich gelagert und transportiert werden musste. Mit dem Siegeszug des Kühlschranks in praktisch jedem Haushalt des Landes hat sich im Laufe der Jahre auch das Kochverhalten in den Familien geändert. Musste früher täglich das Essen frisch zubereitet werden, so ermöglichte ein Kühlschrank völlig neue Dimensionen in der Lebensmittel-Verwahrung. Vor allem Milch und Milchprodukte, aber auch Fisch und Fleisch mussten nicht mehr umgehend verarbeitet bzw. verzehrt werden.

Auch der Kühlschrank ist eine „Selbstverständlichkeit", derer sich die meisten von uns im Alltag nicht mehr bewusst sind. Zumindest solange er funktioniert und unser Strom nicht ausfällt.

Gottes Kühlschrank wird nie leer.

Marion Gitzel

Intermission 2 - Deutschland verrecke

Es muß mit Nachdruck gesagt werden, daß, von Essen abgesehen, wir niemals ein besonderes Industriewerk als Ziel gewählt haben. Die Zerstörung von Industrieanlagen erschien uns stets als eine Art Sonderprämie. Unser eigentliches Ziel waren immer die Innenstädte.

Arthur Harris (Bomber Harris)

Nach diesen ersten 65 Erfindungen aus Deutschland ist es an der Zeit zu fragen, weshalb es in diesem Land einige Menschen gibt, die zwar hier geboren wurden, ihre Wurzeln hier haben und trotzdem das Land, ihre Heimat, so sehr verachten, dass sie auf Demonstrationen hinter Bannern laufen, auf denen steht: „Deutschland verrecke".

Weshalb gibt es Deutsche, die den Schlachtruf „Deutschland verrecke" rausschreien und danach trachten ihn mit ganzer „Schaffenskraft" mit Leben zu erfüllen?

Seit 2020 war ich auf unzähligen Demonstrationen für Frieden, Freiheit und die Selbstbestimmung über den eigenen Körper. Ich war in Berlin am 01. und 29. August 2020, wo jeweils mehr als eine Million Menschen in Liebe, Harmonie und friedlich für ein besseres Land demonstrierten und für unser Grundgesetz und die darin verbrieften Grundrechte auf die Straße gingen.

Abgesehen davon, dass die Mainstream-Medien die offensichtliche Zahl der Teilnehmer verheimlichten und von nur 35.000 Demonstranten sprachen, wurden die Menschen zudem in eine rechte Ecke gestellt.

Anständige Menschen aller Religionen, Hautfarben und jeden Alters waren plötzlich Reichbürger, Querdenker, Schwurbler, Rechtsextreme und Nazis. Hemmungslos wurde diffamiert, beleidigt, verunglimpft und vor Ort durch die Personen in Uniform verprügelt.

Schützenhilfe bekam die Hexenjagd gegen Regimekritiker durch die sogenannte Antifa. Die Sturmtruppe des Systems. Steuerfinanziert skandierte sie „Nazis raus", „Nie nie nie wieder Deutschland" und „Deutschland verrecke".

Dem geneigten Betrachter dieser Schreihälse drängte sich immer wieder die offensichtliche Frage auf, was denn geschehen würde, wenn Deutschland tatsächlich wie gewünscht verschwunden, verreckt wäre?

Von wessen Steuergeldern würden die Antifa-Schreihälse und Gewalttäter bezahlt werden, wenn ihr Ziel – die Vernichtung von Deutschland - erreicht wäre?

Wer „Deutschland verrecke" und „Nie nie nie wieder Deutschland" schreit und dieser Forderung mit Körperverletzung, Drohung, Einschüchterung und vielerlei anderer Gewalt Ausdruck verleiht, der sollte sich die Frage stellen, weshalb er sich so verhält und wie die Konsequenz aussehen würde, wenn der Wunsch nach der Vernichtung Deutschlands in Erfüllung gegangen ist.

Ich glaube, dass diejenigen, die den Untergang dieses Landes herbeisehnen, in ihrem Handeln typisch Deutsch agieren. Voller Inbrunst wird ein Ziel verfolgt, ohne Angst, Zweifel, unermüdlich und mit absoluter Hingabe.

Diese Leute merken gar nicht, dass sie deutscher nicht sein könnten. Gleichwohl sind sie bei ihrer typisch deutschen Gründlichkeit nicht positiv konstruktiv, sondern agieren einzig negativ destruktiv.

Anstatt ihre Tatkraft und Energie für ihr Land einzusetzen und mit schöpferischen Taten Dinge zum Guten zu verändern, setzen sie ihre Zeit und das meist junge Leben dafür ein, ihre Mitmenschen einzuschüchtern, zu verprügeln, zu verfolgen und zu zerstören.

Man kann an dieser Stelle die gleiche satanische Kraft des typisch Deutschen wiedererkennen, wie sie uns in den Geschichtsbüchern und Hollywood-Filmen vom typischen bösen Deutschen erzählt wurden und werden.

Der französische Kaiser Napoleon Bonaparte hat den Charakter der hier angesprochenen deutschen Deutschlandhasser, wie Antifa, Mainstream-Medien & Politikerkaste schon sehr treffend beschrieben:

„Es gibt kein gutmütigeres, aber auch kein leichtgläubigeres Volk als das deutsche, Ich brauchte nur meine Netze auszuspannen, dann liefen sie wie ein scheues Wild hinein. Untereinander haben sie sich gewürgt, und sie meinten ihre Pflicht zu tun."

Napoleon Bonaparte

Ich glaube an das Gute im Menschen. Ich bin fest davon überzeugt, dass diejenigen, die „Deutschland verrecke" krakeelen, in Wirklichkeit auch anständige, gute Mitmenschen sein möchten und auch könnten.

Ihnen fehlt einzig die Selbstliebe.

Die Leute der Antifa und anderer Gruppen sowie all die Politiker und Medienvertreter des Landes, die sich den Untergang von Deutschland wünschen und daran arbeiten, sind in Wirklichkeit arme und tatsächlich zu bemitleidende Wesen.

Wer nie ehrliche, wahre und vor allem bedingungslose Liebe erfahren hat, der kann weder sich selbst lieben noch seinen nächsten. Von seinen Ahnen und seinem Heimatland ganz zu schweigen.

Liebe ist Leben! Wer ohne Liebe lebt, ist innerlich tot und wünscht so auch anderen und anderem den Tod!

„Deutschland verrecke" ist aus meiner Sicht auch ein Hilfeschrei nach Aufmerksamkeit und nach Liebe. Diese Schreihälse sind klug genug, zu wissen, dass das Ende Deutschlands auch das ihrer staatlich finanzierten Rundum-Versorgung wäre. Ob sie klug genug sind, zu erkennen, dass diejenigen, deren willige Handlanger sie bei der Zerstörung Deutschlands sind, sie nach erbrachter Arbeit ebenso zerstören werden, kann ich nicht beurteilen.

Ihnen, lieber Leser, kann ich versichern, dass ich fest davon überzeugt bin, dass Deutschland und das deutsche Volk auch diese stürmische Zeit überstehen werden. Wir werden gemeinsam, miteinander und füreinander aus unserer Heimat zeitnah wieder ein blühendes und prosperierendes Land gestalten.

Diejenigen, die sich die Zerstörung Deutschlands wünschen, werden sehr bald von der Realität aus der medial und staatlich verabreichten Hypnose erwachen und zu der schmerzlichen Erkenntnis gelangen, dass sie einem falschen Herrn gedient haben.

Das deutsche Volk war und ist ein starkes Volk. Solange wir uns in **Einigkeit** zeigen und unser **Recht** tapfer und mutig verteidigen, werden wir auch unsere **Freiheit** zurückerhalten.

Eine Freiheit, die uns dazu befähigen wird, als starke Nation innerhalb Europas und der Welt den Platz zu besetzen, der uns zusteht.

Einen Platz als tatsächlich freie und souveräne Nation an der Seite der Welt-Gemeinschaft. Ohne über anderen Menschen, Völkern oder Nationen zu stehen und in der Gewissheit, dank unserer Selbstliebe und Stärke auch wieder von anderen Völkern und Nationen geachtet und respektiert zu werden.

Achtung: Der Zusammenhalt sogenannter patriotischer Kräfte, also derer, die sich auf dem rechten Weg wähnen, sich Rechtstaatlichkeit wünschen und rechtschaffen es ihren Nächsten Recht machen möchten, ist das Fundament, die Voraussetzung für den Erfolg des Fortbestandes unserer Volksgemeinschaft. In der Realität sind wir aber von diesem Zusammenhalt noch sehr weit entfernt, Rechthaberei und Besserwisserei, Macht- und Potenzgehabe sowie der Drang einiger sogenannter Patrioten, nicht einer Freiheitsbewegung anzugehören, sondern sie anführen zu wollen, machen es den Gegnern Deutschlands leicht, die Zerstörung des Landes voranzutreiben.

Es war aber Arminius, der im Jahre 9 nach Christus bewiesen hat, dass man mit Einigkeit den größten Widrigkeiten begegnen kann. Er einte die germanischen Stämme und besiegte in der sogenannten Schlacht im Teutoburger Wald drei überlegene römische Legionen. Arminius ging als Hermann der Cherusker und Retter Germaniens in die Geschichte ein. Diese Schlacht, die auch als Geburtsstunde der deutschen Nation gilt, sollte uns Ansporn und Mahnung zugleich sein, kleingeistiges Kräftemessen unserer Freiheitsbewegung zu unterlassen, um gemeinsam für Frieden, Freiheit und Liebe Deutschland zu gestalten.

Achtzig Millionen Deutsche, tüchtig, ehrgeizig und voller Er-findungskraft, sind eine Gefahr für uns. Denn sie sind in der Lage, uns wirtschaftlich einzuholen und damit unseren Reichtum zu vernichten.

Winston Churchill

LED (weiße)

Ich will der erste Diener meines Staates sein.

Friedrich der Große

Die weiße LED gilt als DIE Innovation im Beleuchtungsmarkt. Sie ist langlebig und äußerst energieeffizient. Zudem gehen Wissenschaftler davon aus, dass das Potential dieser Technik bei weitem noch nicht ausgeschöpft ist. Weiße LED werden in Schreibtischlampen, Taschenlampen, Decken- und Standlampen ebenso erfolgreich eingesetzt, wie in der Automobilindustrie.

Der weltweite Umsatz liegt bereits im zweistelligen Milliarden-Bereichen.

Der Erfinder der weißen LED ist der langjährige Abteilungsleiter des Frauenhofer-Instituts für Angewandte Festkörperphysik Professor Dr. Jürgen Schneider.

Der gebürtige Berliner studierte zunächst Physik in Freiburg, wo er 1967 auch habilitierte. Trotz mehrerer Aufenthalte in den USA und unzähligen internationalen Angeboten blieb Professor Dr. Schneider dem Frauenhofer-Institut stets treu. Wie würde die Welt des Lichts heute ohne diese winzig kleine, aber leuchtende Erfindung aussehen?

Wo viel Licht ist, ist starker Schatten.

Johann Wolfgang von Goethe

Lockstofffalle

Schädlinge in unseren Wäldern stellen eine enorme Bedrohung für die Forstwirtschaft dar.

Innerhalb weniger Jahre können ganze Waldstriche von Käfern befallen und vernichtet werde. Mussten unsere Vorfahren noch damit leben bzw. konnten sie den Schädlingen nur mit Chemikalien zu Leibe rücken, so wird dem Problem heutzutage mit sogenannten Lockstofffallen begegnet.

Der deutsche Forstwissenschaftler, Zoologe und Entomologe Jean Pierre Vite trug mit seiner Arbeit dazu bei, die chemischen Strukturen der Pheromone von Borkenkäfern zu entschlüsseln und dadurch die Lockstofffalle zu entwickeln.

Jean Pierre Vite hat es die Welt zu verdanken, dass die biologische Schädlingsbekämpfung Einzug in die Wälder gehalten hat.

Lötkolben

Mein Volk, dem ich angehöre und das ich liebe, ist das deutsche Volk; und meine Nation, die ich mit großem Stolz verehre, ist die deutsche Nation. Eine ritterliche, stolze und harte Nation. [...] Ich bin Blut vom Blute und Fleisch vom Fleische der deutschen Arbeiter und bin deshalb als ihr revolutionäres Kind später ihr revolutionärer Führer geworden.

Ernst Thälmann

Der Lötkolben war bei uns zu Hause allgegenwärtig, da mein Bruder ständig neue Dinge bastelte, entwickelte, entwarf und reparierte. Er baute mir meinen ersten Verstärker und war bei uns dafür zuständig, wenn etwas kaputt ging, es zu reparieren. Mit dem Lötkolben ging er so geschickt um, dass ihn all seine Freunde bewunderten. Der Erfinder des elektrischen Lötkolbens hätte seine wahre Freude an meinem Bruder gehabt.

Der Maschinenbau- und Elektrotechniker Ernst Sachs erfand 1921 den ersten elektrischen Lötkolben und ließ ihn im selben Jahr patentieren.

Mit diesem Gerät war es endlich möglich, auch sehr feine Arbeiten durchzuführen bzw. feinste Lötstellen zu bearbeiten.

Löten verbindet.

Unbekannt

Magnetschwebebahn

Was mich aber am meisten aufrichtet und guten Mutes erhält, ist, dass ich ein ehrlicher Deutscher bin.

Wolfgang Amadeus Mozart

Eine weitere bahnbrechende Erfindung aus Deutschland ist so revolutionär und beeindruckend, dass es schier unfassbar ist, dass diese sensationelle Erfindung in ihrem Geburtsland niemals zum Einsatz kam, von einer Teststrecke abgesehen.

Als die ersten Eisenbahnen im September 1825 von Stockton nach Darlington in England brausten, wurde eine Geschwindigkeit von 16 bis 17 km/h erreicht. Kurz darauf meldeten sich die ersten „Experten", die mahnten, dass der Mensch ab einer Geschwindigkeit von 20 km/h schwere körperliche Schäden davontragen würde.

Gut 100 Jahre später erreichte der fliegende Hamburger, der weltweit erste und schnellste stromlinienförmige Zug der Welt, eine Geschwindigkeit von über 160 km/h.

Schaden haben die Passagiere keinen genommen. Ein Wettlauf um die schnellsten Züge der Welt begann.

Einige Jahre zuvor fuhr Hermann Kemper regelmäßig mit der Eisenbahn von Nortrup nach Quakenbrück zur Schule. Dabei störten Kemper die Vibrationen, das Gerüttel und der Lärm während der Fahrt. Der Gedanke, diese Unbequemlichkeiten beim Bahnfahren technisch zu reduzieren, beschäftigte Herrmann Kemper jahrelang und über sein Elektrotechnik-Studium hinaus. Nach unzähligen schlaflosen Nächten hatte er die geniale Idee, einen Zug zu konstruieren, der nicht auf Rädern fährt, sondern mittels Elektromagneten angetrieben wird.

1934 meldete Herrmann Kemper sein Patent für die Magnetschwebebahn an.

Die Erfindung der Magnetschwebebahn war die Grundlage der Entwicklung des Transrapid.

Derweil die Magnetschwebebahn in Deutschland aufgrund der Inkompetenz, Ignoranz und des Desinteresses der Politik bis heute nicht umgesetzt wurde, baute China bereits im Januar 2021 einen Magnetschwebebahn-Prototyp, der bis zu 1.000 km/h fahren kann.

Herrmann Kemper erhielt fünf Jahre vor seinem Tod 1972 das Bundesverdienstkreuz für die Erfindung der Magnetschwebebahn.

Seiner würdig hat sich Deutschland bisher nicht erwiesen.

Reichtum und Schnelligkeit ist, was die Welt bewundert und wonach jeder strebt, Eisenbahnen, Schnellposten, Dampfschiffe und alle möglichen Fazilitäten der Kommunikation sind es, worauf die gebildete Welt ausgeht, sich zu überbieten, zu überbilden und dadurch in der Mittelmäßigkeit zu verharren.

Johann Wolfgang von Goethe

Metalldetektor

Wir waren hier nicht stark genug, uns die Einheit als Aufgabe zu stellen. Wir verdanken sie den Menschen in der DDR.

Egon Bahr

Wer schon mal in den USA am Strand lag, hat sie bestimmt gesehen, die Hobby-Metallsucher.

Mit ihren kleinen Metall-Suchgeräten wandern sie den Strand entlang, um kleine und große „Schätze" aufzustöbern.

Der Erfinder des Metalldetektors war der deutsche USA-Auswanderer Gerhard Julius Richard Fischer

Der studierte Elektrotechniker ließ 1937 seinen Metalldetektor in den USA patentieren. Eine Erfindung, die sowohl im zivilen als auch militärischen Bereich von großer Bedeutung war und ist.

Metall kann man aufspüren, böse Gedanken nicht.

Anna Olga

Mondlandung

Am 21. Juli 1969 um 3.56 Uhr mitteleuropäischer Zeit betraten Neil Armstrong und Buzz Aldrin als erste Menschen den Mond. In den darauffolgenden drei Jahren gab es fünf weitere Apollo-Mondlandungen. Wenige wissen, dass die Mondlandung ausschließlich der Operation Overcast zu verdanken war.

Am Ende des Zweiten Weltkriegs bemächtigten sich die Siegermächte Frankreich, England, Russland und die USA allem, was in Deutschland nicht niet- und nagelfest war. Die Russen demontierten praktisch die gesamte Industrie in den russisch besetzten Gebieten. Auch die Engländer und Franzosen nahmen, was sie bekommen konnten. Alle rekrutierten aber auch die Wissenschaftler und Gelehrten Deutschlands, um sich des immensen technischen Vorsprungs der Deutschen zu bemächtigen.

Es gibt keine anderen Gründe dafür, dass bis ins 21. Jahrhundert ausschließlich Frankreich, Russland und die USA nennenswerte Raumfahrtprogramme aufgelegt hatten. Bei der Grundlagenforschung war Deutschland dem Rest der Welt 10 bis 20 Jahre voraus. Dank des Sieges über das Deutsche Reich war es den Siegermächten möglich, dieses Knowhow an sich zu reißen.

In den USA nannte sich das Projekt Overcast. Damit wurden deutsche Wissenschaftler und Techniker „entnazifiziert" und in den Dienst des US-Militärs gestellt. In den darauffolgenden Jahren wurden diese deutschen Experten unter dem Begriff Project Paperclip eingebürgert und für die Fortsetzung der Operation Overcast verwendet.

Der wichtigste deutsche Mitarbeiter, den sich die USA sichern konnten, war Wernher Magnus Maximilian Freiherr von Braun.

Von Braun war der Erfinder der V2 und damit der Erfinder des Vorläufers der ersten Kontinentalrakete der Welt. Dieses Knowhow brachte von Braun in die, von ihm maßgeblich geleiteten, Apollo-Missionen ein. Ein Deutscher brachte uns auf den Mond.

Als im Juli 1969 rund 500.000.000 Menschen weltweit vor den Fernsehbildschirmen die Mondlandung sehen konnten, war dies nur deshalb möglich, weil der deutsche Erfinder und Visionär Wernher von Braun sein Wissen und das seiner Mitarbeiter in den Dienst der USA stellte. Ohne Braun hätte es keine Mondlandung gegeben.

Ungeachtet dessen gibt es nicht wenige Menschen, die anzweifeln, ob es überhaupt jemals eine Landung auf dem Mond gegeben hat. Viele Ungereimtheiten sprechen dafür. Da aber Wernher von Braun an der Spitze des Apollo-Teams stand, gehen wir heute einfach mal davon aus, dass die Mondlandungen stattgefunden haben.

Als mir Colonel Parker sagte, dass Aloha from Hawaii von dreimal mehr Menschen live gesehen wurde als die Mondlandung, war ich froh, es erst nach dem Auftritt erfahren zu haben.

Elvis Presley

Motorrad

Will mich Deutschland, mein geliebtes Vaterland, worauf
ich (wie Sie wissen) stolz bin, nicht aufnehmen, so muss in
Gottes Namen Frankreich oder England wieder um einen
geschickten Deutschen mehr reich werden und das zur Schan-
de der deutschen Nation.

Wolfgang Amadeus Mozart

Laut Statista gibt es weltweit etwa 19,5 Millionen Motorräder. Davon sind allein in Deutschland 4,91 Millionen zugelassen.

Das Motorrad gilt als Sinnbild der Freiheit, des ungezügelten „Bezwingens" der Fahrbahn. Motorradfahrer empfinden sich oft als rebellisch und jugendlich. Anders als eine Fahrt im Automobil gilt das Motorrad als die ursprünglichste Form des Reisens. Fast wie der Reiter auf einem Rappen, einem Rassepferd sind die Motorradfahrer die letzten Pioniere der Landstraßen.

Der ursprüngliche Name für das Motorrad war Reitwagen. Und geritten wurde es zum ersten Mal von den Motorpionieren Gottlieb Daimler und Wilhelm Maybach.

Nachdem Gottlieb Daimler seine Büchsenmacher-Ausbildung abgeschlossen und mit kleinen Explosionen seine Erfahrungen gesammelt hatte, studierte er Maschinenbau.

Mit dem angeeigneten Wissen und der Unterstützung von Wilhelm Maybach entwickelte er den Ottomotor. Dieser kam erstmals 1885 im

Reitwagen zum Einsatz.

Das erste Motorrad der Welt erblickte dank Gottlieb Daimler und Wilhelm Maybach in Deutschland das Licht der Welt.

Im Mercedes-Benz-Museum in Stuttgart steht der Nachbau des Reitwagens. Das Original wurde bei einem Feuer 1904 zerstört.

Man hört nicht auf zu fahren, wenn man alt wird, man wird alt, wenn man aufhört, zu fahren.

Unbekannt

MP3

Es muss demokratisch aussehen, aber wir müssen
alles in der Hand haben.

Walter Ulbricht

1977 hatten wir einige Wochen einen französischen Austauschüler bei uns zu Hause. Mein Bruder und ich lernten in der Schule Französisch und unser Gast kam zu uns, um seine Deutsch-Kenntnisse zu vertiefen.

Überschattet wurde sein Besuch von einer Nachricht, die nicht nur die Welt der Kunst und Kultur für Tage erschütterte.

Am 16. August 1977 starb Elvis Aron Presley in seiner Luxusvilla Graceland in Memphis Tennessee im Alter von nur 42 Jahren.

Der Tod von Elvis bestimmte damals tagelang die Schlagzeilen der Boulevard-Presse. Das Sommerloch war gefüllt und zeitgleich explodierten die Plattenverkäufe von Elvis Presley. Innerhalb weniger Monate wurden weltweit mehr als 50 Millionen Platten verkauft. Auch ich war einer dieser Käufer. Zwar kannte ich Elvis, liebte seine Musik und Filme doch bis dahin hatte ich weder einen eigenen Plattenspieler noch eigene Platten.

Mit „Elvis sings Hits from His movies" änderte sich das. Unser französischer Gast kaufte sich zeitgleich eine Kompaktanlage für 799 DM, die er mit nach Frankreich nahm. Der Anblick dieses technischen Wunderwerks weckte in mir die Begehrlichkeit, auch meine eigene

Anlage zu besitzen. Ein illusorisches Vorhaben.

Zu Weihnachten hatte ich bereits ein gutes Dutzend Elvis Platten, aber noch keinen eigenen Plattenspieler, von der erträumten Kompaktanlage ganz zu schweigen.

Zu meiner Überraschung bekam ich am 24. Dezember 1977 meinen ersten eigenen Plattenspieler. Ein kleiner roter Kasten mit eingebautem Lautsprecher und einem Tonabnehmersystem, das zwar in der Lage war, die Musik aus den Rillen zu übertragen, aber den Platten alles andere als guttat.

Es dauerte noch drei lange Jahre, bis ich, dank eines Jobs neben der Schule als Inventurzähler, mein eigenes Geld verdienen konnte, um mir meine eigene Anlage leisten zu können.

In den 1980er Jahren gab es einen gigantischen Markt für HiFi-Equipment. Zu einer anständigen Anlage gehörten ein Plattenspieler, Tape Deck, Tuner, Verstärker und ein paar Lautsprecher.

Das Angebot war schier überwältigend. Es gab Anlagen mit all diesen Gerätekomponenten für 1.000 DM und man konnte auch 50.000 DM oder mehr für eine Anlage ausgeben.

Im Laufe der Jahre wurde ich in meinem Freundeskreis zu einem semiprofessionellen HiFi-Experten. Inzwischen hatte ich einen Thorens TD 126 MK III Plattenspieler mit dem legendären SME 3009 Tonarm sowie einem passenden Elac Tonabnehmer, ein Onkyo TA-2070 Tape Deck, eine Onkyo Vor- und Endstufe der Integra Klasse und ein Paar SC 901 Lautsprecher.

Das Hobby HiFi bestimmte einen Großteil meiner Freizeit und regelmäßig besuchte ich mit Freunden die Funkausstellung in Berlin und natürlich die einschlägigen HiFi-Läden in der Stadt. Heute klingt es unvorstellbar, dass wir als Teenager stundenlang in den Akustikstudios der HiFi-Läden verbrachten und über Frequenzbereiche, Impedanzen, Watt, Sinus und allerlei andere technische Details philosophierten.

In dieser Zeit war es das größte, eine selbst aufgenommene Audiokassette in den „Walkman" zu stecken und auch unterwegs musiktechnisch unabhängig zu sein. Der Aufwand, den wir damals betrieben, klingt im Vergleich zu heute aberwitzig.

Wenn uns damals jemand erzählt hätte, dass es eines Tages möglich sein würde, ein kleines Gerät mit sich zu führen, auf dem neben einem Telefon, Computer, Taschenrechner, Fotoapparat, Kamera und vielen anderen Spielereien auch noch ein Wiedergabegerät integriert sein würde, das hunderttausende Musikstücke, ja Millionen Songs zu speichern in der Lage sein würde, hätten wir es sicher nicht für möglich gehalten.

Eine Gruppe deutscher Wissenschaftler bestehend aus Harald Popp, Stefan Krägeloh, Harmut Schott, Bernhard Grill, Heinz Gerhäuser, Ernst Eberlein, Karlheinz Brandenburg und Thomas Sporer, Mitarbeiter der Audiomannschaft des Frauenhofer-Instituts in Erlangen, revolutionierte die Musikbranche. Mit der Erfindung des MP3-Formates wurde es möglich, die Dateigröße von Musik deutlich zu komprimieren. Dabei wurden die Frequenzen bzw. Töne aus der Musik herausgefiltert, die vom menschlichen Ohr theoretisch nicht hörbar sind.

Mit MP3 war es nun möglich, Musik einfach zu speichern und zu tauschen. Diese Entwicklung ließ in den darauffolgenden Jahren die Umsätze der Platten- und CD-Industrie zusammenbrechen.

Noch in den frühen 1990er Jahren gab es vielerorts große Platten- bzw. CD-Läden. Mit dem Siegeszug der MP3-Technik verschwand eine ganze Branche. Mit ihr die meisten HiFi-Geschäfte.

Zugegeben, ich habe auf meinem Smartphone auch mehr als 2.000 Songs und wenn ich zurückblicke, welchen Aufwand wir damals betrieben haben, um unsere Kassetten aufzunehmen und abzuspielen, bin ich für diese bahnbrechende Erfindung extrem dankbar.

Bei aller Begeisterung für das MP3-Datenreduzierungs-Aufnahmeverfahren darf aber nicht unerwähnt bleiben, dass man mit gesunden Ohren, einen deutlichen Unterschied zwischen einer guten analogen Platte mit einem hochwertigen Tonabnehmer und Plattenspieler wiedergegeben und einem MP3-Format hören kann.

Längst ist bekannt, dass sich instrumentale Charaktereigenschaften, die frequenztechnisch theoretisch außerhalb des menschlichen Hörvermögens liegen untereinander so vermischen, dass sie wieder akustisch wahrnehmbar werden können.

Aus diesem Grund hören sich MP3-Stücke im Gegensatz zu einer Aufnahme ohne Datendeduktion weniger natürlich an. Klangfülle, Räumlichkeit, Klangtiefe und die Natürlichkeit von Instrumenten und Stimmen sind mit MP3 schwer wiederzugeben.

Trotzdem ist die Erfindung von MP3 ein fantastischer Schritt, um seine Lieblingsmusik jederzeit und überall hören zu können. Meiner „alten" Anlage bleibe ich aber so wie viele andre HiFi-Enthusiasten weiterhin treu.

MP3 ist so seelenlos wie die Zeit, für die es erfunden wurde.

Claudius Fabig

Mundharmonika

Einer meiner Lieblingsfilme ist Rio Bravo. Der Kultwestern mit Dean Martin, John Wayne, Walter Brennan und Ricky Nelson. In dem Klassiker spielt Walter Brennan Stumpy, den Gehilfen des Sheriffs. Derweil Dean Martin, John Wayne und Ricky Nelson den Colt einsetzen, glänzt Stumpy mit der Mundharmonika. In unzähligen Western ist die Mundharmonika fester Bestandteil der Wildwest-Romantik. Die wenigsten wissen, dass dieser Westernklassiker ursprünglich nichts mit Cowboys und Indianern (ja, ich benutze diesen Begriff noch) zu tun hatte.

Die Erfindung kommt aus Deutschland und geht den Erzählungen nach auf Christian Ludwig Buschmann zurück. Er soll sich bereits 1820 die erste Mundharmonika gebaut haben.

Auch wenn es keine Patente zur Mundharmonika gibt, ist der Ursprung dieses Blasinstrumentes nicht im Wilden Westen, sondern im weniger wilden Deutschland zu finden.

Mundharmonika ist der Gott der Musikausbildung. Jedem, der keine musikalischen Qualifikationen hat, zeigt er eine Abkürzung, um den Garten der Musik zu betreten, sobald er die Mundharmonika lernt.

William Irving

Nadeldrucker

Man kann aus Deutschland mit immerhin einer tausendjährigen Geschichte seit Otto I. nicht nachträglich einen Schmelztiegel machen. Aus Deutschland ein Einwanderungsland zu machen, ist absurd.

Helmut Schmidt

Wegen der „Pandemie" bin ich seit 2019 nicht mehr geflogen, da ich niemals eine Maske getragen habe und auch niemals tragen werde. Aus diesem Grund weiß ich nicht, ob sich an meiner Beobachtung, dass an vielen Flughäfen noch Nadeldrucker zum Einsatz kommen, inzwischen etwas geändert hat. Der Nadeldrucker war vor dem Siegeszug der Tinten- und Laserdrucker das Standardgerät, um Texte zu drucken oder zum Beispiel Flugtickets.

Den Nadeldrucker erfunden hat Fritz Karl Preikschat, der diesen zwischen 1952 und 1954 entwickelt hatte. Allerdings wurde er zunächst als Fernschreiber eingesetzt.

Als kommerzieller Drucker wurde Preikschats Erfindung von der Firma OKI 1968 auf den Markt gebracht. Bis in unsere Zeit arbeiten noch unzählige OKI-Drucker mit dem Nadeldruckprinzip.

Journalismus druckt, was andere nicht gedruckt haben wollen: alles andere ist Öffentlichkeitsarbeit.

George Orwell

Neonlampe

Edmund Germer hat Anfang des 20. Jahrhunderts in Rostock und Berlin studiert und war später Chefphysiker bei der Rectron-GmbH.

1926 experimentierte Germer damit, den Druck innerhalb von Glasröhren, die mit einem Leuchtstoff beschichtet waren, zu erhöhen. Dadurch konnte er ultraviolette Strahlung in sichtbares Licht verwandeln.

Edmund Germa ist der Erfinder der Neonlampe.

Diese Technik setzte sich vor allem in großen Betrieben als Leuchtmittel durch und wurde mit dem überwiegenden Verbot von Leuchtstofflampen zum 01. September 2023 zu Grabe getragen. Eine über 100-jährige Ära ging zu Ende.

Nivea

Deutschland ist nichts, aber jeder einzelne Deutsche ist viel, und doch bilden sich letztere gerade das Umgekehrte ein. Verpflanzt und zerstreut wie die Juden in alle Welt müssen die Deutschen werden, um die Masse des Guten ganz und zum Heile aller Nationen zu entwickeln, die in ihnen liegt.

Johann Wolfgang von Goethe

Als ich etwa drei Jahre alt war, bekam ich von meinen Eltern meinen ersten aufblasbaren Wasserball. Ich erinnere mich noch heute an den Plastikgeruch und den Aufdruck auf dem Ball, den ich damals noch nicht lesen konnte. Nivea!

Viele Jahre war dieser Nivea-Wasserball unser Urlaubsbegleiter. So wie mir ging es sicher vielen Kindern und Familien, die mit Nivea aufgewachsen waren. Damals wusste ich noch nichts von EO, EDTH, PEG, Paraben, Glycerin aus Mineralöl und Mineralöl. Ich mochte die kleinen blauen Nivea-Dosen und meine Mutter benutzt noch heute die Creme als Handpflege.

Auf der ganzen Welt wird diese deutsche Erfindung verwendet und auch wenn ich heute eine Vielzahl der Inhaltsstoffe darin meide, schätze ich die Leistung dieser Marke als weiteren Meilenstein deutscher Produkte und Erfindungen!

Dr. Oscar Troplowitz erwarb 1890 in Hamburg das von Paul C. Beiersdorf gegründete Labor. Sein Berater Professor Paul Gerson Unna machte ihn auf den neuen Emulgator Eucerit (aus dem griechischen „das schöne Wachs") aufmerksam. Mit der Hilfe des Dermatologen Professor Paul Gerson Unna war es möglich die erste stabile, industriell herstellbare Feuchtigkeitscreme zu vermarkten.

Der Name Nivea ist vom Lateinischen „nix nivis" – Der Schnee – abgeleitet. Nivea steht für „die Schneeweiße".

Aus dem kleinen Unternehmen ist ein Weltkonzern mit 7,6 Milliarden Euro Umsatz geworden und mit jedem Nivea-Produkt geht auch ein Botschafter deutscher Schaffenskraft in die Welt.

Gleichwohl propagiert auch der Nivea-Konzern nicht unsere Deutschlandfahne, sondern ist auf den Zug des Regenbogens aufgesprungen. Nivea schwingt die Regenbogenfahne. Selbstverständlich nicht in den arabischen Ländern.

Beispielhaft für die meisten Eheprobleme ist die Beziehung zwischen Haut und Kosmetik.

Billy

Ohropax

Manchmal sind die einfachen Erfindungen die erfolgreichsten.

Zugegeben; sich etwas in die Ohren zu stopfen, um Lärm fernzuhalten oder besser schlafen zu können, ist sich nichts Außergewöhnliches. Trotzdem gab es in den 1880er Jahren für die lärmgeplagten Stadtmenschen noch keine vernünftige Möglichkeit, sich vor dem immer schlimmer werdenden Großstadtlärm zu schützen. Pferdekutschen, die des nachts über das Kopfsteinpflaster brausten, die ersten Automobile, schier endlose Bauarbeiten in den schnell wachsenden Metropolen, das Geschrei Betrunkener und das spielender Kinder.

Unsere Vorfahren waren lärmgeplagte Zeitgenossen. Im Jahr 1885 kam bereits das Antiphon auf den Markt. Der Erfinder war Hauptmann a.D. Maximilian Pleßner. Mit diesem Apparat, der aus einer kleinen Kugel mit Bügel, welcher am Ohr appliziert wurde, bestand, gab es zum ersten Mal die Möglichkeit, den Träger von Umweltgeräuschen weitestgehend abzuschotten. Das Antiphon konnte durch ein kleines Loch, welches am Bügel festgemacht wurde, mit einem Karabinerhaken an einer Taschenuhr befestigt werden. Die Uhr diente dann beim Einsatz des Antiphons auch als Test, ob der Ohrenschutz richtig saß. Tat er das, war das Ticken der Uhr nicht zu hören.

Die Anwendung des Antiphons war umständlich und erzeugte unangenehme Druckgefühle. Vor allem nachts, wenn der Träger entspannt schlafen wollte, erwies sich diese Erfindung als untragbar.

1907 löste ein Berliner Apotheker und Erfinder das Problem! Maximilian Negwer stellte in Berlin das erste Ohropax der Welt her.

Inspiriert von der griechischen Sage um Homer, der sich und seinen Gefährten die Ohren mit Bienenwachs verschloss, um nicht dem Gesang der Sirenen zu verfallen, experimentierte er zunächst mit Bienenwachs, welches sich jedoch als untauglich erwies. Schließlich entwickelte er Kügelchen aus Baumwolle, die er in Vaseline und Paraffinwachs tränkte. Diese Erfindung passte sich jedem Gehörgang ideal an, war einfach zu entfernen und bröckelte nicht. Zudem war sie preiswert und haltbar.

Seit 1907 wurde Ohropax in Berlin Schöneberg produziert. Auch der legendäre Franz Kafka schwärmte von den Vorzügen des Ohropax: „Für den Tageslärm habe ich mir aus Berlin eine Hilfe kommen lassen…".

Vielleicht ist so manches literarische Kunstwerk dank Ohropax erst möglich geworden. Möglicherweise gehören die Werke Kafkas auch dazu. Ein vortreffliches Beispiel dafür, wie eine einfache, scheinbar unbedeutende, Erfindung dazu beiträgt, anderes, Bedeutungsvolleres, erst möglich zu machen.

Deshalb, um dieses Kapitel mit einem großen Gedankensprung zu beenden, gibt es auch keine systemrelevanten Berufe.

Jeder Beruf ist systemrelevant. Niemand kann erfassen, welchen Einfluss jeder einzelne von uns auf seine Umwelt und Mitmenschen hat. Deshalb sollte ein jeder von uns seinen Beruf mit absoluter Hingabe, Liebe und Herzblut ausfüllen.

Gehen wir bei allem, was wir tun und lassen, davon aus, dass es andere Menschen beeinflussen kann, inspirieren. Zum Wohle oder auch Schaden aller!

__Wenn das Gewissen ruft, kann man auch mit Ohropax nicht zur Ruhe kommen.__

Unbekannt

OLED

Wer heute ein Smartphone benutzt oder zu Hause seinen Fernsehapparat einschaltet, dem ist selten bewusst, dass die Bildschirmtechnik dahinter deutschem Erfindergeist zu verdanken ist.

1998 entwickelte der Physikprofessor Karl Leo gemeinsam mit seinem Team die ersten organischen Halbleiter LED. Er erfand damit die OLED.

Mit dieser revolutionären Erfindung wurden moderne Smartphones erst möglich. OLED sind im Vergleich zu konventionellen LED deutlich energieeffizienter und haben eine wesentlich bessere Farbauflösung. Die Funktionsweise ist einfach und genial zugleich.

Wer das Licht bringen will, muß in die Dunkelheit gehen.

Benjamin Stramke

Papiertaschentuch

Was wir jetzt wie das liebe Brot brauchen, ist weder Monarchie noch Republik, weder Königschaft noch Präsidentschaft, sondern königswürdige Gesinnung. Ihr Sitz ist die Menschenseele. Von ihr geht Beseelungs- und Verklärungskraft aus. Unter dieser Kraft aber verstehen wir jene nahrhafte, stärkende Wärme von Mensch zu Mensch, deren Ausstrahlung das Leben wertvoll und eine Volksgemeinschaft edel macht.

Friedrich Lienhard

Wenn ich mit meiner Freundin in den Wald gehe, fragt sie vorher immer, ob ich Tempotaschentücher eingesteckt habe.

Obwohl die Marke, die wir kaufen nicht immer Tempo heißt, so ist das Synonym für Papiertaschentuch auch oft außerhalb Deutschlands der Begriff Tempo.

Papiertaschentücher sind hygienisch, weil man sie nach einmaliger Benutzung wegwirft. Die früher gebräuchlichen Stofftaschentücher wurden hingegen nicht sofort entsorgt und häufig mehrfach verwendet, bevor sie gewaschen wurden. Krankheiterreger konnten sich so schnell vermehren.

Die hygienische und vor allem praktische Erfindung des Papiertaschentuchs haben wir zwei deutschen Erfinderbrüdern zu verdanken.

Oskar Rosenfelder und Emil Rosenfelder erfanden 1929 das Einwegtaschentuch und ließen es im Januar 1929 mit dem Warenzei-

chen „Tempo" patentieren. Die Eintragung erfolgte am 18. September 1929.

Eine kleine Erfindung, die auch nach rund 100 Jahren das Leben von Millionen Menschen auf der Welt ein kleines Stück komfortabler und hygienischer macht.

Der Kavalier vom Steuer denkt, befleckt: Hätt' ich bloß Tempotücher.

Tempo

Peilgerät für Piloten

Die Germanen brachten uns die Idee der persönlichen Freiheit, welche diesem Volke vor allem eigen war. Die Reformation kam aus dieser Quelle wie die Burschenverschwörung auf der Wartburg, Gescheites wie Dummes. Auch das Buntscheckige unserer Literatur, die Sucht unserer Poeten nach Originalität und daß jeder glaubt, eine neue Bahn machen zu müssen, sowie die Absonderung und Verisolierung unserer Gelehrten, wo jeder für sich steht und von seinem Punkte aus sein Wesen treibt.

Johann Wolfgang von Goethe

Rudolf Hell hat sich in meinem Buch einen Ehrenplatz verdient. Er promovierte 1927 über das Thema „Direktanzeigendes Funkpeilgerät für die Luftfahrt".

Rudolf Hell ist der Erfinder des Peilgeräts für Piloten.

Hells Forschungsergebnisse schufen die Grundlage für den Blindflug von Flugzeugen. Ohne seine akribische Forschungsarbeit hätte das Flugzeitalter möglicherweise wesentlich später seinen historischen Siegeszug erlebt.

Auf dem besten Weg zu sein nützt nichts, wenn man orientierungslos ist.

Vera Hinselmann

Periodensystem

Wer – um nur einige zu nennen – mit Dürer und Holbein, wer mit Bach und Beethoven, mit Goethe, Schiller und Richard Wagner in Ehrfurcht und Liebe vertraut ist, wird deutsche Weltanschauung stets auf den ersten Blick von jeder anderen zu unterscheiden wissen.

Houston Stewart Chamberlain

Der Chemieunterricht in der Schule war für mich immer die beste Gelegenheit, mich meiner damaligen Passion voll und ganz zu widmen. Obwohl ich unseren Chemielehrer nicht mochte, sein Unterricht langweilig und eintönig war, habe ich im Chemieunterricht am meisten gelernt.

Zugegeben nicht bezüglich chemischer Zusammenhänge. Nein, im Chemieunterricht studierte ich die Bücher, die mich tatsächlich interessierten. Das Wahrig-Fremdwörterlexikon, japanische Märchen und Lustige Taschenbücher. Wie ich bei diesem chemischen Aufmerksamkeitsdefizit noch eine vier in Chemie bekommen habe, ist mir bis heute unerklärlich.

Ebenso unerklärlich war mir bis heute die Erfindung bzw. Entdeckung des Periodensystems. Dabei ist eine Chemiestunde ohne das Periodensystem undenkbar.

Der Chemiker Julius Lothar Meyer forschte zeitgleich mit dem russischen Chemiker Dimitri Mendeljew an der Ordnung der Elemente. In dieser Zeit waren erst 63 der 118 im Periodensystem enthaltenen Elemente bekannt.

Lothar Meyer ordnete die Elemente systematisch neben- und untereinander an mit dem Ergebnis, dass sich Elemente, die sich in ihren chemischen Eigenschaften ähneln, periodisch wiederholen. Seinerzeit ging Meyer noch davon aus, dass das Atomgewicht den Platz der Elemente bestimmen würde. Heute entscheidet die Anzahl der Protonen im Kern des Elements über die Zuordnung.

Die Welt der Chemie wäre ohne die Entdeckung des Periodensystems durch Lothar Meyer heute möglicherweise eine andere.

Nach diesem Kapitel habe ich jetzt erstmal den unwiderstehlichen Drang, ein gutes Lustiges Taschenbuch zur Hand zu nehmen.

Nicht die Atomwaffen der Mächtigen bedrohen unser Leben, sondern ihre nicht gelebte Freude. Nicht die Chemiewaffen der Nationen gefährden unser Sein, sondern ihre nicht gelebte Sanftheit. Nicht Viren und Bakterien der Diktatoren werden töten, sondern tödlich ist die nicht gelebte Liebe.

Christa Schyboll

Plattenspieler

Auf dieses Kapitel und die darin vorgestellte Erfindung des Plattenspielers habe ich mich besonders gefreut.

Meine frühen Erinnerungen an den Plattenspieler verbinde ich mit Weihnachten. Am Heiligabend spielte mein Vater immer das Weihnachtsoratorium von Johann Sebastian Bach. Wir hatten eine Musiktruhe, wie sie sicher in vielen Wohnzimmern in den 1960er Jahren in Deutschland stand. Eine Holzkommode mit einem Radio und integriertem Plattenspieler.

Ein weiteres Erinnerungs-Highlight war der Tag, an dem meine Eltern „Strangers in the night" von Frank Sinatra auflegten. Mit dieser Musik konnte ich damals auch deutlich mehr anfangen als mit Bach.

Mein erster richtiger Plattenspieler, nach dem schon erwähnten kleinen roten Kompaktwiedergabegerät, war ein Technics SL-B 3 für 299,00 DM. Mit diesem Gerät entdeckte ich die Welt von Elvis Presley. Damals konnte ich mich ganz und gar in der Musik verlieren, abtauchen, Zeit und Raum vergessen. Bis das letzte Stück auf der Plattenseite zu Ende war und der Tonarm sanft nach oben und zurück in die Anfangsposition glitt.

Die Erfindung der Schallplatte war zu dieser Zeit bereits fast einhundert Jahre her.

Der Hannoveraner Emil Berliner erfand 1887 einen scheibenför-migen Tonträger und nannte ihn Schallplatte.

Thomas Alva Edinson hatte zehn Jahre vorher zylinderförmige Tonträger entworfen, aber diese waren in der Produktion zu teuer und in der Handhabung unhandlich. Edinson verbesserte seine Zylinder-Tonträger 1902 zwar, aber zu diesem Zeitpunkt war der Siegeszug des Plattenspielers schon nicht mehr aufzuhalten.

Die erste Schallplatte von Emil Berliner war aus Hartgummi. Später wurden die Schallplatten aus Schellack gefertigt. 1948 wurde die Vinyl-Schallplatte entwickelt. Vinyl war nicht so zerbrechlich wie Schellack, es war leichter und haltbarer. Schellack wurde zuletzt nur noch von EMI produziert und 1960 eingestellt.

1949 brachte RCA die erste Single auf den Markt und Bing Crosby hält bis heute den Weltrekord der meistverkauften Singles. White Christmas verkaufte sich bisher mehr als 50 Millionen Mal.

Am 17. August 1982 wurde die erste Compact Disc (CD) der Welt in Hannover-Langenhagen produziert.

Mit der Einführung dieser, deutschen technischen Innovation wurde die Schallplatte abgelöst, vorrübergehend. Denn im 21. Jahrhundert erlebt die LP eine wahre Renaissance. Verkaufte die Schalplattenindustrie 2011 nur noch 700.000 Schallplatten, waren es 2021 bereits 4,5 Millionen.

Die Wiederentdeckung analoger Tonquellen hängt auch damit zusammen, dass die Klangqualität, Klangtiefe, Brillanz, Fülle und Wärme bei nicht frequenzbeschnittenen analogen Tonträgern und in Verbindung mit hochwertigen Audiokomponenten allen digitalen Quellen klanglich haushoch überlegen sind.

Zudem ist es inzwischen Kult, einen echten Plattenspieler zu benutzen. Das Gefühl eine Schallplatte auszupacken, der Geruch der Hülle und der Platte und die Freude daran, den Tonarm behutsam vor die erste Rille zu setzen. Im Vergleich dazu ist MP3 und Co. seelenlos und langweilig.

Ich bin überzeugt, dass die Schallplatte die Jahrhunderte überleben wird. Nicht zuletzt auch deshalb, weil sie, adäquat behandelt und gelagert, Jahrhunderte überdauern. Letzteres schaffen weder die CD noch unsere digitalen Musik-Speicher

Viele meiner Bekannten haben in den 1990er Jahren ihre Schallplatten-Sammlungen verschenkt, verkauft oder entsorgt. Ich hingegen bin froh, dass meine Platten noch kühl und trocken an meiner Seite sind und jede einzelne begierig darauf zu warten scheint, als nächstes ausgepackt und abgespielt zu werden.

Vinyl is final!

Menschen sind wie Schallplatten: nur gut aufgelegt kommen sie über die Runden.

Ursula Herking

Plexiglas

Für meine lieben Deutschen bin ich geboren,
ihnen will ich dienen!

Martin Luther

Der transparente thermoplastische Kunststoff, das Plexiglas, ist aus unserem Leben nicht mehr wegzudenken.

Der Fachbegriff ist Polymethylmethacrylat (PMMA oder Acrylglas). Ob bei Sonnenbänken, Werbetafeln, im Fahrzeugbau und tausenden anderen Einsatzmöglichkeiten, Acrylglas erleichtert das Leben und Arbeiten in mannigfaltigen Bereichen.

Der Erfinder des Plexiglases ist Otto Röhm. Er fertigte 1933 die ersten gegossenen Acrylglasscheiben der Welt

Schauen Sie mal in Ihrem Umfeld, wo sich überall Plexiglas bzw. Acrylglas befindet.

Einer Regierung, die Plastikstrohhalme verbietet und zeitgleich Kunststoffmasken verordnet, die milliardenfach in den Wäldern, Flüssen, Seen und Meeren der Welt landen, darf guten Gewissens der gesunde Menschenverstand abgesprochen werden.

Claudius Fabig

Quarzuhr

Von Konrad Adenauer bis Helmut Kohl waren alle
Bundeskanzler inoffizielle Mitarbeiter der CIA.

Egon Bahr

Zu einer Zeit, als James Bond noch nicht woke und politisch korrekt mit der Regebogenfahne über die Leinwand flimmerte, begeisterte er seine Fans nicht nur mit Spannung und atemberaubende Landschaften, sondern auch durch technische Gimmicks. Vor allem seine Uhren waren legendär. Rolex, Omega, Seiko, TAG Heuer und die legendäre Hamilton Pulsar Quarzuhr in dem 1973 veröffentlichten Film „Leben und Sterben lassen".

In meiner Klasse wollte jeder Junge nach dem Film eine solche Uhr haben. Allerdings war das illusorisch. Niemand hatte eine Uhr, geschweige denn eine solche Luxus-Quarzuhr. Ich bekam eine Ruhla. Die war zwar analog, ungenau und schwer, aber dafür war sie auch nicht wasserdicht.

Als ich 14 wurde, war es endlich so weit. Ich bekam eine Quarzuhr. Nicht von Pulsar, Seiko oder Omega, sondern aus dem Quelle-Versandhaus. Mir war das damals egal. Ich fühlte mich ein bisschen wie James Bond. Blöd nur, dass Bond zu diesem Zeitpunkt wieder auf Analog-Uhren umgestiegen war.

Die Erfindung der Quarzuhr verdanken wir den beiden Erfindern Udo Adelsberger und Adolf Scheibe.

Beide forschten bereits zum Ende der 1920er Jahre an der Quarzuhr.

1930 war die erste PTR-Quarzuhr fertig. Die „Q" wurde in den Probe-betrieb gestellt. Im Juni 1933 gingen die „QIII" und „QIV" ebenfalls in den Probebetrieb.

Schon im Frühjahr 1934 kam es bei allen Modellen zu Gangände-rungen, obwohl die Modelle einen unterschiedlichen Aufbau hatten. Adelsberger und Scheibe schockierten die damalige Fachwelt mit der Behauptung, nicht ihre Quarzuhren seien ungenau, sondern die als Vergleich bis dahin als zeitnormal verwendete astronomische Tageslän-ge. Die beiden Wissenschaftler folgerten richtig, dass sich jahreszeitlich abhängig die Rotationsgeschwindigkeit der Erde verändern würde.

1938 konnten sie diese Erkenntnis wissenschaftlich belegen, doch erst 10 Jahre später wurde ihre Behauptung über die Erdrotation von dritter Stelle bestätigt.

Diese Geschichte ist ein weiteres wundervolles Beispiel dafür, wie eine vermeintlich kleine Erfindung noch Größeres und Bedeutungsvolleres für die Wissenschaft hervorbringen kann.

Heute trage ich schon lange wieder eine analoge Uhr und bei James Bond lasse ich mich von den Klassikern unterhalten, wo Männer noch Männer sind und Frauen noch Frauen.

Wer die Uhr vergisst, der entdeckt die Zeit neu.

Walter Ludin

Radar

Mit der Erfindung des Radars öffneten sich sowohl unzählige Türen der zivilen Nutzbarkeit, aber wie so oft bei genialen Erfindungen ergaben sich auch viele militärische Einsatzmöglichkeiten.

Heinrich Hertz stellte bereits 1886 bei seinen intensiven Forschungen fest, dass Radiowellen von metallischen Gegenständen reflektiert werden, dafür benutzte er speziell entwickelte Spiegel. Auf Grundlage der Spiegelversuche von Heinrich Hertz führte 1904 der Hochfrequenztechniker Christian Hülsmeyer die Versuche fort. Er entwickelte das Telemobiloskop. Ein Gerät, das die Laufzeit reflektierter Wellen präzise messen konnte. Am 30. April 1904 patentierte er sein Verfahren.

Christian Hülsmeyer ist der Erfinder des Radars.

Im 21. Jahrhundert profitiert vor allem die Luftfahrt von dieser Erfindung und auch wenn sich die Verfahren im Laufe von mehr als 100 Jahren den technischen Errungenschaften und Entwicklungen angepasst haben, so verdanken wir noch heute deutschem Erfindergeist die Erfindung des Radars.

Keine Panik, wenn das Glück mal vorübergehend vom Radar verschwindet: Oft hilft schon eine leichte Kurskorrektur.

Karlheinz Karius

Raufasertapete

Deutschland ist für das Abendland, was Indien für den Orient, eine Art große Ahnfrau.

Victor Hugo

Bereits als ich in der neunten Klasse war, hatte ich montags bis donnerstags abends neben der Schule einen Job als Inventurzähler in Lebensmittelgeschäften.

Damals verdiente ich schon 360 DM und so teilte mir meine Mutter mit, dass es auch kein Taschengeld mehr geben würde, da ich ja selbst Geld verdiente. Ich empfand das natürlich als ungerecht. Rückblickend war es aber vielleicht pädagogisch wertvoll. Mit 17 suchte ich mir meine erste „richtige" Arbeit. Ich fing in einem großen Tapeten- und Farben-Geschäft an. Morgens musste ich dabei helfen, die Liefer-LKWs zu entladen und nachmittags preiste ich Styropor-Deckenplatten, Farben und Tapeten aus. Nach wenigen Wochen erkannte mein damaliger Chef, dass ich im Verkauf besser eingesetzt war und so musste ich keine LKWs mehr entladen und bekam sogar eine Gehaltserhöhung. Statt 1.400 DM brutto im Monat erhielt ich sage und schreibe 1.500 DM brutto für eine 42,5 Stunden Woche.

In dieser Zeit habe ich sehr viel Kostbares im Verkauf gelernt und selbstverständlich auch einiges über Farben, Lacke und Tapeten erfahren.

Neben den Styropor-Deckenplatten war unser meistverkauftes Produkt die Raufaser-Tapete und sowohl in meinem Elternhaus als auch in meiner kleinen Ein-Zimmer-Wohnung, in die ich mit 17 gezogen war, schmückten die Wände zünftige Raufaser-Tapeten.

120 Jahre zuvor wurden die Wände mit Leimfarbe oder Kalk angestrichen und bei jeder Renovierung mussten diese Anstriche aufwendig entfernt werden.

1864 erfand die Firma Erfurt & Sohn die Raufaser Tapete.

Mit dieser kleinen aber wichtigen Erfindung konnte von da an jeder preiswert, umweltbewusst und einfach zu Hause renovieren. Die Raufasertapete gleicht kleine Unregelmäßigkeiten in den Wänden aus, ist mehrfach überstreichbar, hat leicht dämmende Eigenschaften und wird ohne Chemie aus recyceltem Papier gefertigt.

Ein Stück deutscher Erfindergeist, der auch im 21. Jahrhundert in fast jedem Haushalt nicht nur in Deutschland zu finden ist.

Tapetenwechsel wirkt befreiend, bringt neue Gedanken,
neue Ideen und führt zum Erfolg!

Ernst Cramei

Rechenmaschine

Es muss ein eigentümlicher Zauber in dem Worte
»deutsch« liegen.

Otto von Bismarck

Mein erster Taschenrechner war etwa so groß wie ein Samsung S23 Ultra Smartphone, nur auch noch etwa doppelt so dick. Das orangefarbene Gerät kostete stolze 50,00 DM. Mit diesem Taschenrechner konnte man nur die vier Grundrechenarten und Prozentrechnung bearbeiten. Trotzdem war ich total begeistert, was technisch möglich war.

Zeitgleich bekam mein Bruder einen programmierbaren Taschenrechner von Texas Instrumentes für sage und schreibe 450,00 DM. Wir durften die Geräte selbstverständlich nicht in der Schule benutzen und da wir noch gelernt hatten, schriftlich zu rechnen, brauchten wir die Rechner auch nicht. Mit Entsetzen beobachte ich, wie häufig Mitarbeiter im Verkauf einfachste Kalkulationen nicht im Kopf, sondern nur mittels Taschenrechner errechnen können.

1623 baute der Mechaniker Wilhelm Schickard die erste Rechenmaschine der Welt.

Der von Freunden und Kollegen auch „philosophus amphidexios" (beidhändiger Philosoph) genannte Wissenschaftler baute all seine „Instrumente" selbst.

Die Natur hasst Taschenrechner.

Ralph Waldo Emerson

Reformation

Der Deutsche fügt sich unter allen zivilisierten Völkern am leichtesten und dauerhaftesten der Regierung, unter der er ist, und ist am meisten von Neuerungssucht und Widersetzlichkeit gegen die eingeführte Ordnung entfernt. Sein Charakter ist mit Verstand verbundenes Phlegma, ohne weder über die schon eingeführte zu vernünfteln, noch sich selbst eine auszudenken.

Immanuel Kant

Die Reformation ist die religiöse Erneuerungsbewegung der Kirche im 16. Jahrhundert, die zur Bildung der Evangelischen Kirche führte.

Der Vater der Reformation war der am 10. November 1483 in Eisleben geborene Augustinermönch Martin Luther.

Luther wollte die römisch-katholische Kirche nicht spalten und doch geschah genau das, nachdem er mit seinen Thesen auf die Fehlentwicklung der Kirche hingewiesen hatte.

Am 31. Oktober 1517 nagelte Luther seine 95 Thesen an die Schlosskirche zu Wittenberg. Damit begann der Auftakt der Reformation.

Hauptkritikpunkt Luthers war der bis dahin übliche „Ablasshandel" der Kirche.

„Sünder" konnten sich gegen Zahlung einer bestimmten Summe Geldes von ihren Sünden freikaufen. Motto:

„Sobald das Geld im Kasten klingt, die Seele aus dem Fegefeuer springt."

Martin Luther war davon überzeugt, dass wir Menschen nicht durch Geld, sondern einzig durch die Gnade Gottes von unserer Schuld befreit werden können.

Im 21. Jahrhundert wäre Martin Luther sicher auch auf der Seite derer gewesen, die für Frieden, für Freiheit und für Liebe demonstrieren gehen.

Martin Luther hätte den Protagonisten des Evangelischen Kirchentags, die behaupten, dass Waffenlieferungen Nächstenliebe seien, sicher neue Thesen an ihr imaginäres Brett vorm Kopf genagelt!

Luther hätte den „Christen", die behaupteten, Jesus Christus hätte sich impfen lassen oder impfen sei Nächstenliebe sicher mit der gleichen Vehemenz widersprochen, wie er es mit den Ablasshandelvertretern zu seiner Zeit getan hat.

Martin Luther ist ein weiteres Beispiel dafür, dass es sich lohnt, als anständiger Mensch, als geradliniger Deutscher Rückgrat zu zeigen und FÜR die Dinge einzustehen, an die man glaubt und die zum Wohle aller sind.

Wer Gutes tun will, muss es verschwenderisch tun.

Martin Luther

Relativitätstheorie

Sich selbst will das deutsche Volk nie.

Wilhelm Raabe

Möglicherweise ist Albert Einstein einer der prominentesten deutschen Erfinder. Bekannt wurde er einer breiten Öffentlichkeit durch das spontan geschossene Bild anlässlich seines 72. Geburtstages am 14. März 1951 in Princeton. Nach einer Feier, die eigens für Einstein ausgerichtet wurde, stürzten die Fotografen auf ihn zu. Nach unzähligen Fotos rief Einstein: „Es ist genug! Es ist genug!", doch die Fotografen knippsten eifrig weiter. Als der Fotograf Arthur Sasse den Auslöser abdrückte, streckte Albert Einstein ihm, einem frechen Schuljungen gleich, die Zunge raus.

So entstand das Bild, welches viele von uns auch heute noch mit Albert Einstein verbinden.

Für die Wissenschaft ist Albert Einstein aus einem anderen Grund unvergessen.1915 formulierte er die Relativitätstheorie und warf damit das Verhältnis der Wissenschaft zu Raum und Zeit über den Haufen.

Albert Einstein stellte fest, dass Zeitangaben immer relativ zum Bezugssystem zu betrachten wären. Nach seiner Theorie ist die Zeit von sich bewegenden Körpern abhängig. Die Astronomie und Kernphysik wären ohne Einsteins Relativitätstheorie undenkbar.

Einstein behauptete, dass die Geschwindigkeit eines Körpers die Zeit

GERT FRÖBE

verändert. Diese Behauptung konnte später tatsächlich auch belegt werden. Je schneller man sich bewegt, desto langsamer vergeht die Zeit. Man ließ zwei äußerst exakt gehende Uhren gegeneinander antreten. Die eine wurde mit einem Flugzeug einmal um die Welt geschickt. Die andere blieb zurück. Nachdem die Uhr aus dem Flugzeug mit der Zurückgebliebenen verglichen wurde, konnte belegt werden, dass die Uhr, die geflogen war, tatsächlich langsamer lief.

Auch die Länge einer Stange verändert sich, je schneller diese bewegt wird.

Zudem konnte belegt werden, dass sich Zeit und Länge verändern, je nachdem wie weit man von der Erde entfernt ist. Uhren in einem Satelliten, der weit von der Erde im Weltall fliegt, gehen langsamer als Uhren auf der Erde, die zeitsynchron gestartet wurden.

Einstein soll angeblich nicht in der Lage gewesen sein, ein Ei zu kochen. Es wird auch behauptet, er wäre in der Schule ein schlechter Schüler gewesen. Beides verschwindet aber im Nirwana der Unwichtigkeit, wenn man seine Leistungen für die Wissenschaft adäquat würdigt.

Seit die Mathematiker über die Relativitätstheorie hergefallen sind, verstehe ich sie selbst nicht mehr.

Albert Einstein

Rolex

Spätestens bei dieser Marke wird sicher der ein oder andere aufschreien und sagen:

„Moment mal, Rolex ist doch von einem Schweizer Unternehmen."

Das Unternehmen ist heute eine Schweizer Firma. Der Gründer und Erfinder von Rolex war ein Deutscher. Der Firmengründer, Namensgeber und Erfinder von Rolex ist der Deutsche Hans Eberhard Wilhelm Wilsdorf.

1903 wanderte er nach London aus. Bei der Überfahrt wurde ihm sein Erbe von 33.000 Goldmark gestohlen und so war er gezwungen, sich von seiner Familie Geld zu leihen, um seinen Traum, eine eigene Uhrenmanufaktur zu gründen, zu realisieren. Sein Schwager Alfred James Davis gab ihm das benötigte Kapital und wurde damit auch sein Teilhaber. Die Uhrenmarke hieß zunächst Wilsdorf und Davis und im Jahr 1908 benannte Wilsdorf die Marke in Rolex um.

Aus steuerlichen Gründen verlegte er 1915 das Unternehmen nach Biel in der Schweiz und zahlte zur gleichen Zeit seinen Schwager aus. Von nun an war er alleiniger Inhaber der Marke Rolex.

Wilsdorf träumte davon, eine wasserdichte Uhr zu bauen. Die Fachwelt belächelte ihn, doch mit typisch deutscher Beharrlichkeit, Ausdauer und Durchsetzungsstärke gelang ihm nach jahrelanger Entwicklung

1926 das, was andere Hersteller für unmöglich hielten. Er fertigte die erste patentierte wasserdichte Uhr der Welt. Er nannte sie Rolex Oyster (Auster).

Eine geniale Werbekampagne bescherte Hans Eberhard Wilsdorf den Durchbruch mit Rolex. Die Schwimmerin Mercedes Gleitze wollte 1927 den Ärmelkanal durchschwimmen. Wilsdorf schenke ihr eine brandneue Rolex Oyster. Sie hängte sich die Uhr um den Hals und durchschwamm den Ärmelkanal. Nachdem die Uhr mehr als zehn Stunden im Salzwasser überstanden hatte und die Marke auf dem Titel vieler Zeitungen erwähnt wurde, war das Markenimage Rolex geboren. Rolex ist ein weiteres großartiges Beispiel für die Tat- und Schaffenskraft eines Menschen, der unerschütterlich an sich, seine Ziele, Visionen und den Erfolg dieser glaubt.

Hans Eberhard Wilhelm Wilsdorf verlor im Alter von 12 Jahren seine Eltern, wuchs als Waise bei seiner Familie auf und obwohl ihm sein Erbe gestohlen wurde und er sich das Startkapital für seinen Traum leihen musste, gab er niemals auf.

Heute ist Rolex im Luxussegment die mit Abstand bekannteste Uhrenmarke der Welt. Die Uhren steigen im Wert, sind auch als Geldanlage begehrt und vermitteln ein Image von Sportlichkeit und Erfolg. Rolex hat inzwischen 7.000 Mitarbeiter und macht einen Umsatz von rund 13 Milliarden Euro im Jahr.

Eine deutsche Idee, die sprichwörtlich die Zeit der Welt veredelt hat.

Ganz egal, wie groß deine Rolex ist. Mehr Zeit hast du trotzdem nicht.

Unbekannt

Röntgen

Vor einem Jahr war ich beim Zahnarzt und musste mich röntgen lassen. Die freundliche Zahnarzthelferin justierte das Gerät für mich und nach einer halben Minute war das Röntgenbild fertig. Ich äußerte meine Begeisterung für die Technik und sie schaute mich ungläubig an. Verständlich, sie war Anfang 20 und arbeitete täglich mit dem Röntgengerät.

Ich fragte sie, ob sie wisse, wer das Röntgen erfunden hat, sie sagte: „Nein, wie hieß er denn?" und als ich ihr erklärt hatte, dass es ein Deutscher namens Konrad Röntgen war, der nach dem Röntgengerät benannt wurde, schaute sie mich beinahe noch ungläubiger an. Den Scherz verstanden hatte sie nicht.

Möglicherweise war das der Moment, in dem ich mich entschlossen hatte, mir die Arbeit für dieses Buch zu machen. Gewiss ist aber, dass ich bei diesem Gespräch einen weiteren Beleg dafür bekam, wie wenig Allgemeinwissen an unseren Schulen vermittelt wird.

Dabei war es Anfang des letzten Jahrhunderts eine Sensation, als

Wilhelm Conrad Röntgen 1901 den ersten Nobelpreis für Physik für die Entdeckung der sogenannten X-Strahlen erhielt.

Die mannigfaltigen medizinischen Anwendungsmöglichkeiten sorgten für Furore in der Diagnostik und bis heute ist das Röntgen eine der wichtigsten Untersuchungsmethoden neben dem Ultraschall.

Röntgens Erkenntnisse waren darüber hinaus weitere Entdeckungen bei der Erforschung der Radioaktivität!

Glücklicherweise sind moderne Röntgengeräte weitaus weniger strahlungsintensiv wie zu Röntgens Zeiten. Die ersten Röntgenapparate ließen die Umgebung grün leuchten.

Die ersten Röntgengeräte waren circa 1.500-mal strahlungsintensiver als heutige Geräte.

Also keine Angst vor einer Röntgenuntersuchung. Sie ist heute kein Beinbruch mehr.

Ich dachte nicht, sondern ich untersuchte.

Wilhelm Conrad Röntgen

Scanner

Ich habe bei mir im Büro noch zwei etwas altertümlich wirkende Kombigeräte, mit denen man drucken, faxen und scannen kann. Die Faxfunktion habe ich 2020 stillgelegt, nachdem ich festgestellt habe, dass die einzigen Faxe, die eintrafen, Werbefaxe für FFP2-Masken oder Gelbe-Seiten-Einträge waren. Ich denke, dass auf der ganzen Welt Faxe nur noch in deutschen Behörden eingesetzt werden. Eine Funktion an meinen Kombigeräten benutze ich aber dafür umso häufiger. Die Scann-Funktion. Einfach ein Dokument auf die Glasplatte legen, den Deckel schließen und den Scann-Knopf drücken. Wenige Augenblicke später ist das Dokument im Rechner und bereit zur Weiterverarbeitung. Wem ich diese praktische Erfindung zu verdanken hatte, wusste ich bis vor kurzem nicht und wenn Sie es bis jetzt auch nicht wussten, teile ich nun mein Wissen mit Ihnen…

Rudolf Hell erfand 1951 den Klischographen und damit den Urvater des Scanners.

Schwimmflügel

Noch nie ward Deutschland überwunden, wenn es einig war.

Wilhelm II.

Als ich etwa zweieinhalb Jahre alt war, brachten meine Eltern mich zu einem Kleinkinder-Schwimmkurs. Schon vom ersten Moment an war das Wasser mein Freund. Ich schwamm wie ein Fisch darin und konnte es jedes Mal kaum erwarten, wieder ins Becken zu hüpfen.

Es kam der Tag, an dem ich unter Wasser tief Luft holte, was dazu führte, dass ich beinahe ertrunken wäre. Ich wurde gerettet und alles ging gut.

Von diesem Tag an brachten mich keine zehn Pferde mehr in die Schwimmhalle. Mein natürlicher Instinkt hielt mich von da an vom Wasser fern.

Erst als ich 11 Jahre alt war, griff meine Mutter, die in jeder Lebenslage stets pragmatische Lösungen bevorzugte, zu einer „pädagogisch" wertvollen Methode.

Als wir im Sommerurlaub in Frankreich waren, ruderte sie mit mir in unserem Vier-Mann-Schlauchboot auf den Atlantik hinaus, wo sie mir, etwa 100 Meter vom Ufer entfernt, zwei Schwimmflügel in die Hand drückte.

Verblüfft musste ich erkennen, dass ich nicht zurückgerudert werden würde. Widerwillig legte ich die aufgeblasenen Schwimmflügel an und stieg ins Wasser.

Zugegeben, das Gefühl, nicht stehen zu können, in Verbindung mit meiner Angst vor tiefem Wasser, wurde nur noch vor der Scham als schon 11-jähriger mit Schwimmflügeln am Strand anzukommen, übertroffen.

Ich schwamm, verlor meine Angst, gewann Selbstvertrauen im Wasser und von diesem Tag an traute ich mir wieder zu, ins Wasser zu gehen. Zunächst nur mit Schwimmflügeln und dann ein wenig später auch ohne.

Zu verdanken habe ich diese Schwimmhilfe einem weiteren deutschen Erfinder:

Bernhard Markwitz erfand 1964 die Schwimmflügel.

Der Kaufmann und Rettungsschwimmer verlor 1956 fast seine damals dreijährige Tochter, als sie in einen Teich fiel. Daraufhin begann er an seiner Idee zu arbeiten, Kindern vor dem Ertrinken zu bewahren. Ein Lottogewinn in Höhe von 253.000 DM verhalf ihm zu dem benötigten Startkapital und so hatte am 13. Juni 1964 das erste Schwimmflügel-Paar der Welt seine Premiere im Schwimmbad Hamburg-Ohlsdorf.

Bis heute wurde seine lebensrettende Erfindung mehr als 150 Millionen Mal verkauft.

Dass ich seit meinem 11. Lebensjahr wieder ein begeisterter Schwimmer bin, habe ich auch Bernhard Markwitz zu verdanken!

Wer schwimmen lernen will, muss ins Wasser.

Holländisches Sprichwort

Seenotboje

Es kennzeichnet die Deutschen, dass bei ihnen die Frage „Was ist deutsch?" niemals ausstirbt.

Friedrich Nietzsche

Diese Erfindung darf in diesem Buch auf gar keinen Fall fehlen. Es geht um einen Lebensretter auf hoher See.

Die kleinste und genauste Seenotboje der Welt, die „navtec-EPIRB", wurde bereits 1997 von Professor Dr. Anselm Christian Fabig in Berlin entwickelt.

Natürlich gab es schon lange zuvor Seenotbojen, aber diese Modelle waren verhältnismäßig groß, unhandlich und vor allem ungenau.

Wenn es um Menschleben geht, kann jede Ungenauigkeit tödlich sein.

Bei einem Notfall auf hoher See, möglicherweise bei hohem Seegang und bei Nacht muss den Rettern die Möglichkeit gegeben werden, so präzise wie möglich das havarierte Schiff zu bergen bzw. Hilfe leisten zu können.

Bis zur Markteinführung dieses, von Professor Fabig entwickelten, Lebensretters konnte nicht sehr präzise ermittelt werden, von wo aus der Notruf eingegangen war.

Die „navtec-EPIRB" ist ein leichter, portabler Notsender für die See- und Luftfahrt. Sie arbeitet mit den geostationären Inmarsat-Satelliten zusammen und gewährleistet die schnelle Alarmierung von Hilfsmannschaften nach einem Unfall oder nach einer Havarie.

Die Alarmierungszeit beträgt weniger als drei Minuten bei einer sensationellen Positionsgenauigkeit von maximal 113 Metern. Die Positionsbestimmung erfolgt durch eingebaute GPS-Empfänger. Die Boje sendet automatisch Positionsänderungen und benötigt keine externe Stromversorgung oder Zubehör.

Am 1. Dezember 2006 wurde die Weiterleitung von Notrufen über das Inmarsat-E-Verfahren abgeschaltet, damit endete die kurze Ära dieses weltweit kleinsten und präzisesten Lebensretters.

Da der Erfinder mein Bruder ist, war es mir eine Ehre, eine seiner vielen einzigartigen Erfindungen in diesem Buch zu erwähnen. So wie ich auf meine Ahnen stolz bin, erfüllt es mich auch mit Stolz, dass ich einen so großartigen und klugen Bruder habe. Mit seiner Notboje hat er Leben gerettet und die Seefahrt einige Jahre ein großes Stück sicherer gemacht. Ich bin optimistisch, dass ich in einem meiner nächsten Bücher eine weitere großartige Erfindung von Anselm vorstellen kann.

Die meisten Menschen wollen lieber durch Lob ruiniert als durch Kritik gerettet werden.

Amerikanische Redensart

Shampoo

Je mehr ich für dieses Buch recherchierte, desto verblüffter bin ich, was alles an „Alltäglichem" von unseren Vorfahren erdacht und erfunden wurde. Vermeintliche Selbstverständlichkeiten, die oft in der ganzen Welt von Milliarden Menschen genutzt und geschätzt werden, könnten nicht verwendet werden, wenn es Deutschland und den Erfindergeist der Deutschen nicht gegeben hätte.

Wie schon erwähnt, kann man natürlich immer behaupten, dass all die Dinge früher oder später auch von jemand anders erfunden worden wären. Das stimmt! Früher oder später oder gar nicht.

Eine dieser Erfindungen ist das Shampoo. Praktisch jeder Mensch, der noch Haare hat, wäscht sie sich regelmäßig. Möglicherweise sogar mit einem Produkt der Firma, deren Gründer das Shampoo erfunden hat.

Der Chemiker Hans Schwarzkopf brachte nach vielen Jahren eifriger Entwicklungsarbeit ein Shampoo in Pulverform auf den Markt.

Für 20 Pfennige verkaufte er das Pulver in seinem Farben-, Drogerie- und Parfümgeschäft. Das Produkt kam so gut an, dass Schwarzkopf das

Verkaufsgeschäft aufgab und sich ganz der Produktion seines Shampoos widmete.

Eine weitere großartige Erfolgsgeschichte Made in Germany.

Seit 2020 wissen wir, dass die meisten Menschen bei der Wahl des Shampoos kritischer sind als bei der Wahl dessen, was sie sich in den Körper spritzen lassen.

Claudius Fabig

Intermission 3 - Jeder soll nach seiner Fasson selig werden

Die Österreicher haben das Kunststück fertiggebracht, aus Beethoven einen Österreicher und aus Hitler einen Deutschen zu machen.

Billy Wilder

Friedrich der Zweite oder auch Der große Friedrich genannt prägte den Satz angeblich am 22. Mai 1740 in Berlin:

Die Religionen müssen toleriert werden... Jeder soll nach seiner Fasson seelig werden.

Auch wenn das Wirken des Preußen-König genannten Friedrich nicht unumstritten war, hat er mit diesem Satz doch deutlich gemacht, was eine der wesentlichen preußischen Tugenden war und zu einer Deutschen geworden ist: Toleranz! Thomas Mann urteilte wenig wohlwollend über Friedrich den Großen! Er schrieb:

„Von nun an hieß er ‚Der alte Fritz' – ein schauerlicher Name, wenn man Sinn fürs Schauerliche hat; denn es ist wirklich im höchsten Grade schauerlich, wenn der Dämon populär wird und einen gemütlichen Namen erhält".

Da Friedrich II mit 74 Jahren verstarb und dieses Alter in jener Zeit selten erreicht wurde, kann unterstellt werden, dass die Bezeichnung „Der alte Fritz" nicht despektierlich gemeint war. Inwieweit sich Thomas Mann, ein Urteil über den Preußen-König erlauben konnte, kann ich nicht beurteilen. Für unsere Betrachtung sind seine Gedankenwelt und deren Beweggründe auch unerheblich.

Spannend sind die Aussage und deren glasklare Botschaft, die Friedrich der Große auch mit seinen Taten untermauert hat. Juden, Hugenotten und viele andere Glaubensgemeinschaften waren in Preußen herzlich willkommen. In Potsdam zeugt das Holländische Viertel davon, wie weltoffen das alte Preußen war.

Diese Offenheit unterstrich auch, dass Deutschland ein Einwanderer-Land war. Gleichwohl ließ man vorzugsweise Menschen in unser Land, die sich in die Kultur und Gesellschaft einbringen konnten und wollten, ohne dabei ihre kulturelle Identität aufgeben zu müssen.

Wer nach Preußen kam, konnte und wollte arbeiten, etwas erschaffen, aufbauen, mitgestalten, Teil dieses Landes werden.

Kein Mensch kam mal eben nach Preußen und ließ sich von den Einheimischen aushalten. Jeder, der hierherkam, trug dazu bei, dass Deutschland zu dem wurde, was es bis vor kurzem war.

Die Einwanderer waren fleißig, packten an und waren bestrebt, dazuzugehören. Friedrich der Große lud tatkräftige Menschen in unser Land ein.

Ähnlich wie es die deutsche „Auswanderin" und spätere russische Zarin Katharina II im Einladungsmanifest vom 22. Juli 1763 formulierte:

Typisch deutsche Tugenden sind Toleranz und Offenheit!

Wer könnte dies eindrucksvoller belegen als die deutschstämmige Zarin von Russland und der legendäre König von Preußen.

Wenn uns heute gebetsmühlenartig eingehämmert wird, dass wir tolerant und offen zu sein haben, dann hat die Bedeutung dieser Worte nichts mit ihrer tatsächlichen Definition zu tun. Hören wir heute Toleranz, dann sind damit das Erdulden jeglichen Unsinns, der uns von Politik und Medien aufgetischt wird, gemeint. Toleranz bedeutet heute widerspruchslos hinzunehmen und zu akzeptieren, dass:

• heißes Wetter das „Eiweiß" im Gehirn gerinnen lässt.

• wetterbedingte „Hitze", die das Gehirn schrumpfen lässt.

• wetterbedingte „Hitze" impotent macht.

• ab 20 Grad Außentemperatur die Gefahr des „Hitzetods" steigt.

• die EU 2022 60.000 wetterbedingte Hitzetote zu beklagen hatte. (Wie es sich beim Saunieren und der Fortpflanzungsrate in Afrika in diesem Kontext verhält wird uns nicht erklärt.)

• 40.000 Menschen im Jahr an Krankenhauskeimen sterben, aber Deutschland einen „Hitzeschutzplan" propagiert, anstatt sich um die Keime zu kümmern.

• 0,04% CO2 in der Luft das Klima verändert.

• Männer Kinder bekommen und stillen können.

• 60 verschiedenen Geschlechter existieren.

• ein Hauttyp 6 typisch deutsch ist.

• Männer menstruieren und Binden-Behälter auf Männertoiletten stehen müssen.

• Ausweiskontrollen in Freibädern normal sind.

- jeder einmal im Jahr sein Geschlecht ändern kann, im Kriegsfall aber Männer wieder Männer sind.

- Atomkraftwerke in Deutschland zur Sicherheit abgeschafft wurden, aber ukrainische Kraftwerke der „Tschernobyl-Klasse" sicher sind und weiterlaufen können.

Die Liste könnte noch beliebig fortgeführt werden und natürlich wird es Menschen geben, die an dieser Stelle nicht begreifen, was ich mit diesen Beispielen zum Ausdruck gebracht habe. Aus diesem Grund nochmal in aller Deutlichkeit:

Typisch Deutsch ist es, tolerant und offen zu sein! Wir sind ein Volk der offenen Herzen und offenen Arme.

Diese typisch deutsche Toleranz und Offenheit gepaart mit dem uns seit 1945 eingeredeten „schlechten Gewissen", ermöglicht es den deutschen Deutschland-Hassern und ihren Souffleuren langsam aber sicher unser „Wir-Gefühl", unsere Volksgemeinschaft, das Selbstbewusstsein und unseren Nationalstolz zu zerrütten.

Unsere Toleranz und offenen Herzen ermöglicht, es den Feinden Deutschlands, scheibchenweise Identität, Selbstbild, Selbstachtung, Selbstverständnis und Selbstbewusstsein zu zerstören. Parallel dazu wurde und wird die deutsche Sprache verstümmelt und das Volk zerrissen.

Doch der preußische Geist und die Kraft unserer Ahnen werden es nicht zulassen, dass wahre Toleranz und Offenheit zu Grunde gehen. Es wird nicht vollendet werden, was von langer Hand geplant war. Die Zerstörung der deutschen Identität.

Jedem der beim Lesen dieser Zeilen rechtes Gedankengut herausliest, kann ich attestieren, dass er Opfer einer politischen und medialen Hypnose geworden ist und mit seiner Unkenntnis über die tatsächliche Bedeutung von „rechts" und vieler anderer deutscher Worte in einer Scheinwelt lebt und einem Trugbild huldigt.

Ich freue mich jetzt mit Ihnen, lieber Leser, die nächsten deutschen Erfindungen zu würdigen.

Hunde besitzen sämtliche edle Eigenschaften des Menschen,
doch keine einzige ihrer schlechten.

Friedrich der Große

SMS

Am 03. Dezember 1992 wurde die erste SMS der Welt versandt. Zwei kurze Worte, die den Mobilfunk bereichern sollten. „Merry Christmas" stand in der Nachricht an den Vodafone-Mitarbeiter Richard Jarvis.

Die Technik, die den sogenannten short message service (SMS) erst möglich machte, hat Friedhelm Hillebrand entwickelt.

Der studierte Elektrotechniker mit dem Schwerpunkt Nachrichtentechnik war seit 1984 bei der Deutschen Bundespost auch als Senior Managing Director. Verantwortlich war Hillebrand unter anderem für die GSM-Standardisierungsarbeit. Der short message service galt unter Kollegen als unnütze Technologie und wurde eher als Spielerei betrachtet. Die als „interne Kommunikation" gedachte SMS kam 1995 auf den Markt und wurde innerhalb kürzester Zeit zur Cash Cow der Mobilfunkindustrie. Im Spitzenjahr 2012 wurden 60 Milliarden SMS versendet. Mit dem Siegeszug der Messenger-Dienste verlor die SMS an Bedeutung und falls man heute noch eine SMS bekommt, dann eher als Info, dass der Friseur einen Termin bestätigt.

Sonnenbank

Über diese Erfindung könnte ich sicher ein ganzes Buch schreiben, schließlich hat mich das Solarium seit meinem 16. Lebensjahr bis heute begleitet.

Mein erster Besuch in einem Sonnenstudio war bei Solarent am Kurfürstendamm in Berlin. Damals gab es nur wenige Sonnenstudios und deshalb konnte man, zumindest bei Solarent nicht ohne Termin sonnen. Obwohl das Studio sage und schreibe 27 Kabinen hatte, wurde mir erklärt, dass ich eine Woche im Voraus einen Sonnentermin hätte vereinbaren müssen. Glücklicherweise wurde ein sogenannter Gesichtsbräuner frei und so war mein erster Besuch in einem Sonnenstudio nicht ganz umsonst.

Die Mitarbeiterin ließ damals die Gesichtsbräuner nicht ausgehen, sondern klopfte nach Ablauf der gebuchten Zeit an die Tür, sodass der Gast rauskam und dem Nächsten die künstliche Sonne überließ.

Heute unvorstellbar, wie populär das Solarium einst war.

Jahre später leitete ich selbst ein Sonnenstudio mit neun Geräten und kurz darauf das damals größte Sonnenstudio der Welt mit 30 Anlagen. In dieser Zeit, ich war gut sieben Jahre in der Branche direkt am Sonnengast tätig, habe ich viel über Sonne, Hauttypen, Sonnenkosmetik,

Risiken und Nutzen gelernt. Ich besuchte unzählige Fachseminare und Fortbildungskurse und 13 Jahre nach meinem ersten Besuch in einem Sonnenstudio kam ein großer amerikanischer Kosmetikhersteller auf mich zu und bat mich, in Deutschland Schulungen zur Heliotherapie (den positiven Effekten der Sonne) und zum Verkauf von Kosmetik zu geben.

In den darauffolgenden Jahren habe ich für alle führenden Hersteller von Sonnenkosmetik weltweit Schulungen geben dürfen und im Rahmen dieser spannenden Tätigkeit war ich in mehr als 30 Ländern auf praktisch allen Kontinenten.

Bis heute habe ich gut 120.000 Mitarbeiter und Unternehmer der Sonnen-, Fitness- und Freizeit-Branche geschult und ich kann verbindlich sagen, dass ich in allen Ländern nur großartige menschliche Erlebnisse hatte. In jedem Land wurde ich als Deutscher wertgeschätzt und mit Achtung behandelt.

Natürlich war eines der Haupthemen auf den Seminaren und in den Vorträgen die Frage nach der Schädlichkeit von Sonne und der des Solariums.

Ähnlich wie bei guter Nahrungsergänzung, Impfalternativen und vielen anderen naturzugewandten Themen weht jedem ein strenger Wind der Pharma- und Kosmetikindustrie entgegen, der mit natürlichen Kräften bzw. Mitteln zur Volksgesundheit beitragen möchte,

Der ein oder andere Leser mag an dieser Stelle nun denken: „Solarium macht doch Krebs und alt! Das weiß doch jeder".

Bevor ich darauf eingehe, mache ich Ihnen ein Geständnis. Ich kann nichts machen, wovon ich nicht überzeugt bin. Ich verkaufe nur Produkte, die ich guten Gewissens meiner Mutter oder Freundin empfehlen würde. Ich gehe selbst seit Jahrzehnten sonnen, im Solarium und in der Natursonne. Das Geheimnis der biopositiven Effekte der Sonne ist, dass man hauttypengerecht, maßvoll und unter absoluter Vermeidung eines Sonnenbrandes sonnt.

Sonne ist Leben!

Ohne Sonne gäbe es kein Leben auf diesem Planeten. Die Pflanzen benötigen die Sonne für die Photosynthese und auch die Weltmeere produzieren dank der Sonne Sauerstoff.

Praktisch kein Leben kann ohne Sonne existieren.

Die Anti-Sonnen-Propaganda wird von den gleichen Leuten forciert, die uns mRNA-Spritzungen verkaufen und denen es gleichgültig ist, ob Glyphosat auf unseren Feldern ungesund ist. Diejenigen, die Aspertan (was krebserregend ist) als Zuckerersatzstoff in unser Essen panschen, sind die gleichen Leute, die verbreiten, dass Sonne schädlich sei.

In Wahrheit sind die Sonne und das Solarium nur gesund. Solange wir uns maßvoll und hauttypengerecht besonnen.

Solarien dürfen nicht mehr UVA und UVB abgeben, wie in der natürlichen Sonne mittags um 12.00 Uhr am Äquator emittiert wird. Also beispielsweise mittags um 12.00 Uhr auf Hawaii (liegt etwas über dem Äquator).

Die Woche hat 10080 Minuten. Der gesunde Menschenverstand sollte sich da schon zu Wort melden, wenn uns jemand erzählt, dass ein 10 oder 15-minütiger Besuch im Solarium pro Woche schädlich sein soll. Im Gegenteil. 90% des Vitamin D, das wir mit der Nahrung oder Nahrungsergänzung zu uns nehmen, können wir nur in Verbindung mit Sonne absorbieren.

Die Sonne ist quasi der Schlüssel, der die Tür zu unserem Organismus öffnet, um Vitamin D aufzunehmen. Vitamin D ist ein Hormon, das für unzählige biopositive Effekte im Körper zuständig ist. Es gibt hunderte wissenschaftliche Studien, die belegen, dass Sonne die Vitamin D3-Synthese aktiviert und Vitamin D-Mangel zu Osteoporose, Krebs, Herz-Kreislauferkrankungen, Schlaganfall und unzähligen anderen „Zivilisationskrankheiten" führt:

- Sonne wird bei der Vitamin D Produktion benötigt! Allein dieser Fakt muss doch stutzig machen. Weshalb verschreiben Ärzte nicht den Besuch im Solarium?

- Sonne reduziert nachweislich das Risiko, an Darmkrebs, Brustkrebs und Prostatakrebs zu erkranken, um 30%. Diese Studie hat Professor Dr. Hollick von der Boston University bereits 1997 in der USA-Today veröffentlicht.

- Sonne kann den natürlichen Lichtschutz bis zum Faktor 40 aufbauen.

- Sonne lässt den Körper Betaendorphine, Glückshormone, produzieren.

- Sonne wirkt nachweislich gegen Depressionen.

- Sonne hilft dem Organismus Melatonin zu produzieren.

- Sonne erhöht die Fruchtbarkeit und den Sex Drive.

- Sonne wirkt gegen Akne.

- Sonne hilft bei Neurodermitis.

- Sonne reduziert das Seborrhoische Ekzem.

Damit es jetzt nicht doch noch ein ganzes Buch über Sonne wird, belasse ich es bei diesen Beispielen.

Das Geschäft mit der Angst ist uns spätestens seit der Corona-„Pandemie" offenbart worden. Das Verteufeln der Sonnenbank ist nichts anderes als Propaganda der Kosmetik- und Pharmaindustrie.

Wer natürlich gebräunt ist, benötigt weniger Make-Up und vor allem keine Lichtschutzprodukte.

Wer regelmäßig in die Sonne geht, der hat einen hohen Vitamin D-Gehalt im Blut und ist damit seltener krank.

Haben Sie keine Angst vor der Sonne oder dem Solarium!

Dr. Friedrich Wolff wollte in den frühen 1970 Jahren ein Gerät entwickeln, dass mithilfe von UV-Licht gesund erhält.

1975 meldete Friedrich Wolff seine Erfindung, die Sonnenbank, zum Patent an.

Seither wurden hunderttausende Geräte weltweit aufgestellt. In den 1980er Jahren gab es einen gigantischen Boom der Sonnenindustrie. Im Jahr 2001 gab es allein in Deutschland mehr als 12.000 Sonnenstudios. Inzwischen ist die Zahl der Betriebe auf weniger als 2.000 zusammengeschmolzen.

Hauptgrund für den Niedergang ist, dass die meisten Betreiber stümperhaft und nicht kaufmännisch ihr Geschäft betrieben. Doch auch die Propaganda in den Medien, deren Hauptwerbekunden Kosmetik- und Pharma-Giganten sind, hat der Sonnenbranche zugesetzt.

Ich kann verbindlich sagen, dass die Erfindung des Solariums weltweit zur Volksgesundheit beigetragen hat. Angeblich steigende Hautkrebszahlen kumulieren übrigens mit der zeitgleichen flächendeckenden

Einführung und Anwendung von Lichtschutz-Produkten. Ein Schelm, der Böses dabei denkt.

Fakt ist, dass sowohl künstliche als auch natürliche Besonnung der beste Lichtschutz ist. Wir brauchen keine Chemie für unsere Haut, um uns vor einem Sonnenbrand zu schützen. Wer einige Wochen vor dem Sonnenurlaub im Solarium vorbräunt, der kann einen gesunden und chemiefreien, natürlichen Sonnenschutz aufbauen.

Da der Vitamin D-Spiegel, den wir im Sommer aufgebaut haben, nach spätestens sechs Wochen wieder abgeflacht ist, macht es Sinn, vor allem in der Zeit von Oktober bis März – je nach Hauttyp – ein bis zweimal in der Woche auf die Sonnenbank zu gehen.

Um zu verstehen, weshalb Sonnen gesund ist, macht es Sinn, den Bräunungsprozess in der Haut zu verstehen. Die Sonne (UVA & UVB) durchdringt die Epidermis und (UVA) die Dermis. Das UVB regt die Melanozyten an, Melanin zu produzieren. Das Melanin wandert in 24 bis 48 Stunden an die Hautoberfläche und oxydiert mit Sauerstoff und wir werden braun: UVB erreicht nur die Epidermis und regt die Melanin-Produktion an. UVA dringt tiefer in die Haut ein bis in die Dermis.

Sowohl in der Natursonne als auch bei der künstlichen Sonne erreicht unsere Haut überwiegend UVA, je nach Tageszeit, Jahreszeit und Breitengrad sowie Bewölkung etwa 98% UVA und 2% UVB (Kann auch deutlich mehr UVA B, sein wenn man zum Beispiel im Gebirge in die Sonne geht).

Bräune im Solarium ist zwar künstlich erzeugt, aber da die Haut nicht erkennen kann, ob es sich um künstlich erzeugte UV-Strahlen handelt, ist die Melanin-Produktion die gleiche. Da viele Solarienbenutzer Sonnenkosmetik mit phytotoxischen Stoffen verwenden, sieht ihre Haut nach einigen Jahren deutlich faltiger und trockener aus.

Zudem sonnen viele Solarienbesucher mit Gesichtsbräunern und da kann bei einigen Anlagen die Infrarot-Wärmebelastung so hoch sein, dass die Haut stark leidet und altert. Grundsätzlich gilt, dass Sonne dann gesund und empfehlenswert ist, wenn man den Sonnenbrand vermeidet. Je dunkler der Hauttyp, desto mehr Melanozyten sind vorhanden und desto sonnenunempfindlicher ist der Mensch. Nachteil dunkler Hauttypen: Wenn sie in Nord- und Mitteleuropa leben, dann können sie aufgrund ihrer dunklen Haut die geringeren Sonnenemissionen hier nicht adäquat ausschöpfen und riskieren einen massiven Vitamin D-Mangel.

Wer die Sonnenbank benutzt, sollte darauf achten, einen Hauttypentest zu machen, eine Solarium-Schutzbrille zu tragen und Geräte mit Gesichtsbräunern nur sehr selten zu benutzen.

Sollte ein Mitarbeiter im Sonnenstudio erzählen, dass man nach dem Sonnen nicht duschen darf, weil die Bräune schneller verschwindet, dann kann man direkt wieder gehen. Dieser Mythos wird seit Jahren in den Studios verbreitet und zeugt von inkompetenten Mitarbeitern.

Ebenso muss man keine 160 Watt-Röhren benutzen, um zu sonnen. Eine gute 100 Watt-Röhre macht ebenso braun, ist weniger warm (Infrarotwärme), spart Strom und erfüllt in der Regel ohnehin die maximal zugelassene Leistung von 30 Milliwatt UVA pro Quadratzentimeter laut UV-SCHUTZVERORDNUNG.

Wenn man einige einfache Regeln beherzigt, ist das Solarium die ideale Gesundheitsmaschine.

Es gibt unzählige kompetente Wissenschaftler und Profis wie zum Beispiel Professor Dr. Spitz oder Claudius Fabig (auf Sonne ist Leben!), die auch auf YouTube und anderen Plattformen spannende Studien und Beiträge zu den positiven Effekten von Sonne und Solarium veröffentlicht haben.

Vertrauen Sie der Natur! Gehen Sie in die Sonne und wenn sie nicht scheint, nutzen Sie das Solarium. Eine der wunderbarsten Erfindungen Made in Germany.

Lass die Sonne in Dein Herz und genieße diese Wärme von innen. Das wärmt Dich mehr als die Kälte, die Dich umgibt.

Seibold, Klaus

Sozialgesetzgebung

*Des Deutschen Regelungswut ist Folge seiner Angst
vor Eigenverantwortung.*

Karl Feldkamp

Mit dieser „Erfindung" betrete ich zum ersten Mal beim Schreiben dieses Buches ein Terrain, auf dem ich spüre, wie unwohl ich mich fühle.

Weltweit beneiden uns viele um unser so genanntes Sozialsystem. Arbeitslosenversicherung, Krankenversicherung und die Unfallversicherung geben versicherungspflichtigen Menschen in Deutschland ein Gefühl der Sicherheit und sozialen Absicherung. Tatsächlich wurde die Sozialgcsctzgebung aber nur entwickelt, um das Volk zu bestechen, es zu kaufen.

Otto von Bismarck führte 1883 die Krankenversicherung und 1884 die Unfallversicherung ein. Aufgrund der politisch schwierigen Verhältnisse im Land ersann Bismarck das Gesetz.

Auf den ersten Blick eine ambitionierte und soziale Tat. In Wirklichkeit einer der ersten großen Schritte einer Regierung auf dem Weg, das Volk von der Selbstverantwortung in die systemische Abhängigkeit zu führen.

In den gesammelten Werken Bismarcks findet sich ein entlarvendes Zitat zu den wahren Absichten hinter diesem bis heute gültigen Sozialgesetz. Bismarck schrieb:

„Mein Gedanke war, die arbeitenden Klassen zu gewinnen oder soll ich sagen, zu bestechen, den Staat als soziale Einrichtung anzusehen, die ihretwegen besteht und für ihr Wohl sorgen möchte".

Bismarcks Ziel war es, die Menschen an die Regierung (er sprach vom Staat) zu binden und von Gewerkschaften und Parteien zu lösen. Ich finde es großartig, wenn man in einem Land lebt, dessen Volksgemeinschaft aufeinander Acht gibt. Sicherheit für jeden Menschen und für jede Familie, soweit es möglich und denkbar ist, sollte in jeder Gesellschaftsform an erster Stelle stehen. Gleichwohl hat sich unser sogenannter Sozialstaat aus meiner Sicht zu einem Asozial-Staat entwickelt.

Die Regierung beschließt bereits seit Jahrzehnten Gesetze am Volk vorbei. Eine laute Minderheit, die der Führung treu ergeben zu Munde redet, bestimmt über gigantische Mediennetzwerke das Meinungsbild. Steuerfinanzierte Schreihälse und Schläger der ANTIFA und anderer Regierungshandlanger exekutieren alles, was von oben vorgegeben wird. Menschen, die mit Regierungsentscheidungen nicht einverstanden sind, werden erst medial der Lächerlichkeit preisgegeben und dann, wenn nötig, mittels Hausdurchsuchungen, Kontosperrungen und konstruierten Anklagen, zum Schweigen gebracht. Parallel zu diesen Instrumenten werden gerne auch von selbsternannten Moralaposteln der Antifa & Co. Häuser Andersdenkender beschädigt, Radkappen von Autos gelockert, Nägel unter Autoreifen platziert und Parteibüros von Oppositionsparteien angezündet. Wird noch ein Hakenkreuz auf das Gebäude geschmiert, wächst die Statistik rechter Straftaten um einen weiteren hinzugefügten imaginären Strich. Es kann so einfach sein.

Deutschland mag ein Sozialversicherungsgesetz haben, aber dieses Land hat daraus ein Asozial-Garantie-Gesetz gemacht.

Jeder, der fleißig, pünktlich, ehrlich und anständig ist, findet sich schon mal auf der imaginären Liste der „Rechten" wieder. Jeder, der auf Demonstrationen geht, die nicht regierungskonform sind, muss damit rechnen, von Personen in Uniform verprügelt, zusammengetreten, mit Pfefferspray besprüht oder mit Wasserwerfern von der Straße gespritzt zu werden.

Bei den sogenannten Corona-Demonstrationen wurden Menschen festgenommen, weil sie das Grundgesetz hochhielten. Es wurden Menschen verhaftet, weil sie auf diesen Veranstaltungen nicht den richtigen Abstand zum Nachbarn einhielten. In diesem Land wurden Jugendliche mit Polizei-Autos durch Parks verfolgt, weil sie sich umarmt hatten, und in diesem Deutschland wurde drei lange Jahre lang das Grundgesetz außer Kraft gesetzt. Die Kritiker dieses Regimes, Menschen wie Prof. Dr. Bhakdi oder Dr. Wodarg und hunderte andere, wurden medial demontiert, diskreditiert und fertig gemacht.

2023 kam heraus, dass die Kritiker mit allem Recht hatten und trotzdem stehen immer noch anständige steuerzahlende Menschen vor Gericht, weil sie sich nicht an Gesetze gehalten haben, die UNRECHT waren und sind.

In diesem Land lassen sich Richter und Staatsanwälte dazu herab, ehrliche, anständige Ärzte, die sich ihrem Eid als Mediziner und ihrer Achtung vor Gott mehr verpflichtet fühlten als einem grundgesetzwidrigen Infektionsschutz-Gesetz, vor Gericht zu stellen und sie ins Gefängnis zu stecken.

Gefängnis für Ärzte, die „falsche" Impfpässe ausgestellt haben, weil ihnen die Gefährlichkeit der experimentellen Spritzstoffe bewusst war.

Eine Gefährlichkeit, die sich längst aus dem Raum der Theorie in die Welt unserer Wirklichkeit begeben hat. Eine tödliche Gefahr, die uns dieses angeblich so soziale System nun nicht als das, was es in Wahrheit ist, darlegt, nämlich Impfschäden bzw. Tote, sondern als Hitzeschäden und Tote.

Otto von Bismarck hat dazu beigetragen, dass unser Volk der Unterwerfung einen großen Schritt näherkam. Er hat seine Absicht klar zum Ausdruck gebracht und es besteht kein Zweifel daran, dass er geradezu visionär war.

Die Sozialversicherung ist schon lange zur Fußfessel von Millionen Pflichtversicherten geworden. Die eingezahlten Beiträge wird kaum jemand ausgezahlt bekommen. Zudem hat dieser „Sozialstaat" mehr als 970 Milliarden Euro aus der Rentenkasse zweckentfremdet und für versicherungsfremde Dinge ausgegeben. Jährlich kommen zweistellige Milliarden-Summen dazu. Das Volk wird ausgeplündert, eiskalte Unterschlagung wird praktiziert und unsere Rentenkasse ist zum Schneeballsystem verkommen.

2020 war die durchschnittliche Lebenserwartung in Deutschland 80,94 Jahre. Aufgerundet lebt der Deutsche also 81 Jahre. Unsere Politiker verlangen nun, dass wir nicht mit 63 Jahren oder 65 Jahren in Rente gehen dürfen, sondern erst mit 70 Jahren. Demnach würde der durchschnittliche Deutsche 50 Jahre in die Kasse einzahlen, um dann nur knapp 11 Jahre Leistungen zu beziehen.

Die meisten wissen nicht, dass ihre monatlichen Abzüge für die Rente nur die Hälfte des Rentenbeitrags jeden Monat sind. Die andere Hälfte zahlt der Arbeitgeber. Tatsächlich zahlt der Arbeitgeber natürlich nichts, denn er kalkuliert Ihren Lohn so, dass er den Anteil von Ihrem Lohn an die Rentenkasse überweist.

Die Sozialgesetzgebung hat dazu beigetragen, dass viele vom Schöpfer zum Opfer wurden. „Das regelt der Staat" oder „darum muss der Staat sich kümmern", doch in Wahrheit ist mit Staat die Regierung gemeint und die Regierung kümmert sich immer nur um eins, um die Regierung.

Es geht um Macht, Posten, Einfluss und Geld. Es geht um Absicherung und vor allem um Potenz! Wer nach dem Staat schreit, nach Papa Staat, der dokumentiert seine Unfähigkeit oder den Unwillen, selbstverantwortlich als Schöpfer sein Leben zu steuern. Lieber gibt die Masse unserer Landleute ihre Schöpferkraft an die Regierung ab, lässt sich bis ins Schlafzimmer diktieren, was zu tun und zu lassen ist, anstatt eigenverantwortlich nicht auf pseudo-soziale Absicherung zu setzen, sondern auf Eigenverantwortung. Wer nach Papa Staat schreit, hat nicht begriffen, worin der Unterschied zwischen Staat und Regierung besteht!

Der Staat ist das Staatsvolk, die Staatsgrenze und das Staatsgebiet wie bereits erwähnt.

Wenn die Regierung sich als Staat bezeichnet, die Regenbogen-Fahne hisst und jeden Kritiker als Nazi tituliert, dann zeigt sich der tatsächliche Wert der Worthülse Sozialstaat!

Otto von Bismarck hat es möglicherweise auch ein bisschen gut gemeint.

An dem Tag aber, an dem der erste Gast in unser Land kam, der ohne zu arbeiten, ohne in unser Sozialsystem einzuzahlen, vor allem ohne unsere Arbeitsleistung, unsere Kultur und Werte zu achten, Nutznießer unseres Sozialsystems wurde, offenbarte sich dieses Sozialsystem als Asozial-System.

Ich bin sicher, dass Sie, lieber Leser, auch gerne Menschen in Not helfen. Bestimmt wollen wir alle, dass es jedem Menschen auf der Welt gut geht. Niemand soll hungern, frieren oder in Not und Elend leben.

Doch wenn wir Deutsche brav und artig in das Sozialstem einzahlen, aus ihm niemals entlassen werden, nicht ansatzweise das ausbezahlt bekommen, was wir eingezahlt haben, und dabei zusehen müssen, wie Millionen (!) Gäste aus fremden Kulturen in unser Land geholt und von unseren Sozialbeiträgen finanziert werden, dann ist es an der Zeit zu erkennen, dass unser Sozialgesetz versagt hat.

Bismarck hat die Abhängigkeit der Masse von der Regierung vorbereitet und die Entscheidungen der Regierungspolitiker der letzten Jahrzehnte haben diese Abhängigkeit zementiert.

Mit der Einführung des Bürgergeldes, welches auch jedem Flüchtling zustehen soll, haben die Regierenden endgültig die Maske des Volksvertreters fallen gelassen. Zum Vorschein kam die hässliche Fratze der Deutschland-Hasser, die alles dafür zu tun scheinen, dem arbeitenden Menschen in diesem Land zu zeigen, wie sehr er verachtet wird.

Wer meine Zeilen nun kopfschüttelnd zur Kenntnis nimmt und das Gelesene nicht glauben mag, der sollte sich diese Fragen stellen:

• Weshalb räumen die Personen in Uniform so zögerlich die Straßen frei, um der arbeitenden, steuerzahlenden Bevölkerung den Weg freizumachen, wenn verzogene Gören sich auf die Fahrbahn kleben?

• Warum dürfen BLM, FFF, Last-Generation, Christopher-Street-Day und Anti-Putin-Demonstranten ohne Abstand und ohne Maske in Berlin demonstrieren, derweil tags zuvor Demonstranten gegen das Infektionsschutzgesetz mit Wasserwerfern und Knüppeln von der Straße geräumt wurden?

• Wieso durften Politiker Millionen an Maskendeals verdienen, nachdem sie die Masken-Pflicht angeordnet haben, und weshalb wurden sie dafür nicht verurteilt?

- Warum bekommt man bei der Arbeitslosenversicherung eine Sperrfrist, wenn man selbst gekündigt hat?

- Weshalb zahlt man auf Urlaubsgeld und 13. Monatsgehalt Kranken- und Arbeitslosen-Versicherung?

- Weshalb wird man als nicht corona-geimpfter Lehrer nicht verbeamtet?

- Wieso muss ein pflichtversicherter Kassenpatient bis zu sechs Monate auf einen Arzt-Termin warten?

- Weshalb investieren wir nicht die gleichen Summen, die wir für Flüchtlinge ausgeben, in unsere Kinder, unsere Schulen, Universitäten, Straßen, Brücken, Forschung und Bildung?

- Mit welchem Recht ist ein Flüchtling mehr wert als ein deutscher Steuerzahler?

- Wer als deutscher Deutschland-Hasser sein Ziel erreicht hat, erhält dann woher sein weiteres Gehalt, wenn Deutschland verreckt ist?

Ich könnte noch viele Fragen stellen, deren Beantwortung offenbaren würde, dass Deutschland den Begriff sozial inzwischen ebenso vergewaltigt bzw. satanisch verdreht hat wie Toleranz, Meinungsfreiheit, Demokratie, Mehrheit, Freiheit, Mann, Frau, Recht, Unrecht, wahr, unwahr, richtig und falsch, etc.

Sollte es dem deutschen Volk nicht zeitnah gelingen, sich eine Regierung zu wählen, die Politik zuerst für das deutsche Volk macht und Politiker zu unterstützen, die sich nur um ihre Arbeitgeber, ihre Wähler kümmern, dann gibt es in wenigen Jahrzehnten möglicherweise noch Deutschland, aber sicher nicht mehr uns Deutsche.

Wenn von der Regierung und den angeschlossenen Medien zum

Kampf gegen rechts geblasen wird, ist es in Wirklichkeit ein Kampf gegen Deutschland.

Ich bin mir aber sicher, dass es nicht so weit kommen wird, denn auch die Deutschland-Hasser müssen sich früher oder später der sich einstellenden Realität ergeben. Wenn Millionen Kulturfremder erkannt haben, wie sehr sich die Majorität der Deutschen selbst verachtet, werden sie uns ebenso verachten. Wer uns verachtet, der behandelt uns auch entsprechend.

Es kommt der Tag, an dem jedem noch so verblendeten deutschen Deutschland-Hasser gewahr wird, dass es einen Zeiten-Wandel geben muss. Dieser Wandel hat bereits angefangen und mit jedem Tag, an dem wir mehr Flüchtlinge importieren, Steuern erfinden und erhöhen und an welchem dem deutschen Volk einmal zu viel ins Gesicht gespuckt wurde, wendet sich das Blatt.

Lieber Leser! Bleiben Sie optimistisch. Wir haben schon ganz andere Krisen überstanden. Wir werden auch aus dieser Herausforderung gestärkt hervorgehen. Typisch Deutsch ist es, zu erdulden, zu ertragen und zu beobachten. Ebenso typisch deutsch ist aber auch, nicht aufzugeben.

Würde Bismarck heute noch leben, hätte er mit ansehen können, wie sein Sozialgesetz täglich dazu beiträgt, unser Volk zu verarmen und fremde Völker zu bereichern. Er könnte sehen, wie auch sein Name und Ansehen in den Schmutz gezogen werden und wie die selbst ernannte Elite über ihn denkt.

Auch Bismarck wäre heute nur ein alter weißer Mann.

Manche Leute altern, andere reifen.

Sean Connery

Spreizdübel

Welche Unterschiede gibt es zwischen den Einwohnern Deutschlands? Die Nachrichten unterscheiden zwischen „Personen", „Menschen" und „Bürgern". Ob das immer mit dem Grundgesetz vereinbar ist?

Rainer Kohlmayer

1919 wurde Artur Fischer in Tumlingen im Nordschwarzwald geboren. Es wird sich erzählt, dass ein zu Weihnachten geschenkter Märklin-Bausatz den Erfindergeist des zu dieser Zeit zehnjährigen Artur geweckt haben soll. Die Mutter von Artur Fischer kam aus einer Techniker-Familie und so waren es möglicherweise ihre Gene, die den kleinen Artur auf die Entwicklerbahn lenken sollten.

Schon in jungen Jahren hatte Artur Fischer ein Lebensmotto, nach dem er sich richtete:

Geht nicht, gibt's nicht!

Nach einer absolvierten Schlosserlehre noch vor dem Zweiten Weltkrieg gründete er nach dem Krieg 1948 das Unternehmen Artur Fischer-Apparatebau. Mit der eigenen Produktion kleiner elektrischer Feueranzünder begann seine unternehmerische Laufbahn. Allerdings tauschte Fischer die meisten seiner Feuerzeuge gegen Lebensmittel.

1958 suchte Artur Fischer nach einer sicheren und einfachen Lösung, um Schrauben in Wänden zu fixieren. Damals gab es zwar bereits dübel-ähnliche Lösungen, diese hatten aber nichts mit dem sogenannten

Spreizdübel zu tun, den Fischer im darauffolgenden Jahr entwickelt hatte.

Mit der Erfindung des Spreizdübels revolutionierte Artur Fischer das Bauwesen auf der ganzen Welt. Mit 2251 weiteren Patenten bereicherte Fischer unser Leben.

1910 erfand der Engländer John Joseph Rawlings die Urform des Dübels. Dieser hatte aber mit der Erfindung und den Einsatzmöglichkeiten des Spreizdübels nichts gemein.

Praktisch jeder von uns hat bereits schon einmal mit den Fischer-Dübeln zu Hause gearbeitet und auf jeder Baustelle der Welt sind Fischers Dübel im Einsatz.

Artur Fischer wollte auch Kinder dazu ermuntern, kreativ mit Technik zu arbeiten und so entwickelte er den Fischer-Technik-Baukasten. Zunächst nur als Weihnachtswerbegeschenk und später dann als Experimentierkasten für jedes Kind. Ab 1966 gab es Fischer Technik in den Spielzeugläden.

Auch mein Bruder bekam so einen Kasten. Heute ist er Professor für Luft und Raumfahrt Technik. Fischer sei Dank!

Lieber dübeln statt grübeln. Packe an und red' nicht lang!

Unbekannt

Straßenbahn

Es gibt Namen, die werden mit Deutschland so verbunden, wie es der deutsche Wald ist. Einer dieser legendären Namen ist Werner von Siemens.

Siemens hat die Welt unzählige Erfindungen und Patente zu verdanken. Auch wenn seine wichtigste Erfindung wohl der Dynamo ist, mit dem Siemens es der Menschheit ermöglichte, Strom endlich ortsunabhängig in schier unbegrenzter „Menge" zu produzieren, ist eine andere Erfindung im Alltag noch heute wesentlich präsenter: die Straßenbahn!

Am 12. Mai 1881 fuhr die erste elektrische Straßenbahn der Welt von Berlin Lichterfelde bis zur preußischen Hauptkadettenanstalt.

Mit der von Werner von Siemens erfundenen elektrischen Straßenbahn landete er einen echten Hit. Die Berliner strömten damals von weit her, um mit der Bahn zu fahren. Bereits nach drei Monaten sollen mehr als 12.000 Fahrgäste mit der Bahn befördert worden sein.

Heute gibt es auf der ganzen Welt elektrische Straßenbahnen. Der Dank geht an **Ernst Werner von Siemens!**

Stromlinienzug

Deutschland ist das Land der unbegrenzten Zumutbarkeit.

Unbekannt

Am 18. Januar 2007 machte ich mich auf den Weg von Berlin nach Hanau. Ich wollte dort einen Tag später einen Vortrag zum Thema Verkauf und Dienstleistung bei Heraeus geben. Der Flug von Berlin Tegel war gebucht, das Handgepäck stand bereit und gerade als ich mich auf den Weg zum Flughafen machen wollte, kam eine Sturmwarnung. Der Orkan „Kyrill" war auf direkten Weg nach Deutschland. Die ersten Vorboten ließen nichts Gutes ahnen und da ich nicht riskieren wollte, wegen eines stornierten Fluges nicht pünktlich anzukommen, buchte ich kurzerhand ein ICE-Bahnticket.

Als ich am neuen Berliner Hauptbahnhof ankam, sagte irgendeine innere Stimme zu mir: „Hoffentlich erfasst der Orkan nicht die Stahlträger am Bahnhof und lässt sie abstürzen".

Meine Intuition war schon immer gut. An diesem Tag zeigte sie mir zum ersten Mal, wie gut sie tatsächlich war. Ich bestieg den Zug und nach einigen Minuten setzte er sich in Bewegung. Inzwischen hatte der Orkan schon die Windstärke acht erreicht und die Bäume am Streckenrand bogen sich zusehends stärker.

Nach etwa 20 Minuten kam eine Durchsage, dass der ICE wegen des Windes nur 200 km/h fahren könne und wir deshalb verspätet in Frankfurt ankommen würden.

Mit dieser Verspätung konnte ich gut leben und so lehnte ich mich zurück und genoss die Fahrt. Ich gebe zu, dass ich die Kraft der Natur schon immer faszinierend fand, und der Orkan, der den Zug begleitete und immer stärker wurde, machte mir keine Angst.

Nach etwa zwei Stunden fuhr der Zug immer langsamer, es wurde dunkel und der Regen peitschte gegen die Triebwagen. Als ich einen Blick auf mein Mobiltelefon warf, damals gab es noch keine Smartphones, sah ich, dass etliche SMS eingetrudelt waren. In allen waren besorgniserregende Nachrichten von Freunden, die mich über die Schäden die „Kyrill" bereits angerichtet hatte, informierten.

Die Nachricht des Tages war, dass sich ein zwei Tonnen schwerer Stahlträger am Hauptbahnhof aus seiner Verankerung gelöst hatte und 40 Meter in die Tiefe gestürzt war. Glücklicherweise wurde niemand verletzt und so konnte ich mich der Genugtuung widmen, dass mir meine Intuition mal wieder außerordentlich gute Dienste erwiesen hatte. Des Weiteren erfuhr ich, dass praktisch alle Flüge abgesagt wurden und im Laufe der nächsten Stunde trudelten Nachrichten ein, dass der gesamte Bahnverkehr in Deutschland still stehen würde.

Offensichtlich war der ICE, in dem ich saß, der Einzige, der nichts davon erfahren hatte und so kam ich am späten Abend gut in Hanau an.

Der ICE 1, der von den Amerikanern „Eis" ausgesprochen wird, erreicht im normalen Betrieb eine Geschwindigkeit von gut 300 km/h. Der Nachfolger der ICE 2 schaffte bei Testfahrten bereits 1988 eine Spitzengeschwindigkeit von 406,9 km/h.

Diese stromlinienförmigen ICE-Züge, deren Ruf so legendär wie die inzwischen zum Standard gehörende Unpünktlichkeit der Bahn ist, wandeln auf den Spuren einer brillanten deutschen Erfindung: Dem

„fliegenden Hamburger", dem ersten Stromlinienzug der Welt!

Am 15. Mai 1933 um 8.02 Uhr startete der erste Stromlinienzug der Welt in Berlin am Lehrter Bahnhof Richtung Hamburg.

Der „fliegende Hamburger" schaffte die knapp 290 Kilometer lange Strecke in zwei Stunden und 18 Minuten. Auf der gesamten Strecke jubelten zehntausende Menschen dem Zug zu und die Reisegeschwindigkeit von 160 km/h war Weltrekord.

Damals wurde der 42 Meter lange Zug mit Diesel angetrieben. Die Züge von heute fahren elektrisch. Gleichwohl ist die technische Leistung, die unsere Vorfahren mit der Konstruktion des ersten Stromlinienzuges vollbracht haben, auch mehr als 90 Jahre nach der Jungfernfahrt beeindruckend!

Die Barbarei kommt wieder, trotz Eisenbahnen, elektrischen Drähten und Luftballons.

Arthur Schopenhauer

Tachometer

Der Germane ist die Seele unserer Kultur.

Houston Stewart Chamberlain

Als Kinder schauten wir oft in die Autos, um zu sehen, was auf dem Tacho stand. Manchmal entdeckten wir amerikanische Wagen, bei denen der Tacho bis 200 km/h ging. Die Details zu einzelnen Fahrzeugen lernten wir auch bei den Auto-Quartett-Kartenspielen auswendig.

Die heutigen Tachos haben praktisch nichts mehr mit denen aus meiner Kindheit gemein. Fast schon seelenlose Displays, die erst zum „Leben" erweckt werden, wenn die Zündung eingeschaltet wird.

Der Vater des Tachos ist der deutsche Ingenieur Otto Schulze. Er meldete am 07. Oktober 1902 den Wirbelstrom-Tachometer als Geschwindigkeitsmesser (Tachograph) beim Kaiserlichen Patentamt in Berlin an.

Da er weder kaufmännisches Geschick besaß, noch über die nötigen Mittel verfügte, konnte er seine Erfindung nicht selbst herstellen und musste seine Patente an das französische Unternehmen Edouard Seignol verkaufen.

Das Leben auf der Überholspur bremst den wertvollen Augenblick aus.

Kurt Haberstich

Tarnkappentechnik

Jetzt muß der Geist von Weimar, der Geist der großen Philosophen und Dichter wieder unser Leben erfüllen.

Friedrich Ebert

Wie erwähnt, sind Kriege immer die Triebfeder für bahnbrechende Erfindungen gewesen. Einige der spektakulärsten Erfindungen in der Rüstungsindustrie kommen aus Deutschland.

Die Wenigsten wissen, dass die sogenannte Tarnkappentechnologie eine deutsche Erfindung aus den 1930er und 1940er Jahren ist.

- **Der Düsenjäger Horten 229 war der erste Tarnkappenjäger der Welt und war allen alliierten Flugzeugen haushoch überlegen.**

Da er erst spät und eher experimentell zum Einsatz kam, konnte diese Erfindung den Kriegsausgang nicht beeinflussen. Das gleiche gilt für eine weitere legendäre Erfindung der Rüstungsindustrie Deutschlands.

- **Das U 480 war ein Deutsches U-Boot des Typs VII C und das erste Tarnkappen-U-Boot der Welt.**

Zur Besonderheit von U 480 zählte die sogenannte Alberich-Beschichtung der Außenhaut mit Gummimatten. Dank dieser speziellen Schicht wurden Sonarsignale völlig absorbiert. Das U-Boot war für Sonar unsichtbar. Wie der gleichnamige Zwergen König Alberich mit seiner Tarnkappe in dem bekannten deutschen Märchen.

Der Erfindergeist deutscher Ingenieure und Techniker war trotz täglichen Bombenalarms und Mangel in fast allen Bereichen schier unbeugbar!

Am 02. Februar 1945 fand der erste offizielle Flug des Flugzeugs Made in Germany statt.

Der Rumpf des Flugzeugs bestand aus einem Gerüst aus Rohren, welches mit Sperrholz beplankt war und die Tragflächen bestanden vollständig aus Holz.

Ausfahrbare Klappen an den Flügelenden dienten als Seitenruder und die Außenhaut bestand aus einzelnen Fournier-Lagen, in die eine Mischung aus Kohlestaub und Leim eingearbeitet worden war. Da das Flugzeug komplett aus Holz gefertigt und somit nicht leitfähig war, konnte die Horten 229 nicht vom feindlichen Radar lokalisiert werden.

Die Lüge ist die Tarnkappe eines feigen Menschen.

Unbekannt

Taxameter

Mit 18 hatte ich zwar schon einen Führerschein, aber für ein eigenes Auto fehlte mir noch das Geld und so nutzte ich eifrig die Berliner U-Bahn und das gut ausgebaute Busliniennetz. Zu ganz besonderen Anlässen gönnte ich es mir, mit dem Taxi bei meiner Lieblings-Diskothek vorzufahren. Heute für viele unvorstellbar, aber damals hatte das Vorfahren mit einem Mercedes-Taxi noch Strahlkraft. Zumindest bei uns Teenagern. Zu dieser Zeit war der Taxler in der Regel ein echter Berliner mit Herz und Schnauze und er war vor allem sauber und kannte die Stadt.

Im Laufe der Jahre verlor die Fahrt mit dem Taxi immer mehr an Charme und das Image der Taxifahrer wurde so schlecht wie die Deutsch- und Ortskenntnisse vieler Fahrer.

Ich habe nie verstanden, weshalb weder die Taxi-Innung noch die Fahrer, bis auf sehr wenige Ausnahmen, auf die Idee gekommen sind, das Taxifahrern nicht als banale Menschenbeförderung zu gestalten, sondern als ein VIP-Fahrerlebnis.

Ein sauberes Taxi fährt vor, der Fahrer springt demonstrativ bemüht aus, öffnet die Tür und empfängt den Fahrgast mit einem leichten Diener und den Worten „Willkommen an Bord".

Zurück auf dem Fahrersitz, einen freundlichen Blick nach hinten zum

Gast und die Frage, ob sich der Gast gerne unterhalten möchte, Informationen zur Stadt haben will oder ob er lieber seine Ruhe genießen wolle. Die Frage nach dem Lieblings-Radiosender oder der Lieblings-Musik sowie der Tageszeitung als höfliche Draufgabe und die Fahrt geht los.

Der ideale Taxifahrer verstünde sich in meiner Welt als Dienstleister, der während der Fahrzeit der Chauffeur des Gastes ist und um sein Wohlergehen bemüht.

Hätte die „Taxiindustrie" sich so um ihre Kunden bemüht, dann wäre sie nicht von Uber & Co verdrängt worden.

Letztere Anbieter rechnen über Smartphone und App ab und haben eine weitere kleine, aber feine deutsche Erfindung obsolet gemacht: das Taxameter.

Der Erfinder des Taxameters ist Friedrich Wilhelm Gustav Bruhn, ein deutscher Unternehmer aus dem 19. Jahrhundert.

Bruhns Erfindung wurde seit Anfang der 1880er Jahre an Pferdedroschken montiert und errechnete mittels der Radumdrehungen den Fahrpreis.

Mit dem langsamen Sterben der Taxen stirbt nicht nur in unserem Land auch ein Stück Verkehrs-Geschichte.

Das Leben ist wie eine Taxifahrt, auch wenn man rumsitzt und wartet, tickt das Taxameter weiter.

Stromberg

Teddybär

Weil die Deutschen wissen, daß die wilden Tiere frei sind,
fürchten sie, durch die Freiheit zu wilden Tieren zu werden.

Friedrich Hebbel

Die Entstehung des Teddybären soll auf den 26. Präsidenten der USA Teddy Roosevelt zurückgehen.

Angeblich wurde Roosevelt zur Bärenjagd eingeladen und nachdem er keinen Bären erlegt hatte, offerierte man dem Präsidenten ein Bärenjunges, welches er töten sollte. Roosevelt lehnt der Erzählung nach ab und eine Spielwarenherstellerin in New York erfuhr von der Geschichte, fertigte ihm zu Ehren einen Stoffbären an, stellte ihn in das Schaufenster ihres Spielwarengeschäfts und nannte den Bären Teddy, abgeleitet vom Namen des Präsidenten.

Eine schöne Geschichte, die ich Ihnen nicht vorenthalten wollte, aber eben nur eine Geschichte.

In Wahrheit wurde der Teddybär in Deutschland erfunden.

Der Neffe von Margarete Steiff, der berühmten Spielwarenherstellerin, Richard Steiff liebte es, in Stuttgart den Nill'schen Tiergarten zu besuchen. Dort zeichnete Steiff die Bären in ihrem Gehege.

1902 fertigte Richard Steiff anhand seiner Skizzen den ersten Teddybären, 55cm groß, plüschig und beweglich (55PB). Kurze Zeit später präsentierte er den Bären auf der Leipziger Spielwarenmesse, wo er kaum Beachtung fand. Am letzten Tag kam dann doch noch ein amerikanischer Geschäftsmann an den Spielwarenstand der Firma Steiff und kaufte ihm 100 Teddybären ab.

Kurze Zeit später erhielt Steiff eine Folgebestellung von weiteren 3.000 Bären.

1904 auf der Lousiana Purchase Exposition, der Weltausstellung in St. Louis, setzte Steiff sage und schreibe 12.000 Teddybären um. Mit diesem Verkaufsrekord auf der Messe erhielten Margarete und Richard Steiff die Goldmedaille als höchste Auszeichnung der Tradeshow.

Auch heute produziert Steiff noch fleißig den Teddybär und macht mit seinen Produkten rund 98 Millionen Euro Umsatz.

Erwachsene nennen ihre Teddybären Ideale.

Robert Lemke

Teebeutel

Nachdem die Filterkaffemaschine und der Kaffeefilter schon deutsche Erfindungen sind, ist es nur recht und billig, dass auch das zweitbeliebteste Heißgetränk der Welt, der Tee, von deutschem Pionier- und Erfindergeist verbrauchs- bzw. genussfreundlicher gemacht wurde.

1929 erfand der junge Ingenieur Adolf Rambold den Teebeutel.

Bei seinen Experimenten fielen ihm die Ausgangsstoffe Manilahanf und Thermoplastik in die Hände. Er fertigte aus 15 Zentimeter langen Stoffstreifen kleine Schläuche, die er zu Beuteln formte. Diese Doppelkammer-Beutel verschloss er mit einer Metallklammer.

Erneut wurde eine „einfache" Erfindung aus Deutschland zum Welthit. Mehr als 220 Milliarden Teebeutel werden pro Jahr auf der Welt verkauft.

Telefon

Wo immer schweres Leid über die Menschen gebracht wird, geht es uns alle an. Vergesst nicht: Wer Unrecht lange geschehen lässt, bahnt dem nächsten den Weg.

Willy Brandt

Ich war etwa zwei Jahre alt, als ich das erste Mal bewusst telefonieren durfte. Wir hatten ein beigegraues Telefon mit Wählscheibe und einer extra Hörmuschel zum Mithören. Damals waren Telefone analog und sie waren nicht selbstverständlich. Mein Vater war Journalist und deshalb war der Kontakt zur Außenwelt für ihn vor allem beruflich von enormer Bedeutung. Privat wurde das Telefon bei uns kaum benutzt, zumal die meisten unserer Bekannten und Freunde kein Telefon besaßen.

Mein erstes Telefonat durfte ich mit meiner Oma führen. Meine Großeltern lebten in der DDR, im ca. 70 km entfernten Luckenwalde. Zwar hatte sie kein Telefon, aber meine Oma hatte uns von einer Telefonzelle angerufen und ich war trotz meines sehr jungen Alters extrem stolz, selbst telefonieren zu dürfen.

Bei uns galt die Regel, dass ab 20.00 Uhr zur Tagesschau-Zeit niemand mehr angerufen und gestört werden durfte und auch an den Wochenenden galt die Regel, Anrufe nicht vor 9.00 Uhr zu tätigen. Eine Rücksichtnahme, die ich bis heute verinnerlicht habe, allerdings nicht der Tagesschau wegen.

Als ich mit 17 Jahren von zu Hause auszog, hatte das Telefon schon einen ganz anderen Stellenwert. Täglich wurde mit Freunden telefoniert und da innerhalb West-Berlins die Telefoneinheit nur 0,23 DM kostete und man dafür unbegrenzt telefonieren konnte, war so ein Gespräch auch gerne mal länger als zwei Stunden. Heute unvorstellbar. Gleichwohl war das Telefon für viele das Tor zur Welt. Im Fernsehen gab es nur maximal fünf Programme, Privatfernsehen gab es noch nicht und da weder Personal-Computer noch Internet erfunden waren, bestand die primäre Kommunikation, neben persönlichen Verabredungen, aus dem Telefonieren.

1986 war es bei mir endlich so weit, ich hatte ein Tasten-Telefon. Das Model Dallas, groß, weinrot, schwer aber mit Tasten. Schon ein Jahr später brachte ich mir aus den USA ein schnurloses Telefon mit. Ich gebe heute zu, dass ich gerne bedeutungsschwanger auf dem Balkon meiner Wohnung in der Uhlandstraße in Berlin stand, um zu telefonieren. Schließlich sollten auch die Nachbarn mitbekommen, dass ich schnurlos telefonierte. Als nächstes kam ein Anrufbeantworter mit zwei Audiokassetten und meine Welt der Telefonie war in Ordnung.

Noch heute ernte ich verblüffte Blicke, wenn ich mein Smartphone in den Händen halte und Teenagern erkläre, wie toll doch diese Technik sei.

Die Selbstverständlichkeit, derer viele von uns sich bedienen, wenn sie zum Smartphone greifen, um zu telefonieren, habe ich mir noch nicht zu eigen gemacht. Noch heute bin ich mir des absoluten „Luxus" gewahr, diese technische Errungenschaft nutzen zu dürfen.

Stellen Sie sich einen Moment unsere Welt ohne Smartphone vor! Ohne Telefon! Zugegeben jeder über 50 wird möglicherweise bei dieser Vorstellung seufzen und wohlwollend mit dem Kopf nicken. Eine Welt ohne Telefon oder zumindest ohne Smartphone wäre möglicherweise eine bessere.

Weniger Kontrolle, Überwachung, Zensur, Druck und mediale Verpflichtung.

Dabei kann diese Technik von uns geführt werden. Nein! Dabei sollten
Wir diese Technik führen und uns nicht zu ihrem Sklaven machen.

Wie bereits mehrfach erwähnt, haben praktisch alle Erfindungen der
Menschheit auch ihre Schattenseiten. Das gilt natürlich auch und vor
allem für das Smartphone. Man kann es nutzen oder sich von ihm
benutzen lassen. Die Entscheidung treffen wir. Schon aufgrund der
Tatsache, dass bekannt ist, wie sehr Elektrosmog vom Smartphone
unseren Organismus belastet, ist an dieser Stelle „Digitales Detox"
angesagt.

Man schafft es tatsächlich auch mal, ein oder zwei Tage ganz ohne
Smartphone auszukommen.

**Der Erfinder des Telefons und damit selbstverständlich auch der
Vater des Smartphones ist der deutsche Erfinder Johann Philipp
Reis.**

Bereits 1859 erfand der Mathematik- und Physik-Lehrer das Telefon.
Ihm war es als erstem Menschen gelungen, Töne in elektrischen Strom
umzuwandeln und an einem anderen Ort als Schall wieder auszuge-
ben.

Der Überlieferung zu Folge soll der erste jemals telefonisch übermittel-
te Satz folgender gewesen sein:

„Das Pferd frisst keinen Gurkensalat."

Die Erfindung von Reis ließ sich dieser nicht patentieren und so dauerte es noch mehr als 16 Jahre bis der Amerikaner Graham Bell die Erfindung von Reis weiterentwickelte und zum Patent anmeldete.

Witzig ist an dieser Stelle, dass ich neulich über die Erfindung des Telefons mit einem Grünen-Wähler sprach, der sofort und beinahe schon reflexartig sagte, dass es dann doch wohl klar sei, dass die Erfindung des Telefons nicht von einem Deutschen sei. Schließlich hätte Bell ja das Patent und deshalb sei das eine amerikanische Erfindung.

Wie sehen Sie das denn, lieber Leser? Ist der Erfinder des Telefons sein Erfinder oder derjenige, der 16 Jahre später das Patent darauf anmeldet? Wie dem auch sei, Sie und ich kennen jetzt die Fakten und ich denke, diese sprechen für sich.

Weshalb die deutschen Deutschland-Hasser und zu dieser Kategorie zähle ich auch meinen Grünen-Gesprächspartner alles negieren, was für unser Vaterland spricht und jede positive Seite unserer Ahnen verneinen, kann ich nicht erklären. Vielleicht liegt es daran, dass viele Deutsche der vermeintlichen Bürde unserer großartigen Vorfahren nicht gewachsen zu sein glauben und sie deshalb nicht daran arbeiten, selbst etwas Großartiges zu erfinden, zu bauen, zu leisten, zu erreichen oder zustande zu bringen, sondern stattdessen lieber das Andenken an unsere Vorfahren verleugnen und in den Schmutz ziehen. Motto: Deutschland, Du mieses Stück Scheiße oder Deutschland verrecke.

Wer dann deren Gehalt, Sozialhilfe, Bürgergeld oder Almosen bezahlt, wenn der erwünschte Verreckungszustand Deutschlands eingetreten ist, scheint diesen Leuten gleich zu sein.

Wie dem auch sei, durch die deutsche Erfindung des Telefons in Verbindung mit der deutschen Erfindung des Computers wurde die Grundlage des Smartphones gelegt und es ist unbestritten, dass unsere Gesellschaft ohne Smartphone heute eine andere wäre.

Ob diese Entwicklung gut oder schlecht für die Menschheit ist, wird sich noch zeigen. Wir haben es in der Hand. Noch!

Der Brief ist ein unangemeldeter Besuch, ein unhöflicher Überfall, schrieb Nietzsche. Man merkt, dass er die Schrecken des Telefons noch nicht kannte.

Ulrich Erckenbrecht

Telegraph

Der Deutsche ist in Estland guter Russe, im Elsass guter Franzose, in Amerika eifriger Yankee, nur in Deutschland will er nicht Deutscher, selbst nicht ein Coburg-Gothaer, sondern Gothaer oder Coburger sein.

Helmuth von Moltke

Wer schon mal einen alten Western gesehen hat, erinnert sich auch an die Telegraphenstation, von wo aus die Kavallerie zu Hilfe gerufen wurde und an die Indianer (ja, das Wort wird weiter benutzt), die mit ihren Pferden die Telegraphenmaste umrissen, um den „Weißen Mann" von der Verbindung zur Kavallerie abzuschneiden.

Der Telegraph ist aber nicht nur ein fester Bestandteil unserer Film-Kultur, er war auch die Triebfeder für Kommunikation und Wirtschafts-wachstum im 19. und 20. Jahrhundert. Möglicherweise wäre der Wilde Westen ohne den Telegraphen noch heute wild.

Carl Friedrich Gauß und Wilhelm Eduard Weber erfanden den ersten elektromagnetischen Telegraphen der Welt.

Im Mai 1833 wurde er erfolgreich erprobt. Die beiden Erfinder entwickelten 1847 auch den Vorläufer des Morse-Codes.

Das größte Problem in der Kommunikation ist, dass wir nicht zuhören, um zu verstehen. Wir hören zu, um zu antworten.

Thomas Schäring

Thermoskanne

Eine weitere Erfindung, die vielen von uns im Alltag dienlich ist und ohne die eine Bequemlichkeit weniger unser Leben bereichern würde.

Auch mit der Thermoskanne verbinde ich Kindheitserinnerungen. Wir hatten zu Hause auch eine solche Kanne. Sie war sowohl oben als auch unten zu öffnen. Eines Tages hatte meine Mutter kochend heißen Kaffee in die Kanne gefüllt und als sie die Thermoskanne ins Wohnzimmer brachte, ergoss sich der kochend heiße Kaffee über sie. Ich schicke gleich vorweg, dass sie keine bleibenden Schäden zurückbehalten hat. Aber die Verbrühungen waren so schlimm, dass sie noch Wochen danach mit den Verletzungen zu kämpfen hatte.

Für mich war der Schreck prägend. Ich habe bis heute größte Achtung vor Heißgetränken und Thermoskannen, die beidseitig zu öffnen sind.

Der Erfinder der Thermoskanne, Reinhold Burger, war ein deutscher Glastechniker, der für Conrad Röntgen bereits 1901 die Röntgenröhre entwickelt hatte. Nur zwei Jahre später, verblüffte er die Fachwelt mit der doppelwandigen Thermoskanne. Burger erachtete seine Erfindung als unverzichtbar für Wanderer, Touristen und Ausflügler.

Noch heute profitieren wir von dieser kleinen, aber feinen und vor allem praktischen Erfindung, die es uns ermöglicht, Getränke und Suppen heiß oder kalt zu halten.

Ein warmes Gefühl kann man lange behalten,
ein heißes dagegen kann schnell erkalten.

Monika Kühn-Görg

Tonband

Mein größter Traum war immer eine Bandmaschine. In den 1970er und 1980er Jahren war die Blütezeit der Bandmaschinen. Firmen wie Revox, Tandberg, AEG, Technics, Akai und viele andere begeisterten die HiFi-Enthusiasten.

Bis heute träume ich von der Akai 747 Auto-Reverse-Tonbandmaschine. Dieses Schmuckstück Made in Japan hat auch im 21. Jahrhundert nichts an Charme und Anziehungskraft verloren. Mit dem Einzug des DAT (Digital Audio Tape), des Betamax HiFi-Videorecorders, der CD und später der beschreibbaren CDs war das endgültige Aus der Tonbandmaschinen besiegelt. Kurz darauf folgte Betamax und auch das DAT ist heute Geschichte. Trotz aller Schnelllebigkeit und einer zunehmenden Digitalisierung kann eine Tonbandmaschine akustisch jeder MP3-Quelle das Wasser reichen. Tonbänder sind nicht frequenzbeschnitten und bei hoher Bandgeschwindigkeit, adäquater Rauschunterdrückung und mit gutem Bandmaterial kann der Hörgenuss auch heute noch verzaubern.

Die Erfindung des Tonbands geht auf die 20er Jahre des letzten Jahrhunderts zurück. Fritz Pfleumer war Entwickler von Zigarettenmundstücken, die er mit einem haltbaren Bronzelack überzog.

Sein technisches Knowhow setzte Pfleumer bei der Erfindung des Tonbands ein. Er fixierte Stahlstaub auf Papierstreifen und härtete diesen mit Lack. Auf diese Weise war das erste magnetisierbare Tonband erfunden.

Zusammen mit AEG stellte er das erste fertigungsreife Magnetband der Welt her und präsentierte es bereits 1935 auf der Internationalen Funkausstellung in Berlin.

Viele Jahrzehnte war das Tonband auf der ganzen Welt die einzige Möglichkeit Musik und Sprache in guter Qualität und adäquater Länge aufzuzeichnen.

Man kann die Vergangenheit nicht löschen wie ein Tonband; sie lebt mit uns.

François Mauriac

Tonfilm

Wer zu spät kommt, den bestraft das Leben.

Michail Gorbatschow

Als ich in der Grundschule war, gab es wie bereits erwähnt, nur drei bzw. wenn man DDR-Fernsehen empfangen konnte, fünf Fernsehkanäle.

Da wir Kinder ohnehin die meiste Zeit draußen verbrachten, ob Sommer oder Winter, war uns das Fernsehprogramm auch egal. Trotzdem gab es einige Serien, auf die wir wöchentlich hinfieberten: Bonanza am Sonntagnachmittag und am Freitagnachmittag die Väter der Klamotte. Letzteres waren alte Stummfilme aus dem Hollywood der 1920er und 1930er Jahre. Der Charme dieser alten Filme zeigt auch heute noch ihre Ausdrucksstärke. Ohne Ton, nur mit Klavierspiel untermalt begeisterten die Schauspieler auch ohne, dass sie direkt zu uns sprechen konnten.

Obgleich die Filme bis in die 1930 Jahre ohne Ton waren, sind sie doch nie wirklich stumm gewesen. Begleitet wurden sie mit Klavier- oder Orgelmusik und nicht selten sogar mit einem Orchester. Viele Jahre hat sich die Film- bzw. Kino-Industrie gegen den flächendeckenden Einsatz des Tonfilms gewehrt. Die Kinos waren ausgebucht, die Nachfrage stieg ständig und deshalb sahen sie keinen Grund, in teure Lautsprecher-Umbauten zu investieren.

Hans Yogt, Joseph Marsolle und Dr. Engl waren die Erfinder des Tonfilms. Im März 1921 führten sie den ersten Tonfilm der Welt vor.

In der Fachliteratur wird aber die Erfindung nicht den Deutschen zugeschrieben, sondern Sam Warner, Western Electric und den Bell Telephone Laboratories. Diese hatten aber erst 1926 ihre erste Tonfilmpräsentation.

Bereits ein Jahr zuvor hatte aber die Ufa in Deutschland schon „Das Mädchen mit den Schwefelhölzern" in die deutschen Kinos gebracht.

Die Erfindung des Tonfilms ist ein weiteres schönes Beispiel dafür, dass auch hier mit der gleichen „Sorgfalt" und dem „Anstand" Geschichte geschrieben wurde, wie wir es aus anderen Bereichen bereits kennen.

Ich ehre an dieser Stelle die wahren Erfinder des Tonfilms: Hans Yogt, Joseph Marsolle und Dr. Engl.

Ich schau mir keinen Film mehr an, draußen passiert doch alles viel wirklichkeitsfremder.

Elmar Kupke

U-Boot

U-Boote sind sowohl in der zivilen Seefahrt als auch beim Militär nicht mehr wegzudenken und spätestens seit dem Roman von Jules Verne „20.000 Meilen unter dem Meer" von 1869 begann ein wahrer Wettlauf um die Verwirklichung von Jule Vernes Visionen. Dabei war die Idee eines Unterwasserbootes 1869 nicht neu. Das U-Boot war zu diesem Zeitpunkt bereits von einem Deutschen erfunden worden.

Sebastian Wilhelm Valentin Bauer erfand 1851 das erste moderne U-Boot.

Im selben Jahr wurde der erste Tauchversuch unternommen. In beiden Weltkriegen waren die deutschen U-Boote technisch denen der Alliierten überlegen und vor allem im Zweiten Weltkrieg sorgten sie für Angst und Schrecken bei den Gegnern Deutschlands.

Inzwischen werden U-Boote beim Militär überwiegend atomar betrieben und können so wochenlang getaucht bleiben. Das russische Atom-U-Boot TK-208 blieb 1984 121 Tage ununterbrochen unter Wasser und man kann davon ausgehen, dass dieser Rekord insgeheim schon wieder gebrochen wurde.

Waschmaschine

1901 erfand der deutsche Karl Louis Kraus die mechanische Trommelwaschmaschine mit der ersten Waschtrommel aus Metall. Ein Kohleofen erhitzte das Wasser im Waschkessel.

Die Wäsche wurde durch den heißen Waschkessel gedreht und so konnte sie durch die Seifenlauge gereinigt werden. Mit dieser Erfindung wurde das bis dahin kräftezehrende und zeitraubende Waschen deutlich leichter.

Zur gleichen Zeit entwickelte der Amerikaner Alva J. Fisher eine elektrische Waschmaschine, die aber exorbitant teuer und sehr schwer zu bedienen war.

Auch der Deutsche Carl Miele, Hersteller von Milchzentrifugen, entwickelt 1901 aus einer Milchzentrifuge eine Waschmaschine. Dafür tauschte er das Rührwerk durch Holzstäbe. Sowohl Carl Miele als auch Karl Louis Kraus arbeiteten an ihrer Waschmaschinen-Vision weiter.

Bereits 1931 verbesserte der Sohn von Kraus die Erfindung seines Vaters. Seit dieser Zeit war das Waschen voll elektrisch und die Waschmaschine begann ihren Siegeszug in der Welt.

Bis in die 1960er Jahre konnten Waschmaschinen noch nicht schleudern. Zudem waren sie noch so kostenintensiv, dass sie nur in wenigen Haushalten zu finden waren.

In den 1960er und 1970er Jahren begann dann der Boom der Haushaltswaschmaschine. Dabei gab es zwei „Glaubensrichtungen": die Freunde der „Toplader", zu denen meine Mutter gehörte und die „Frontlader"-Anhänger.

Letztere haben sich im Laufe der Jahrzehnte durchgesetzt.

Weltweit steht der Name Miele inzwischen für die Waschmaschine Made in Germany, obgleich in den letzten 100 Jahren unzählige andere internationale Firmen die Produktion von Waschmaschinen professionalisiert haben.

Meine erste Waschmaschine habe ich mir in einem Laden für gebrauchte Geräte gekauft. Es war auch ein „Toplader" und diese Maschine hat mich noch viele Jahre begleitet und obwohl sie gebraucht gekauft war, ist sie die zuverlässigste Waschmaschine gewesen, die ich je besessen habe.

Auch die beste Waschmaschine wäscht ein besudeltes Gewissen nicht rein.

Anna Olga

Waschmittel

*Ein Volk, das seine Geschichte geißelt,
schlägt seine Seele blutig.*

Gerlinde Nyncke

Direkt nach dem Zweiten Weltkrieg gab es einen Schein, dessen Bezeichnung noch heute umgangssprachlich von vielen verstanden wird.

Der Persilschein! Er war in Deutschland und Österreich ein Zeugnis der Entlastung. Belastete Menschen reichten den Persilschein bei der sogenannten Spruchkammer ein, um eine positive Bewertung durch die Alliierten zu erhalten und einer möglichen Bestrafung zu entgehen. Der Persilschein ist der umgangssprachliche Begriff für ein Entlastungszeugnis.

Der Ursprung stammt von dem gleichnamigen Waschmittel Persil. Nichts wäscht die Weste weißer als Persil. Persil macht eine weiße Weste.

Die Bekanntheit von Persil geht auch darauf zurück, dass die Firma Henkel 1907 mit Persil das erste Waschmittel der Welt produzierte.

Dabei setzte sich der Name aus NatriumPERborat und SILikat zusammen, Persil.

25 Jahre später erfand Heinrich Bertsch in Chemnitz mit Fewa das erste synthetische Waschmittel der Welt. Eine Marke, die später vor allem in der DDR bekannt war. Anfang der 1960er Jahre wurden die biologisch leicht abbaubaren Tenside in der Waschmittelindutrie eingeführt, um

die überhandnehmende Schaumbildung in Flüssen und Meeren zu reduzieren. Mit der Einführung von Enzymen in Waschmitteln Ende der 1960er Jahre wurde der Abbau von Stärke, Eiweiß und Fetten forciert. Phosphatfreie Waschmittel wurden 1986 eingeführt, um die damals überdüngten Gewässer zu entlasten.

Mit der Einführung von sogenannten Colorwaschmitteln 1992 konnte der Einsatz von Bleiche drastisch reduziert werden, was sowohl zur Entlastung der Umwelt als auch zu Wäsche-Schonung geführt hat.

Die letzte große technische Verbesserung bei Waschmittel kam 1994 auf den Markt. Mit der Einführung von Konzentrat-Waschmitteln konnte deren Einsatz erneut drastisch verringert werden.

Ein weiteres Beispiel dafür, wie eine vermeintlich kleine Erfindung nicht nur praktisch jedem Menschen auf der Welt das Leben leichter macht, sondern wie sie auch stetig weiterentwickelt werden konnte und kann.

Establishment ist die Gemeinschaft jener Hände, die einander dauernd waschen, ohne dadurch sauberer zu werden.

Colin Wilson

Weihnachtsbaum

Ich kenne keine Parteien mehr, ich kenne nur noch Deutsche.

Wilhelm II.

Erneut möchte ich Sie in meine Kindheit mitnehmen. Die ersten Erinnerungen an Weihnachten haben bei mir vor allem etwas mit dem Weihnachtsbaum zu tun. Auch wenn wir Kinder uns über die Geschenke freuten, war es der Baum, die Weihnachtsmusik, Lebkuchen, Selbstgebackenes und die Weihnachtsstimmung, die meine Erinnerung an die Weihnachtsfeste meiner Kindheit prägen.

Traditionell kaufte mein Vater mit uns den Weihnachtsbaum am 22. Dezember. Da wir in einer Berliner Altbauwohnung mit 3.80 Meter Deckenhöhe wohnten, waren unsere Bäume immer mehr als zwei Meter hoch. Für uns Kinder ein epochaler Eindruck. Der Kosten wegen leisteten sich meine Eltern „nur" Fichten, doch uns Kindern war das einerlei. Schon beim Kauf auf dem Weihnachtsbaummarkt spürten wir, dass diese wunderbare Weihnachtsstimmung alle um uns herum ergriffen hatte. Man traf Nachbarn, Fremde und irgendwie fühlte es sich so an, als würden sich alle kennen und gut verstehen. Das war wohl der viel zitierte „Weihnachtsspirit", der uns ergriffen hatte.

Nachdem wir den Baum gekauft hatten, wurde er auf das Dach unseres VW-Käfers gelegt und mit einer einfachen Schnur, die durch die runtergekurbelten Fenster gezogen wurde, befestigt.

Zuhause angekommen halfen wir Kinder unserem Vater, den Baum in den dritten Stock zu tragen.

Damals hatten wir noch Kohleöfen und so roch es in der Wohnung schon irgendwie festlich, als wir aus der Kälte mit dem Baum ins Wohnzimmer traten.

Geschmückt wurde traditionsgemäß erst am 23. Dezember und wir Kinder durften den Baum erst am Nachmittag des Heiligen Abend sehen.

Die Aufregung war groß und die Spannung, wie er dieses Jahr wohl aussehen würde, umso größer.

Der Baumschmuck bestand aus echten Wachskerzen und Lametta, welches von meiner Mutter jedes Jahr wieder eingesammelt, in Papierservietten sortiert und im Schrank verstaut wurde, um im nächsten Jahr wieder zum Einsatz zu kommen. Zudem wurden einige Christkugeln aus Glas am Weihnachtsbaum drapiert.

Unser Baum war schlicht, bescheiden und gleichsam beeindruckend weihnachtlich.

Rückblickend kann ich sagen, dass die Holzklötzer, Legobausteine und Cowboy- und Indianer-Figuren, die es zu Weihnachten gab, uns Kinder alles um uns herum vergessen ließen.

Neben dem Baum stand ein 10 Liter Wassereimer und meine Eltern passten akribisch darauf auf, dass die Kerzen richtig befestigt waren und niemals ganz abbrannten.

Abgeschmückt wurde am 06. Januar, am Heiligen-Drei-Königs-Tag. Mit dem „Fensterwurf" des alten Baums verbanden wir stets die Hoffnung auf ein glückliches, gesundes und friedliches neues Jahr.

Für mich war der Weihnachtsbaum nichts, was ich mit Religion oder

Kirche verband. Zum einen, weil ich konfessionslos erzogen wurde, zum anderen, weil ich mir als Kind darüber auch keine Gedanken gemacht habe.

Im Dezember 2023 hat der NDR berichtet, dass der Weihnachtsbaum eine islamische Erfindung sei.

Derweil hat eine Hamburger Kita den Weihnachtsbaum verboten, weil er die Gefühle der muslimischen Kinder verletzen würde.

Ein anonym gespendeter Weihnachtsbaum an die Kita wurde von der Einrichtung mit einer Strafanzeige gedankt!

Der Ursprung des Weihnachtsbaums geht auch tatsächlich nicht auf das Christentum zurück, im Gegenteil.

Die katholische Kirche weigerte sich bis tief in das 20. Jahrhundert hinein, den Weihnachtsbaum zu akzeptieren.

Erst 1982 führte Papst Johannes Paul II. den Weihnachtsbaum im Vatikan ein.

Die Welt verdankt den Weihnachtsbaum den heidnischen Bräuchen unserer germanischen Vorfahren. Immergrüne Pflanzen waren ein Symbol der Lebenskraft und Fruchtbarkeit. Die Germanen schmückten zur Wintersonnenwende um den 21. Dezember öffentliche Orte, aber auch ihre Wohnhäuser mit Tannenzweigen.

Die Zweige sollten böse Geister vertreiben und sinnbildlich Hoffnung für das kommende Frühjahr geben. Ab dem Mittelalter wurden ganze Bäume zu ausgesuchten Festlichkeiten geschmückt. So auch der Maibaum, der in einigen Teilen Deutschlands noch heute aufgestellt wird.

Bereits vor mehr als 600 Jahren im Jahre 1419 sollen Mitglieder der

Bäckerzunft aus Freiburg im Breisgau den ersten Weihnachtsbaum mit Nüssen, Lebkuchen und Früchten geschmückt haben.

Richtig feierlich wurde es dank der Herzogin Dorothea Sibylle von Schlesien, die 1611 den ersten Weihnachtsbaum mit Kerzen schmückte.

Nachdem immer mehr Zünfte, wie die des städtischen Handwerks in Bremen 1597, geschmückte Tannenbäume aufstellten, übertrug sich die Sitte Anfang des 17. Jahrhunderts auch auf immer mehr Familien in Deutschland. Zunächst überwiegend bei den Beamten, da Tannenbäume noch selten und kostspielig waren, später mit der Anlage von Fichtenwäldern im 19. Jahrhundert wurde der Weihnachtsbaum auch beim Volk fester Bestandteil ihrer Weihnachtstradition.

Johann Wolfgang von Goethe erwähnte bereits früh den Weihnachtsbaum, in seinem Roman „Die Leiden des jungen Werther" ließ Goethe 1774 die Hauptfigur vor einem geschmückten Weihnachtsbaum auftreten.

Ab dem 19. Jahrhundert breitete sich die deutsche Weihnachtsbaum-Tradition in Europa aus und im Jahr 1832 stellte ein deutscher Auswanderer, der als Professor an der Harvard University arbeitete, einen Weihnachtsbaum vor seinem Wohnhaus auf. Damit schwappte der Brauch auch in die USA.

Zur selben Zeit wurden die ersten mundgeblasenen Christbaumkugeln hergestellt und 1882 leuchteten die ersten elektrischen Kerzen an einem Baum in den USA.

1891 stellte Benjamin Harrison, 23. Präsident der Vereinigten Staaten von Amerika den ersten Weihnachtsbaum vor das Weiße Haus in Washington.

In Deutschland werden inzwischen etwa 25 Millionen Weihnachtsbäume pro Jahr aufgestellt. Eine Tradition, die unabhängig von Religionszugehörigkeit von vielen Menschen gepflegt wird.

Der Baum ist auch ein Symbol der Hoffnung, Liebe und des Lebens.

Vielleicht besinnen wir Deutsche uns auch in diesem Zusammenhang auf unsere Geschichte, Kultur und die Ahnen, derentwegen wir überhaupt nur auf der Welt sind.

Das Fest der Liebe, Weihnachten, kann auch ein Fest der Besinnung auf das Wesentliche sein. Die Liebe, den Glauben an uns, unsere Familie, Werte, Traditionen und das unerschütterliche Wissen darum, dass wir Deutsche seit mehr als 1.000 Jahren aus jeder Niederlage gestärkt hervorgetreten sind. Solange wir einig waren, voller Wahrhaftigkeit und in festem Glauben an uns, unsere Werte und die Kraft der Ahnen, derer wir gewiss sein können, solange wir sie nicht verleugnen, sondern ehren.

Ein gutes Gewissen ist ein ständiges Weihnachten.

Unbekannt

Windkraftanlage

Es hat viel edleres Blut dazu gehört, Goethe, Wagner oder Bismarck zu erzeugen, als einen Prinzen von X oder einen Herzog von Y.

Alexander Otto Weber

Nachdem ich während der „Pandemie" fast drei Jahre nicht verreist war, musste ich nach dieser Zeit auf meiner ersten „Ausfahrt" mit Entsetzen feststellen, dass sich Deutschland in dieser Zeit nicht nur menschlich, sondern auch in seiner Ursprünglichkeit stark verändert hatte.

Praktisch in allen Bundesländern standen plötzlich riesige Windkraftparks. Ganze Wälder wurden gerodet, riesige Felder mit teils mehr als 100 Meter hohen Windrädern vollgestellt. In geradezu boshafter Hässlichkeit wurden diese Monstrositäten nicht wenigstens in Reih und Glied aufgestellt, sondern wie zufällig irgendwie in die Landschaft gepflanzt.

Im Sommer 2023 war ich mehrfach in Deutschland unterwegs und fuhr dabei rund 6.000 Kilometer. Auf keiner dieser Fahrten waren mehr als maximal 15% der Windräder aktiv. Die meisten standen still. Unbewegt wirkten sie wie Mahnmale menschlicher Dummheit und politischen Größenwahns.

Ich bin fest davon überzeugt, lieber Leser, dass Sie bereits schon ähnliches erlebt und gesehen haben und bestätigen können, dass sich die Windräder, zumindest jene, die nicht am Meer stehen, kaum drehen.

Der enorme Aufwand, mit dem die Anlagen gefertigt werden, Zufahrstraßen gebaut, Bäume gefällt und Stromtrassen gelegt werden, scheint nicht im Verhältnis zur Stromgewinnung zu stehen.

Eine Ideologie, die mit aller Macht etwas durchsetzt, das weder wirtschaftlich noch ökologisch Sinn macht, scheint hier nur einem Zweck zu dienen: Deutschland optisch zu zerstören.

Der deutsche Wald, Sinnbild unserer Ahnen, unserer Kultur und unseres Seins soll offensichtlich mit aller Macht vernichtet werden.

Der Wegbereiter der Windkraft hatte mit seiner Arbeit ein völlig anderes Ziel.

Der Strömungsforscher Professor Albert Betz gilt als der Vater der Windenergie.

Dank der Arbeit von Betz konnte berechnet werden, dass aus dem an einem Ort wirkenden Wind maximal 59,3% der in diesem Moment verfügbaren Energie durch einen scheibenartigen Wandler in mechanische Energie umgesetzt werden kann.

Wenn alles gegen dich zu laufen scheint, erinnere dich daran, dass das Flugzeug gegen den Wind abhebt, nicht mit ihm.

Henry Ford

Xenonlicht

Die ersten Automobile hatten noch eine Laterne in Form von Kerzen als „Frontscheinwerfer".

1991 erblickte das Xenonlicht in wahrsten Sinn des Wortes das Licht der Welt in einem BMW 7er.

Mit dieser Entwicklung setzte BMW neue Maßstäbe in der Beleuchtungstechnik von Fahrzeugen!

Noch wissen wir nicht, mit welcher Technik in 100 Jahren gefahren bzw. befördert wird. Zu hoffen ist, dass der deutsche Erfindergeist zeitnah wieder an alte Schaffenskraft anknüpfen kann und auch in ferner Zukunft nicht nur bei der Beleuchtung wegweisend ist.

Y – Vom Zuschauer zum Schöpfer

Die Deutschen sind ehrliche Leute.

William Shakespeare

In all meinen Schulungen und Vorträgen, die ich über die Jahre halten durfte, war es stets faszinierend anzusehen, dass vor allem in Deutschland und Österreich meine geschätzten Gäste bei der Bitte die Hand zu heben zu 90% nichts taten. Die meisten schauten einfach zu und warteten ab. Erst bei der Frage, wer seine Hände mitgebracht habe, gingen sie nach oben.

Ich habe mich lange gefragt, woran das liegt. Schließlich kam ich zu dem Schluss, dass „Wir" in den letzten Jahrzehnten zu passiven Zuschauern erzogen worden sind. In der Schule, Universität, in den Betrieben und zuhause vor dem Fernseher warten die meisten ab, was ihnen gesagt wird und beobachten dann, was passiert.

Um unser Leben tatsächlich glücklich und erfolgreich zu gestalten, bedarf es der Fähigkeit nicht nur zuzuschauen, sondern aktiv zu sein, einzugreifen und die Initiative zu übernehmen.

Jeder kennt die folgende Situation. Ein Unfall geschieht und wir sind für einen kurzen Moment erschrocken, erstarrt und gebannt. Dann entscheidet sich, ob wir als tatkräftiger Schöpfer zur Hilfe eilen oder als ohnmächtiges Opfer zum Zuschauer des Unfalls und unseres eigenen Lebens verkommen.

Tatkraft ist der Motor des menschlichen Seins.

Ich habe für Sie, lieber Leser, mehr als 120 bahnbrechende Erfindungen zusammengetragen. Mehr als 260 Zitate und unzählige namhafte deutsche Künstler. Die Gemeinsamkeit all derer, denen ich in diesem Buch Raum geben durfte, ist ihre Tatkraft. Für ihre Ideen, Ziele, Visionen und letztlich eine bessere Welt für uns alle.

Heute ist der Tag, an dem ich Sie aus tiefsten Herzen darum bitte, nein, dazu auffordere, sich der Tatkraft derer anzuschließen, die hier auf über 380 Seiten zitiert wurden. Seien Sie ein Teil davon. Gestalten Sie Deutschland mit! Machen Sie aus Europa einen besseren Ort und kreieren Sie unsere Welt zu einer lebenswerteren!

Ganz gleich, welchen Beruf Sie ausüben, wie alt Sie sind und welcher Partei oder Religion Sie sich zugehörig fühlen. Wenn Sie in Deutschland leben und dieses Land wertschätzen, dann gestalten Sie es mit! Im Geiste unserer Ahnen, zum Wohle des deutschen Volkes und auch im Sinn Ihrer Kinder, Enkel und all derer, die in den kommenden Jahrhunderten das Licht der Tatkraft über Deutschland scheinen lassen.

Ich habe keine deutsche Erfindung, die mit Y beginnt, finden können. Vielleicht haben Sie eine Idee, Vision oder einen Geistesblitz, der, zum Leben erweckt, zu einer Erfindung führt, die mit Y anfängt. Seien Sie Teil der Erfinder, Dichter und Denker unseres Landes. Oder bringen Sie sich dabei ein, eine ebenso wichtige Aufgabe zu erfüllen:

• Helfen Sie einem Nachbarn, der hilfsbedürftig ist.

• Sammeln Sie Müll im Wald oder Park.

• Besuchen Sie die Obdachlosen in Ihrer Gemeinde und bringen Sie eine Kleinigkeit mit.

• Geben Sie an heißen Tagen dem Straßenbaum vor Ihrer Haustür Wasser und auch den Tieren im Garten.

- Pflanzen Sie einen Baum und begleiten Sie ihn bei seinem Wachstum.

- Rufen Sie einen alten Freund oder Bekannten an, mit dem Sie zerstritten sind und vergeben Sie ihm.

- Machen Sie einem Fremden ein ehrliches Kompliment und schenken Sie ein uneigennütziges Lächeln.

- Suchen Sie Gemeinsamkeiten und keine Unterschiede bei Ihren Mitmenschen.

- Lassen Sie alles los, was Sie nicht glücklich macht.

- Zeigen Sie Rückgrat und unterwerfen Sie sich niemals unsinnigen, verbrecherischen oder ungerechten Anweisungen und Befehlen!

- Setzen Sie sich für schwächere Lebewesen ein, wo immer Sie können. Auch wenn Sie dadurch vermeintlich einen Nachteil haben könnten.

- Wenn Sie sich über Politiker oder Medienvertreter ärgern, dann schreiben Sie ihnen einen höflichen, aber deutlichen Brief

- Wenn Sie sich über Ungerechtigkeiten in unserem Land ärgern, dann gehen Sie auf Demonstrationen, engagieren Sie sich in einer Partei, gründen Sie eine Partei, unterstützen Sie finanziell freie Medien, werfen Sie Zettel in Briefkästen, die aufklären oder schmieren Sie ein paar belegte Brötchen und bringen diese beim Wahlkampf-Team ihrer Lieblings-Partei an den nächsten Wahlstand.

- Geben Sie niemals auf.

- Ihre Stimme ist wichtig und wertvoll. Verbinden Sie sich mit anderen Menschen, gemeinsam sind Sie stark.

- Nicht der Wille versetzt Berge, es ist der Glaube! Glauben Sie an sich und Ihre Ziele. Wenn Sie nicht an sich glauben, warum sollte jemand anderes es tun?

- Das Leben findet heute statt. Nicht in Ihrer Vergangenheit oder Zukunft. Packen Sie HEUTE die Dinge an, die Sie verändern möchten und warten Sie niemals darauf, dass es ein anderer für Sie übernimmt.

- Begehen Sie jeden Tag eine gute Tat!

- Beenden Sie jeden Tag mit den Gedanken daran, wofür Sie dankbar sein können.

Sie sind Schöpfer und alles, was denkbar ist, das ist auch möglich.

Wenn „Wir" es nicht schaffen, unser Leben, unsere Gesellschaft und die Entwicklung unseres Landes selbst in die Hand zu nehmen und nach „Papa Staat" rufen, bei dem „Wir" die Verantwortung abgeben, dann wird sich weder unser Land noch unsere persönliche Situation in Deutschland und der Welt zum Besseren wenden. Auch wenn es uns persönlich (noch) gut geht, bedeutet das nicht, dass wir unsere Verantwortung als Mitmenschen denen gegenüber, die nicht so gesegnet sind wie wir, vernachlässigen dürfen. Außerdem ist ein gutes Leben heute kein Garant dafür, dass es morgen noch ebenso gut ist.

Exakt aus diesem Grund ist es eines jeden heilige Pflicht für ein besseres Miteinander und Füreinander zusammenzuhalten und JEDEN TAG ein kleines bisschen etwas für dieses Land und somit auch für uns selbst zu tun. Nicht als hilflose Zuschauer dahin zu vegetieren, sondern als machtvolle Schöpfer aktiv mitzugestalten.

Für das System gibt es nichts Schlimmeres als Menschen, die frei

sind und diese Freiheit mit Tatkraft verteidigen. Ihr Engagement für sich selbst und Ihr Land ist der Garant für eine Zukunft in Einigkeit und Recht und Freiheit!

Jetzt freue ich mich auf viele Erfindungen, die mit Y anfangen oder auf den Geist des Y, der durch unser Land weht.

Ich gebe Ihnen jetzt eine Extraseite Raum, in der Sie die Ideen für Ihr persönliches Wachstum und die Dinge, die Sie für unser Land und unsere Gesellschaft einbringen und sammeln können, notieren dürfen. Zeigen Sie Tatkraft!

Wer kämpft, kann verlieren.
Wer nicht kämpft, hat schon verloren.

Bertolt Brecht

Meine Ideen & Visionen als tatkräftiger Schöpfer, der nicht zuschaut, sondern anpackt!

Zahnpasta

Meine Erinnerungen an das Zähneputzen sind eng mit einem kleinen Plastikbecher verknüpft, auf dem ein Kind mit einer Zahnbürste zu sehen war. Ich glaube „Putzi" stand auf dem Becher. Wie wahrscheinlich bei den meisten Kindern brauchten auch meine Eltern immer etwas Überredungskunst, um meinen Bruder und mich zum Zähneputzen zu animieren. Hinzu kam, dass die Zahnpasta in unserer Kindheit natürlich dieselbe war, die unsere Eltern benutzt haben. Eine stark nach Minze schmeckende Paste, die uns Kindern den Schauer über den Rücken laufen ließ, wenn es hieß: Zähneputzen!

Die Kinder heute können zwischen Kirsch, Erdbeere und unzähligen anderen Geschmacksrichtungen wählen und so ist das Zähneputzen zumindest geschmacklich nicht mehr eine ganz so große Qual.

Schon die alten Römer legten Wert auf gepflegte Zähne und so verwendeten sie Bimsstein und Marmorstaub zur Zahnpflege. Im alten Griechenland wurde ein Leinentuch zur Zahnpflege benutzt und in Mesopotamien wurden Minze, Alaun und Baumrinde zum Zähneputzen eingesetzt.

Einem deutschen Apotheker waren all diese Reinigungs-Methoden zu unpraktisch und nicht pflegend genug und so entwickelte er auf seinem Dachboden etwas Revolutionäres für unsere Zahnpflege.

Ottomar von Mayenburg stellte aus Calciumcarbonat, Seide, Kaliumchlorat, Glycerin, Bimsstein und Minze-Aroma die erste Zahnpasta der Welt her. Er nannte sie Chlorodont.

Ein weiterer deutscher Unternehmer experimentierte ebenfalls mit einer „innovativen" Zahnpasta. Die Berliner Auergesellschaft soll Überlieferungen zufolge eine Zahncreme mit radioaktivem Wirkstoff entwickelt haben. Dieses Produkt ist aber glücklicherweise nicht auf den Markt gekommen. Da wir in der Regel unsere Zähne mindestens zweimal am Tag putzen und die Schleimhäute im Mund begierig alles aufnehmen, was wir ihnen anbieten, sollten wir auch darauf achten, womit wir unsere Zähne putzen. Inzwischen ist in den meisten Zahncremes Fluorid enthalten. Dieser Inhaltsstoff steht aber im Verdacht, unsere Zirbeldrüse zu verunreinigen. Immer mehr Verbraucher achten deshalb darauf, nur Zahnpasta zu verwenden, die frei von Fluoriden ist.

Zur optimalen Mundhygiene verwende ich morgens eine zehnminütige Mund-Spülung mit verdünntem Chlordioxyd (CDL). In der Nacht sammeln sich im Hals und Mundraum Giftstoffe aus unserem Körper, die wir durch Ölziehen oder CDL-Spülung und gurgeln binden und aus dem Körper führen können und sollten. Nach einigen Minuten Pause können die Zähne dann mit einer fluoridfreien Zahncreme geputzt werden.

Es ist schön, dass Sie mich bis zum Z begleitet haben und auch wenn ich nur eine kleine Auswahl deutscher Erfindungen für Sie zusammengetragen habe, bin ich sicher, dass die eine oder andere Überraschung dabei ist.

Ein Dementi ist der verzweifelte Versuch, die Zahnpasta wieder in die Tube zu bekommen.

Lore Lorentz

Zeppelin

Wie lang zerfleischt mit eigner Hand Germanien
seine Eingeweide?

Johann Peter Uz

In der Nähe von Berlin gibt es einen riesigen Freizeitpark, in dem man schwimmen, saunieren und sonnen kann. Mitten im tiefen Brandenburger Wald erschließt sich ein riesiges offenes Gelände, bei dem man auch an ehemaligen Düsenjäger-Bunkern der russischen Armee vorbeifährt.

„Tropical Island" – Der gigantische Freizeitpark 60 Kilometer von Berlin entfernt, im brandenburgischen Spreewald, wurde in eine Halle gebaut, die ursprünglich für einen ganz anderen Zweck gefertigt wurde.

Mit einer Fläche von 75.000 qm und einer Höhe von 107 Metern ist der Dom des Freizeitparks eine der größten freitragenden Hallen der Welt. Selbst die Freiheitsstatue von New York könnte in ihr Platz finden.

Die Halle ist 360 Meter lang und 210 Meter breit und als sie fertig gestellt wurde, dachte sicher niemand, dass sie eines Tages zum Freizeitpark verkommen würde.

Gebaut wurde die Halle von der Cargo Lifter-AG. Diese hatte 1996 mit 93 Aktionären begonnen und war bis 2002 auf 65.000 Aktionäre angewachsen. Die Anleger investierten in ein visionäres Zukunft-Projekt.

Carl von Gablenz wollte ein Luftschiff bauen, mit dem es möglich werden sollte, schwerste Lasten umweltfreundlich und an praktisch jeden Ort der Welt zu transportieren.

Luftschiffe benötigen keine so großen Landeflächen wie Flugzeuge und so war die Idee von Gablenz schlüssig.

Nachdem 1998 der erste Spatenstich erfolgte, war die 60 Millionen DM „teure" Halle bereits im Jahr 2000 fertiggestellt.

Im strukturschwachen Spreewald gab es viele Arbeitslose und so war die Politik begeistert. Auch in den Medien wurde das visionäre Projekt gefeiert.

Als die Wirtschaft in Ostdeutschland weiter massiv schwächelte und die Investoren-Gelder langsam zur Neige gingen, wendete sich Carl von Gablenz hilfesuchend an die Politik. Dem damaligen CDU-Wirtschaftsminister fehlte die Kompetenz und Weitsichtigkeit für dieses visionäre Projekt und so verweigerte er finanzielle Hilfen. Auch der Bund konnte das Potential von Cargo-Lifter nicht begreifen und so meldete die Firma im Sommer 2002 Insolvenz an.

Innerhalb kürzester Zeit wickelte der Insolvenz-Verwalter die AG ab und kurz bevor die Halle rückgebaut werden sollte, kaufte ein Investor aus Malaysia die Liegenschaft und richtete den Freizeitpark dort ein.

Die Vision des Carl von Gablenz fußt auf einer Idee eines deutschen Luftfahrtpioniers:

Graf Ferdinant von Zeppelin war der Erfinder der Luftschiffe.

Graf Zeppelin diente bei der preußischen Armee und ging später in die USA, wo er auf der Seite des republikanischen Präsidenten Abraham Lincoln und dessen Nordstaaten-Truppen kämpfte.

Nachdem Zeppelin zurück in Deutschland war, widmete er sich seiner Vision eines Luftschiffes. Im Jahr 1900 fand der Jungfernflug des ersten Zeppelinluftschiffes statt und nach unzähligen weiteren Testflügen und technischen Verbesserungen konnte ab 1908 der Linienverkehr starten.

Luftschiffe sollten in den nächsten drei Jahrzehnten den Himmel nicht nur über Deutschland beherrschen. Am 03. Mai 1937 änderte sich das.

Das größte jemals gebaute Luftschiff, die Hindenburg, explodierte bei ihrer 63. Fahrt innerhalb von 35 Sekunden während der Landung in Lakehurst nahe New York.

Das 246,7 Meter lange Luftschiff verbrannte mit einer Geschwindigkeit von 15 Metern pro Sekunde. Die Ursache für das Unglück ist bis heute nicht sicher geklärt. Fest steht, dass die Hindenburg nicht mit ungefährlichem Helium-Gas befüllt war, sondern mit dem durch Kontakt mit Sauerstoff leicht entzündlichem Wasserstoff.

Die Rederei der Hindenburg hätte lieber Heliumgas verwendet, aber das gab es nur in den USA und diese verweigerten Deutschland den Import.

Obwohl die Hindenburg komplett verbrannte und aus ca. 80 Metern abstürzte, überlebten 62 der 97 Menschen an Bord.

Mit dem Absturz der Hindenburg endete auch die Ära der Zeppeline. Gleichwohl war der Zeppelin ein wahres Schiff der Lüfte! In der Hindenburg gab es Schlafkabinen mit warmem und kaltem Wasser und für den einfachen Flug in die USA mussten 4.000 Reichsmark bezahlt werden. So viel wie das damalige Durchschnittseinkommen von 18 Monaten.

Eine Reise mit der Hindenburg war doppelt so schnell wie mit dem damals schnellsten Luxusliner der Queen Mary und als Passagier in einem Zeppelin konnte man einen Ausblick genießen, der einem bei modernen Flugzeugen aufgrund der Höhe und Geschwindigkeit verwehrt bleibt.

Vielleicht erleben wir eines Tages die Wiedergeburt des Zeppelins. Totgesagte leben ja bekanntlich länger.

Man muss nur wollen, daran glauben,
dann wird es gelingen.

Ferdinand von Zeppelin

Zollstock

Eine weitere Erfindung aus Deutschland, die jeder kennt, praktisch jeder zuhause hat und die vor allem auf der ganzen Welt nicht mehr wegzudenken ist.

Ob beim Renovieren, auf dem Bau oder beim Kauf von Einrichtungsgegenständen. Ohne den Zollstock läuft gar nichts.

Anton Ullrich erfand zusammen mit seinem Bruder Franz Ullrich den klappbaren Zollstock.

1886 wurde diese Erfindung als „Neuerung an Gelenkmaßstäben mit Federsperrung" zum Patent angemeldet.

In Paris auf der Weltausstellung 1889 war diese Erfindung ein sensationeller Erfolg.

Zucker aus Zuckerrüben

Wir sind kein Einwanderungsland, wir können es nach unserer Größe und wegen unserer dichten Besiedelung nicht sein.

Hans-Dietrich-Genscher

Ein Erwachsener sollte pro Tag nicht mehr als 50 Gramm Zucker zu sich nehmen und auch wenn inzwischen hinlänglich bekannt ist, dass frisches Obst unseren Zuckerbedarf mehr als ausreichend decken kann, konsumieren die meisten Menschen in der westlichen Welt viel zu viel Zucker.

Industriell verarbeitete Lebensmittel werden gerne mit Zucker als Geschmacksverstärker versetzt und so ist es gar nicht so einfach dem Zucker zu entgehen.

Längst ist bekannt, dass sich Krebs auch von Zucker ernährt und der Verzicht auf Zucker viele biopositive Effekte auf unseren Organismus hat.

Gleichwohl liebt der Mensch seit Urzeiten Süßes und mit der deutschen Entdeckung, aus Rüben Zucker herzustellen und diesen Vorgang industriell umzusetzen, wurde Zucker auch für die breiten Massen erschwinglich.

1747 wies der deutsche Andreas Sigismund Marggraf nach, dass Rübensaft Zucker enthielt. Dessen Schüler Franz Karl Achard entwickelte 1799 ein Fabrikationsverfahren, welches zur Grundlage der Rübenzuckerindustrie ab dem Jahr 1825 wurde. Landwirten war es gelungen,

Rüben mit sehr hohem Zuckergehalt zu züchten und in Deutschland stellten sich ganze Landstriche auf den Anbau von Zuckerrüben ein.

Einer der führenden Pioniere der Zuckerrübenindustrie war Adolph Frank, der 1858 für eine Technik zur Scheidung und Reinigung von Rübensäften ein Patent erhielt.

Eine schöne süße Geschichte für dieses Buch deutscher Erfinder!

Die schlimmste Droge heutzutage ist nicht Heroin oder Gras, sondern raffinierter Zucker.

George Hamilton

Zündkerze

Auch ich vermag mir ein Volk ohne diesen Glauben, dass in ihm und nur in ihm allein die Rettung der Welt liegt, nicht vorzustellen. Auch ich kann die Rettung der Welt nur von meinem Volke, vom deutschen, erwarten.

Egon Bahr

Im vorletzten Jahrhundert wurden viele bahnbrechende Erfindungen in Deutschland gemacht. Einige waren auffällig und groß wie zum Beispiel das Automobil und andere kamen leise und unscheinbar daher wie die kleine aber für jedes Fahrzeug unerlässliche Zündkerze.

Viele Jahre war Robert Bosch seinerzeit schon für die Autoindustrie tätig. Er ging bei Carl Benz und Gottlieb Daimler ein und aus. Bei den unzähligen Konferenzen ging es auch immer wieder um einen effektiven Zündapparat, der die Kraftstoffmischungen der Otto-Motoren zu regeln in der Lage war. 1887 hatte Robert Bosch dann die, im wahrsten Sinne des Wortes, zündende Idee.

Robert Bosch entwickelte einen funkenerzeugenden Magnetzünder.

Mit dieser Erfindung waren aber noch nicht alle Probleme gelöst. Der von Bosch entwickelte Zünder leistete ausschließlich bei niedrigen Drehzahlen seine Dienste und konnte so nicht in mobilen Motoren eigesetzt werden. Sein treuer Mitarbeiter Arnold Zähringer fand dafür eine Lösung. Mit Zähringers Weiterentwicklung des Magnetzünders von Bosch war nun eine Drehzahl von 1.000 Umdrehungen pro Minute umsetzbar. 1902 wurde die Erfindung für Bosch patentiert und die Großproduktion konnte in Stuttgart beginnen.

Menschen mit einer neuen Idee gelten so lange als Spinner,
bis sich die Sache durchgesetzt hat.

Mark Twain

Intermission 4 - Du bist Deutschland

Unser Land wird sich ändern, und zwar drastisch.
Und ich freue mich darauf.

Katrin Göring-Eckardt

Seit 2020 kann man beobachten, dass uns in den Printmedien und der Fernsehwerbung praktisch ausnahmslos Hauttyp 5 & 6 als typische Konsumenten präsentiert werden. Ganz subtil, unterschwellig wurde und wird das klassische Familienbild von Mann und Frau gegen ein „multikulturelles" immer seltener heterosexuelles ausgetauscht.

Werden wir mit Werbung konfrontiert, wird uns in zunehmendem Maße klargemacht, dass die üblicherweise in Deutschland heimischen Hauttypen drei, zwei oder eins als Käuferpotential ausgedient haben oder sie ganz offensichtlich von den werbenden Firmen weder ernstgenommen noch angesprochen werden wollen.

Immer öfter lesen wir steuerfinanzierte Anzeigen und Plakate, wo uns ein strahlender Hauttyp 6 erklärt, er sei typisch Deutsch und B-Promis mit dunkler Hautfarbe beschweren sich darüber, dass sie gefragt wurden, aus welchem Land sie ursprünglich hergekommen sind.

Um es deutlich zu sagen: Mir ist es völlig egal, ob jemand Hauttyp 1 oder 6 ist, welche Sexpraktiken er bevorzugt und zu welchem Gott er betet. Es interessiert mich auch nicht, ob ein biologischer Mann sich plötzlich dazu entschlossen hat, eine Perücke, Strumpfhosen und High-Heels zu tragen und sich Damenbinden in die Unterhose zu stecken voller Vorfreude auf die sich einstellende Menstruation.

Wie schon Friedrich der Große sagte: Jeder soll nach seiner Fasson seelig werden.

Wenn eine Regierung oder Konzerne mir deutlich machen, dass ich als heterosexueller Mann des Hauttyps 3 als Käufer und Wähler nicht angesprochen werden soll und ich das Gefühl vermittelt bekomme, dass ich in meinem Land zum Menschen zweiter oder dritter Klasse degradiert werde, dann ist es an der Zeit, sich zu besinnen und zu Wort zu melden.

Ich war bereits in mehr als 30 Ländern und ausnahmslos in jedem Land wurde ich von den Einheimischen gefragt, wo ich herkommen würde. Kein einziges Mal fühlte ich mich diskriminiert oder rassistisch beleidigt. Es ist absolut normal, wenn man in ein Land kommt, in dem man ganz offensichtlich aufgrund der Hautfarbe, Sprache oder anderer Attribute nicht als typischer Bewohner erkannt wird, die Frage nach der Herkunft gestellt bekommt.

Noch (!) sind in Deutschland 75% der Einwohner Hauttyp 3! Ein schwarzer Afrikaner ist eben nicht typisch deutsch, ebenso wie ein Deutscher in China nicht typisch chinesisch ist. Selbst wenn der Deutsche einen chinesischen Pass bekäme, setzte er sich täglich aufs Neue des „Risikos" aus, gefragt zu werden, wo er den herkäme.

Uns wird mit kraftvoller Ignoranz der Realität täglich suggeriert, dass ein Schwarzer, Asiate oder Inder typisch deutsch ist und dass jeder, der dies anders sieht, rassistisch sei. Gefälliger Gehilfe dieser Propaganda ist die Mehrheit der Werbetreibenden.

Diejenigen, die alle Hauttypen und Kulturen zu typisch Deutschen konstruieren, könnten in ihrem Handeln nicht rassistischer sein. Wer verkündet, dass ein Afrikaner des Hauttyps 6 typisch deutsch

sei, verleugnet die afrikanische Identität, deren Heimat und Kultur und verherrlicht das Deutschsein als einzig wahres!

Der viel zitierte Rassismus, den man politisch und medial dem bösen Deutschen unentwegt unterstellt ist in Wahrheit und bei sachlicher Betrachtung eine Selbstdarstellung derer, die diese Unterstellung propagieren.

Wie bereits im Kapitel Demokratie angesprochen, sind die größten Schreihälse, wenn es darum geht, ihren politischen Kontrahenten Rassismus zu unterstellen, in Wahrheit die tatsächlichen Rassisten.

Menschen, die „alte weiße Männer" in unserer Gesellschaft anprangern, sind zutiefst rassistisch, weil sie mit dem Satz, der aus nur drei Worten besteht, drei Eigenschaften, für die der angesprochene „alte, weiße Mann" nichts kann, diskreditieren und diskriminieren: 1. Das Alter, 2. Die Hautfarbe und 3. Das Geschlecht. Wer so argumentiert, entzieht sich selbst jeder Berechtigung, moralische Grundsätze aufzustellen.

In einem Land, indem die Einheimischen, höchst richterlich bestätigt, als „Köter-Rasse" bezeichnet werden dürfen, aber wo die „Ureinwohner" als Rassisten verunglimpft werden, wenn sie es wagen, Massenmigration und Gewalt von Flüchtlingen zu kritisieren, ist der offensichtlichste Rassismus der gegen das eigene Volk.

Auch wenn am Reichstag „Dem Deutschen Volke" zu lesen ist, haben sich die Noch-Regierenden längst von ihrem zu vertretenden Volk so weit entfernt, dass im Innenhof des „hohen Hauses" aus dem Anspruch, dem deutschen Volk dienen zu wollen, die Realität, sich nur „Der Bevölkerung" widmen zu wollen, herauskristallisiert hat. So liest man im Hof des Bundestages „Der Bevölkerung" statt „Dem deutschen Volke".

Derweil hier Hinz und Kunz aus fast allen politischen Lagern und den gesammelten Mainstream-Medien die WOKE-Agenda propagieren und jeden, der einen „Negerkuss" essen möchte, zum Rassisten abstempeln, während sie in Afrika die Menschen ihrer Bodenschätze berauben und auf diese Weise Instabilität, Kriege und Massenmigration beflügeln.

Die Rassismus-Schwafler bereichern sich direkt oder indirekt an der Plünderung von Niger, Mali, Burkina Faser und anderen Ländern, lassen die Einheimischen dort in Not und Elend verrecken und spielen sich hier als Verteidiger von Demokratie, Grundrechten, Freiheit und pseudo-aufgewachter Wokenes auf.

Seit vielen Jahren wird verkündet, es gäbe keine Rassen und auch wenn wir bei Hunden, Katzen, Pferden und anderen Lebewesen selbstverständlich unterschiedliche Rassen definieren, darf das natürlich nicht beim Menschen so gehandhabt werden und obwohl die vermeintliche Ermangelung von Rassen bei Menschen einen Rassist ad absurdum führt, wird selbiger unentwegt zitiert um (anders) denkende Menschen in Deutschland mundtot zu machen.

Da unsere wundervolle Menschheitsfamilie aber nicht gleich ist und gleich aussieht, drängt sich, zumindest denkenden Zeitgenossen, die Frage auf, ob wir denn in Zukunft nur noch in Nationalitäten unterscheiden sollen oder ob das Negieren des Faktes unterschiedlicher Herkunft eine sanfte Vorbereitung auf die neue Weltordnung mit einer Regierung, einer Armee und einem Volk sein soll.

Wird das unser aller Zukunft sein? Wie sieht die Regierung dieser Zukunft aus? Werden dann nach der Abschaffung der Nationalitäten und Völker auch die Regierenden durch einen Einheitsführer ersetzt?

Wer ist in unserer Zukunft der Führer?

Diese provokante Frage ist zu stellen geboten!

Spätestens seit der Corona-„Pandemie" haben praktisch alle Nationen auf der Erde gezeigt, was sie unter Demokratie verstehen. Wo ging die Macht vom Volk aus, als die Welt in den Lockdown geschickt wurde? Wo war die Stimme des Souveräns in den „Demokratien" der Welt?

Jeder, der mir an dieser Stelle gedanklich nicht folgen kann oder besser nicht folgen will, der hat weder die tatsächliche Bedeutung von Demokratie noch die des Begriffes Freiheit verstanden und offensichtlich sich beider Werte auch nicht würdig erwiesen.

Ich glaube, dass es eine Agenda gibt, derer sich die meisten Menschen nicht bewusst sind. Einen großen Plan, der die Menschheit, die Nationen, die Völker, Menschen wie Sie und mich nicht als Gottes wertvolle Geschöpfe betrachtet, sondern als lästige Masse, die es nicht wert ist, sicher, friedlich, harmonisch, gesund, satt, miteinander und glücklich in dieser Welt zu leben.

Eine kleine Handvoll „Philanthropen" hat es im Laufe von Jahrhunderten geschafft, so viel Vermögen, Macht und Einfluss anzuhäufen, dass sie nun kurz vor der Erreichung ihres Endziels angekommen zu sein scheinen.

Die Corona-„Pandemie" war der letzte Testlauf derer, die sich anschicken, vermeintlich gottgleich ihre transhumanistischen Pläne zum Abschluss zu bringen. Und wenn wir ehrlich sind, ist die Verachtung für die Völker dieser Welt seitens der Leute, die hier die Weltherrschaft anstreben möchten, durchaus „berechtigt".

Jeder, der freiwillig auf seine Grundrechte, die von Gott gegebenen Menschrechte, verzichtet hat und bei der Maskenpflicht, Testpflicht, Abstandsregeln, Isolation der Alten, Impfdruck und all den anderen Maßnahmen widerstandslos mitgemacht hat, dokumentierte den Initiatoren dieser „Pandemie", dass die Massen tatsächlich lieber Befehle ausführen, anstatt frei und selbstverantwortlich zu leben.

An dieser Stelle schließt sich der Kreis des Gedankens. Typisch deutsch ist es, zu erdulden, zu ertragen, mitzumachen und sich der Obrigkeit zu beugen. All das konnten wir eindrucksvoll in den drei „Corona-Jahren" sehen.

Ebenso typisch deutsch ist es gleichwohl auch, sich zu erheben, wenn die Knechtschaft zu offensichtlich wird. Wenn der Druck zu hoch ist und wenn der Deutsche erkennt, dass seine Familie und somit sein Fortbestand in Gefahr sind. Ein kroatisches Sprichwort sagt über uns Deutsche:

Wecke niemals schlafende Bären und Deutsche!

Als typisch deutsch sind in diesem Kontext die Sachsen zu erwähnen. Sie siedelten bereits schon um 700 nach Christus zwischen der Nordsee und dem Harz bzw. Rhein und Eider. Die Sachsen standen fest zu ihren germanischen Traditionen und weigerten sich, dem Christentum beizutreten.

König Karl, auch Karl der Große genannt, führte einen brutalen Krieg gegen die Sachsen. Von 772 bis 804 zog er gegen sie ins Feld und unterwarf die Sachsen 804 nach Christus.

Auch wenn man nicht an Rassen glaubt und jede typisch deutsche Eigenschaft verleugnet, darf die Frage gestellt werden, weshalb auch im 21. Jahrhundert gerade im Freistaat Sachsen so viele Menschen auf die Straße gehen, demonstrieren, sich auflehnen und für ihre Grund- und Menschenrechte einstehen.

Die Sonne geht im Osten auf!

Der Pioniergeist der Sachsen war schon vor 1.200 Jahren unerschütterlich und exakt dieser Geist lebt auch heute noch in unserem Volk. Nicht nur in den Herzen der Sachsen.

Ich glaube nicht, dass es nur eines Passes bedarf, um Deutsch zu sein. Ein Deutscher ist man meiner Meinung nach auch nicht, wenn man aus einer Familie stammt, die seit Jahrhunderten in Deutschland ihre Wurzeln hat.

Eine liebe Freundin von mir ist gebürtige Türkin. Sie hat in Berlin ihr Geschäft, zahlt hier fleißig Steuern, spricht perfekt Deutsch, kümmert sich um Menschen, die ihrer Hilfe bedürfen, ist überaus zuverlässig, pünktlich sowie fleißig und sie wählt AfD.

Auch wenn sie hier nicht zur Welt kam, möchte ich sie als Deutsch bezeichnen. Weil es eben nicht einfach nur die Wurzeln sein müssen, die uns auszeichnen und ausmachen, sondern weil es auch einer Lebenseinstellung bedarf, einer Schwingung und der Offenheit, ganz eins zu sein mit einer Kultur, die man sich freiwillig zu Eigen gemacht hat. Auf der anderen Seite genügt es nicht, den deutschen Pass zu verteilen und zu behaupten, er würde aus dessen Inhaber einen Deutschen machen!

- Du bist Deutschland, wenn Du die Werte der Deutschen in Deinem Herzen trägst, sie ehrst und danach strebst, die Flamme des deutschen Volkes an kommende Generationen weiter zu tragen.

- Du bist Deutschland, wenn Du offen und tolerant Deine Nächsten, gleich welcher Herkunft, achtest und wertschätzt.

- Du bist Deutschland, wenn Du alle Lebensformen nicht nur dieses Landes mit Achtung und Liebe behandelst.

- Du bist Deutschland, wenn Du die Deutsche Sprache sprichst, die deutsche Kultur achtest, deutsche Werte respektierst, die deutsche Geschichte kennst und dich ihrer würdig erweist.

- Du bist Deutschland, wenn Du Dich und Deine Familie behütest.

- Du bist Deutschland, wenn Du Dich für Schwächere einsetzt.

- Du bist Deutschland, wenn Du Ungerechtigkeiten ansprichst und dagegen aufbegehrst.

- Du bist Deutschland, wenn Du eigenständig denkst und handelst, zu deinem Wohl und dem der Volksgemeinschaft.

- Du bist Deutschland, wenn Du Unterdrückung erkennst und ihr entgegentrittst.

- Du bist Deutschland, wenn Du jeden Tag dafür dankbar bist, hier leben zu können und dich mit einer täglichen guten Tat des Deutschseins würdig erweist.

- Du bist Deutschland, wenn Du Fleiß, Ordnung, Anstand, Pünktlichkeit, Qualität, Beständigkeit, Harmonie und Klarheit wertschätzt.

- Du bist Deutschland, wenn Du Dich gut fühlst, Deutscher zu sein und Du Deine Schaffenskraft auch von Herzen gern in den Dienst Deiner Nächsten stellst.

All diese Werte können sich selbstverständlich auch in jeder anderen Nation wiederfinden. Gleichwohl sind es exakt die, welche das Image des typisch Deutschen im Ausland ausmachen!

Typisch deutsch sind die Menschen, die jeden Tag aufstehen und arbeiten gehen. **Die Krankenschwester**, die selbstlos in Doppelschichten Nächstenliebe dokumentiert. **Der Müllkutscher**, der sich nicht zu fein ist, zum Wohle der Gesellschaft deren Abfall abzuhobeln. **Der Lehrer**, der auch in den schwersten Stunden der Corona-„Pandemie" seine schutzbefohlenen Schüler nicht gezwungen hat, sich testen zu lassen oder einen Maulkorb zu tragen. **Der Polizist**, der seine Bürger verprügelnden Kollegen angezeigt hat und dem noch bewusst ist, dass er Bürger in Uniform ist und er für das deutsche Volk und nicht die Regierung seine Uniform trägt. **Der Journalist**, der stets auf der Suche nach der Wahrheit ist, über sie berichtet und auch bereit ist, seine berufliche Existenz zu verlieren, um der Wahrheit die Ehre geben zu können. **Der Unternehmer**, der in Deutschland produziert, weil er den Standort wertschätzt und weiß, dass er sein Land und die Arbeitskräfte hier unterstützt. **Der Arzt**, der sich den Corona-Maßnahmen widersetzt hat und immer zum Wohle seiner Patienten und im Geiste des hypokritischen Eides gehandelt hat. **Der Arbeiter**, der sich gewahr ist, dass dank seiner ordentlichen Arbeit deutsche Bauwerke auch in vielen Jahrzehnten noch sicher stehen und von seiner Arbeits- und Schaffenskraft zeugen. **Der Bauer**, dessen Verdienst es ist, dass Millionen Menschen genügend zu essen bekommen. **Der Bäcker**, der nachts aufsteht, um das Brot und die Brötchen für uns zu backen und all die anderen fleißigen, anständigen Menschen, die jeden Tag dafür Sorge tragen, dass dieses Land trotz aller Widrigkeiten und Lasten, die ihnen von Leuten aufgebürdet wurden, in deren Interesse weder Deutschland noch die Deutschen selbst liegen, funktioniert.

Du bist Deutschland, wenn Du niemals aufgibst und im Geiste Deiner deutschen Ahnen, die Dich in dieses Land geführt haben oder Deiner Familie schon seit Jahrhunderten Wegweiser und Ansporn waren, alles dafür gibst, dass Deutschland und das deutsche Volk auch noch in den nächsten Jahrhunderten ein Land der Dichter, Denker, Erfinder und der toleranten, offenen Freigeister ist.

Revolution in Deutschland? Das wird nie etwas. Wenn die Deutschen einen Bahnhof stürmen wollen, kaufen die sich vorher noch eine Bahnsteigkarte.

Wladimir Iljitsch Lenin

Das Land der Dichter, Denker, Kunst & Kultur

Ich habe nur ein Vaterland und das heißt Deutschland.

Heinrich Friedrich Karl von Stein

Dieses letzte Kapitel müsste eigentlich das Vorwort zu einem kompletten Buch werden. Deutschland hat, wie kein Land auf der Welt, die klassische Musik entwickelt und geprägt. Mehr als 80% der weltweiten Klassikaufführungen spielen die Werke deutscher Komponisten.

Allein auf Wikipedia finden sich über 1.200 namhafte deutsche Komponisten. Das Land der Dichter und Denker ist viel mehr als nur eine Nation mit einer gut 1.000-jährigen Geschichte.

Deutschland einzig an seinen bahnbrechenden Erfindungen, dem exzellenten Image (außerhalb des Landes) und an der Schönheit der Natur festzumachen, greift zu kurz.

Unser wundervolles Deutschland ist auch das Land der Kunst, Kultur, der Architektur und Musik.

An dieser Stelle möchte ich einer sehr kleinen, unvollständigen, aber ausdrucksstarken Gruppe von Künstlern Raum geben, die das Image Made in Germany kulturell und künstlerisch in der Welt repräsentieren und maßgeblich beeinflussen.

Komponisten wie **Martin Böttcher**, der musikalisch die legendären Karl-May- und Edgar-Wallace-Verfilmungen zum Leben erweckte.

Klaus Badelt, der als Co-Komponist bei „Gladiator", „Redline", „Hannibal" und „Fluch der Karibik" mitwirkte und unter anderem mit der Musik zu „Die Zeitmaschine", „Catwoman", „16. Blocks", „Poseidon", „22 Bullets" in Hollywood zum musikalischen Superstar aufstieg.

Hans Zimmer, dessen Musik „Rain Man", Black Rain", „Der König der Löwen", „Sherlock Holmes" „Interception" und unzählige andere Hollywood-Blockbuster bereicherte.

Harold Faltenmayer, der mit „Top Gun", „Fletch", „Beverly Hills Cop" und vielen anderen Kompositionen Ohrwürmer der Filmgeschichte komponiert hat.

Klaus Doldinger, dessen musikalische Untermalung „Das Boot" und „Die unendliche Geschichte" neben vielen anderen Spielfilmen bereicherte.

Diese großen Filmmusik-Komponisten sind würdige Nachfahren derer, die mit ihren klassischen Werken seit Jahrhunderten der Welt musikalisch die Leichtigkeit und künstlerische Güte schenkten, die in Noten das zum Ausdruck brachten, was der deutschen Volksseele aus dem Herzen spricht.

An dieser Stelle habe ich eine kleine Auswahl von deutschen Komponisten ausgesucht, in deren Namen ich auch allen nicht erwähnten, die Ehre erweisen möchte.

Ohne diese Genies hätten unzählige Künstler nach ihnen, in Ermangelung von Inspiration, nicht deren musikalische Fackel der Kreativität weiterreichen können.

Johann Sebastian Bach (21.03.1685 – 28.07.1750)

...hat uns mit dem „Weihnachtsoratorium", der „Matthäus- und Johannespassion" und seinen legendären Kantaten bereichert.

Ludwig van Beethoven (17.12.1770 – 26.03.1827)

...wurde mit seiner „9. Symphonie" unsterblich. Millionen Klavierschüler lernten „Für Elise" zu spielen und die ursprünglich Napoleon gewidmete „Eroica" verzaubert noch heute, neben unzähligen anderen Kompositionen Beethovens, die Konzertsäle der Welt.

Johannes Brahms (07.05.1833 – 03.04.1897)

... Das berühmte „Wiegenlied" von Brahms wurde unter anderem von Frank Sinatra, Dean Martin und Bing Crosby als „lullaby" und von Elvis Presley mit dem Titel „Five Sleepy Heads" interpretiert und die „Ungarischen Tänze" von ihm sowie seine vier Sinfonien machten Brahms zu einem der größten deutschen Komponisten.

Max Bruch (06.01.1838 – 02.10.1920)

...Bruchs „Violinkonzert Nr. 1 in g-Moll ep26", seine „Schottische Fantasie" und sein „1.Violinkonzert" machten Bruch zu einem Star seiner Zeit, dessen Ruhm bis heute andauert.

Christoph Willibald Gluck (02.07.1714 – 15.11.1787)

...mit den Opern „Orpheus es Eurydike", „Alceste", „Paris und Helena", „Iphigenie in Aulis" und „Armide" füllt Gluck auch im 21. Jahrhundert noch die Herzen seiner Zuhörer mit Freude und Konzertsäle mit Gästen.

Georg Friedrich Händel (05.03.1685 – 05.03.1759)

...unvergessen ist Händels „Wassermusik", „Agrippina" und Händels Oratorium „Messias", bei dessen Uraufführung in England beim Höhepunkt und dem Erklingen des „Halleluja", die Premiere-Gäste aufsprangen und Standing Ovations gaben.

Paul Hindemith (16.11.1895 – 28.12.1963)

...mit dem „Marienleben" und der Oper „Mathis der Maler" wurde auch Hindemith unsterblich.

Felix **Mendelssohn Bartholdy** (03.02.1809 – 04.11.1847)

...praktisch in der gesamten westlichen Welt gibt es ein klassisches Musikstück, das mit dem Heiraten bzw. Hochzeiten verbunden wird. Der „Hochzeitsmarsch" von Bartholdy. Mit diesem Stück hat sich der Künstler ein Denkmal gesetzt. Doch auch seine „Schottische Sinfonie", „Italienische Sinfonie" oder Bartholdys „Hebriden Ouvertüre" haben seinen Weltruf begründet.

Carl Orff (10.07.1895 – 29.03.1982)

... mit nur einem Stück wurde Carl Orff weltberühmt „Carmina Burana".

Max Reger (19.03.1873 – 11.05.1916)

... Reger schrieb neben Chor und Orchesterwerken auch Orgelwerke und 231 Lieder. Unvergessen sein „Mariä Wiegenlied". Max Reger berührt noch heute mit seinen gefühlvollen Werken.

Robert Schumann (08.06. 1810 – 29.07.1856)

...Schumann komponierte Sinfonien, Oratorien, Opern, Streich- und Klavierkonzerte. Zudem schrieb er Lieder zu Gedichten deutscher Dichter wie Rückert, Eichendorf und Heinrich Heine.

Friedrich Silcher (27.06.1789 – 26.08.1860)

... was wäre Weihnachten ohne „Alle Jahre wieder"? Friedrich Silcher hat der Welt unvergessliche Musik zum Geschenk gemacht. „Am Brunnen vor dem Tore", „So nimm denn meine Hände" oder „Der Mai ist gekommen" sind weitere Stücke aus der Feder dieses deutschen Meisters.

Richard Strauss (11.06.1864 – 08.09.1949)

…1896 schrieb Strauss sein möglicherweise bekanntestes Werk. „Also sprach Zarathustra". Mit dem Spielfilm „2001: Odysse im Weltraum" aus dem Jahr 1968 wurde dieses Werk von Strauss auch einem Publikum zugänglich, das sich möglicherweise bis dahin nicht mit klassischer Musik beschäftigt hatte. Die Kraft des Stückes war so gewaltig, dass sogar der King Elvis Presley entschied, von da an seine Konzerte mit „Also sprach Zarathustra" zu beginnen. Richard Strauss schuff auch die legändären Opern „Elektra", „Ariadne aus Naxos", „die Frau ohne Schatten" und natürlich den weltberühmten „Rosenkavalier".

Richard Wagner (22.05.1813 – 13.02.1883)

…möglicherweise wird kein anderer deutscher Komponist dem Image Deutschlands gerechter als Richard Wagner zu dessen Hauptwerken „Tannhäuser", „Lohengrin", „Der Ring der Nibelungen", „Tristan und Isolde" sowie natürlich „Parsifal" zählen. Noch heute künden die Wagner-Festspiele oder auch Bayreuther-Festspiele vom Ruhm Wagners. Alljährlich wird den zehn letzten Opern Richard Wagners in Bayreuth gehuldigt. Wüsste Wagner, in welch hoher Zahl sich deutsche Deutschland-Hasser jedes Jahr unter den Gästen befinden, fände er sicher keine Ruhe in seinem Grab.

Carl Maria Weber (18.12.1786 – 05.06.1826)

…unter den deutschen Klassikern gilt Weber als einer der Superstars. Mit seinen Opern „Der Freischütz", „Euryanthe" oder „Oberon" stieg Weber in den Olymp der deutschen Komponisten auf.

Mit dieser klitzekleinen Auswahl deutscher Komponisten konnte ich Ihnen, lieber Leser, sicher einen ausdruckstarken Eindruck verschaffen, wie groß der Einfluss deutscher Komponisten in der Welt der Klassik war und ist.

Deutschland hat die Menschheit aber nicht nur musikalisch bereichert, auch unsere Dichter wurden und werden außerhalb unseres Landes geschätzt und gelesen.

Bertolt Brecht (10.02.1998 -14.08.1956)

...die meisten von uns haben in der Schule „Die Dreigroschenoper", „Mutter Courage und ihre Kinder" oder „Der kaukasische Kreidekreis" gelesen. Neben „Trommeln in der Nacht" die bekanntesten Werke Brechts.

Clemens Brentano (09.09.1778 – 28.07.1842)

...mit „Des Knaben Wunderhorn" und „Godwi" schrieb sich Brentano in die Herzen seiner Leser, nicht nur in Deutschland.

Georg Büchner (17.10.1813 – 19.02.1837)

...Wer „Dantons Tod" oder „Woyzeck" von Büchner gelesen hat, der ist tief in die Schaffenskraft deutscher Künstler vorgedrungen.

Friedrich Dürrenmatt (05.01.1921 – 14.12.1990)

...1975 wurde der wohl bekannteste Roman von Friedrich Dürrenmatt mit Maximilian Schell verfilmt. „Der Richter und sein Henker" wurde zum Filmklassiker.

Joseph Freiherr von Eichendorff (10.03.1788 – 26.11.1857)

... mit „Aus dem Leben eines Taugenichts", „Mondnacht" und „In der Fremde" wurde Eichendorff auch außerhalb Deutschlands als kraftvoller Autor bekannt.

Theodor Fontane (30.12.1819 -20.09.1898)

… „Effi Briest" und Irrungen, Wirrungen" sind die wohl bekanntesten Werke von Fontane. Beide galten am Gymnasium bis vor kurzem noch als Pflichtlektüre.

Gustav Freytag (13.07.1816 – 30.04.1895)

…zwei Werke sind besonders erwähnenswert: „Soll und Haben" und „Die Brautfahrt oder Kunz von der Rosen".

Johann Wolfgang von Goethe (28.08.1749 – 22.03.1832)

… Goethe hat auch zu diesem Buch einige wundervolle Zitate beigesteuert. Besonderen literarischen Stellenwert haben seine Werke „Faust" und „Die Leiden des jungen Werthers".

Jacob Ludwig Karl Grimm (04.01.1785 – 20.09.1863)

…die Kinder und Hausmärchen der Gebrüder Grimm wurden in 170 verschiedene Sprachen übersetzt. Die Werte in diesen Märchen sind noch heute gültig, haben aber in unserer Zeit an Wert verloren.

Wilhelm Grimm (24.02.1786 – 16.12.1859)

… Der Bruder von Jacob Ludwig Karl Grimm war maßgeblich an den mehr als 200 Märchen beteiligt, die von den Gebrüdern Grimm verfasst wurden. Darunter „Aschenputtel", „Dornröschen", „Schneewittchen", „Rumpelstilzchen" und „Hänsel und Gretel".

Friedrich Hölderlin (20.03.1770 – 07.06.1843)

…Mit „Hyperion" und „Empedokles" schuf Hölderlin unsterbliche Literatur von Weltniveau. Für unser Deutschland hat Hölderlin ein Zitat, dass im 21. Jahrhundert kraftvoller und bedeutungsvoller denn je ist:

Wo aber Gefahr ist, wächst das Rettende auch!

Heinrich Heine (13.12.1797 – 17.02.1856)

…Es gibt Namen, die sind mit der deutschen Literatur so eng verwoben wie der Wald mit unserer Volksseele. Heinrich Heine gehört dazu. Mit „Reisebilder", „Buch der Lieder" oder „Der Salon" hat Heine Literatur für die Ewigkeit geschaffen.

Hermann Hesse (02.Juli 1877 – 09.08.1962)

…Herrmann Hesse hat der literarischen Welt unter anderem „Narziss und Goldmund" sowie „Der Steppenwolf" vermacht.

Franz Kafka (03.07.1883 – 03.06.1824)

…Wer die „Romana" von Kafka gelesen hat, der wird verblüfft sein, wie aktuell seine Werke auch heute noch interpretiert werden können. Mit „Der Prozess" und „Die Verwandlung" schrieb auch er Literaturgeschichte.

Erich Kästner (23.02.1899 – 29.07.1974)

… mein erstes Buch von Erich Kästner hieß „Der 35. Mai oder Konrad reitet in die Südsee", bekannt wurde Kästner aber vor allem durch „Fabian" und „Emil und die Detektive".

Heinrich von Kleist (18.10.1777 – 21.11.1811)

…Heinrich Kleist fand für den geplanten Suizid eine Partnerin. Die an Krebs erkrankte Henriette Vogel und Kleist beschlossen, sich gemeinsam zu töten. Am 21. November 1811 erschoss Kleist erst Henriette und dann sich selbst am Stolper Loch dem heutigen kleinen Wannsee. Der

Nachlass Kleists sind Werke wie „Der zerbrochene Krug", „Das Käthchen von Heilbronn" und „Amphitryon".

Karl May (25.02.1842 – 30.03.1912)

… „Der Häuptling der Sioux-Indianer grüßt seinen großen weißen Bruder" steht auf dem Marmordenkmal von Karl May auf dem Radebeuler Friedhof. Die Ehre, die Karl May vom Indianer-Häuptling zu Teil wurde, hat sich der Schriftsteller mit seinen Winnetou-Romanen verdient. In Karl Mays Werken waren die Ureinwohner der USA heldenmutige, tapfere und ehrenwerte Menschen, die für die Freiheit ihres Volkes kämpften. Mehr als 70 Romane hat Karl May veröffentlicht und sie wurden in 45 Sprachen übersetzt. Viele seine Werke wurden erfolgreich verfilmt.

Thomas Mann (06.06.1875 – 12.08.1955)

… neben „Buddenbrooks" gehört auch „Der Zauberberg" von Thomas Mann zu den meistgelesenen Werken dieses Ausnahme-Autoren.

Gotthold Ephraim Lessing (22.01.1729 -15.02.1781)

…mit „Natan der Weise", „Emilia Galotti" oder „Minna von Barnhelm oder das Soldatenglück" gelangen Lessing die literarischen Meilensteine.

Friedrich von Schiller (10.11.1759 – 09.05.1805)

…eine Hommage an die großen deutschen Schriftsteller wäre ohne Friedrich Schiller mehr als unvollkommen. Mit Werken wie „Die Räuber", „Maria Stuart", „Wilhelm Tell" oder „Kabale und Liebe" schrieb sich Schiller in die Herzen seiner Leser und unsere Geschichte.

Theodor Storm (14.09.1817 – 04.07.1888)

…Es gibt mindestens drei Werke, mit denen sich Theodor Storm unsterblich gemacht hat. „Die Nachtigall", „Immensee" und Marthe und ihre Uhr"

Walter von der Vogelweide (1170 – 1230)

... einer der ältesten deutschen Poeten ist gleichfalls auch ein Beleg für die mehr als 1.000-jährige Kulturgeschichte unseres Landes, hervorgegangen aus dem Heiligen Römischen Reich Deutscher Nation (962 - 1806). Walter von der Vogelweide hinterließ uns Werke wie „Herzeliebez vrouwelin", „Unter der Linden" und „Ich sach mit minen ougen".

Natürlich haben sich deutsche Künstler nicht nur in der Musik einen Namen gemacht und obwohl es aus historischen Gründen für Deutsche in Hollywood mehr als ein paar Hürden zu überwinden gilt, konnten sich viele Deutsche mit ihrem Talent, mit Fleiß und einem gerüttelt Maß an Fortune international einen Namen machen und sich durchsetzen

Thomas Kretschmann glänzte unter anderem an der Seite von Jack Black in „King Kong".

Marlene Dietrich arbeitete mit Alfred Hitchcock und Billy Wilder und obwohl sie zu Deutschland ein ambivalentes Verhältnis hatte, war „Die Dietrich" Sinnbild deutscher Schönheit und Klasse.

Hardy Krüger glänzte an der Seite von James Stewart in „Der Flug des Phoenix", spielte mit John Wayne, Catherine Deneuve, Sean Connery und anderen Weltstars.

Klaus Kinski begann seine internationale Karriere mit Italo-Western und eroberte schließlich die Leinwand mit Filmen wie „Fitzcarraldo", „Doktor Schiwago", „Buddy Buddy" und „Little Drummer Girl"

Nastassia Kinski folgte den Spuren ihres Vaters Klaus Kinski und spielte unter Wim Wenders und Francis Ford Coppola.

Marc Forster ist ein urbayerischer Junge und zog erst mit neun Jahren in die Schweiz und von dort nach New York. Hier glänzte der Deutsche in „Everything Put Together", „Monster Ball", „Wenn Träume fliegen lernen", „James Bond ein Quantum Trost" und „World War Z". Ein weiter Weg aus Illertissen in Bayern nach Hollywood.

Armin Mueller-Stahl war an 61 Filmen beteiligt. Unter anderem spielte er bei „Tödliche Versprechen", Eastern promises" und „The International". Zudem ist er ein begnadeter Kunstmaler.

Werner Herzog spielte in der Serie „Star Wars", und „The Mandatorian".

Udo Kier Der typische deutsche Bösewicht. Kier spielte unter anderem in „Frankenstein", „Blood of Dracula" und „Blade". Wie so oft besetzt Hollywood die „Bösen" am liebsten mit einem typisch Deutschen.

Max Riemelt wurde unter anderem durch die US-Serie „Sense„ bekannt.

Tom Wlschiha wurde als der „Mann ohne Gesicht" in seiner Rolle als Jaqen H'ghar in „Game of Thrones" bekannt.

Sibl Kckilli gelangte ebenfalls zu weltweiter Bekanntheit durch „Game of Thrones".

Bruce Willis. Die wenigsten wissen, dass der Hollywood Star aus „Die Hard" ein Deutscher aus Idar-Oberstein ist. Als Bruce zwei Jahre alt war, zog die Familie in die USA um.

Luise Rainer. Die einzige Deutsche, die zwei Oskars erhielt. Den ersten für „Der große Ziegfield" und den zweiten für „Die gute Erde".

Franka Potente startete ihre Hollywood Karriere mit „Lola rennt" und ist seitdem fester Bestandteil in Hollywood.

August Dichl spielte unter anderem in „Verborgenes Leben", „Inglourious Basterds" und „Salt"

Jürgen Prochnow ist ein weitere „Bösewicht" Made in Germany. Ob in „Beverly Hills Cop", „Das Boot", "Air Force One" oder in "Ein verborgenes Leben".

Gerd Fröbe ist vielen von uns noch als „Der Räuber Hotzenplotz" bekannt. International war Fröbe immer „Goldfinger", seit er beim gleichnamigen James Bond Film den Bösewicht spielte.

Emil Jannings war der erste Deutsche, der einen Oskar gewann und auch der erste, der als bester Hauptdarsteller für „Sein letzter Befehl" ausgezeichnet wurde. Der Tonfilm beendete die Karriere von Jannings.

Daniel Brühl spielte unter anderem in „Rush", „The first Avenger: Civil War" und „The King's Man".

Diane Kruger startete als die schöne Helena in „Troja" an der Seite von Bratt Pitt durch. Seitdem ist sie eine Ikone deutscher Schönheit in Hollywood.

Unzählige weitere Künstler haben sich von Deutschland aus auf den Weg gemacht, ihr Talent mit der Welt zu teilen.

Typisch Deutsch war es auch immer, in die Welt zu ziehen und außerhalb Deutschlands das Glück zu suchen.

In Brasilien sollen bis zu 12 Millionen Brasilianer deutschen Ursprungs sein.

Im Jahr 2000 gaben in den USA 49,2 Millionen Amerikaner an, von Deutschen abzustammen.

2016 gaben bei der letzten Volkszählung in Kanada 3 Millionen Kanadier an, deutschen Ursprungs zu sein.

In Russland lebten, laut Stiftung Verbundenheit, 2021 196.256 Deutsche.

2019 hatten laut statistischem Bundesamt etwa 1,2 Millionen Deutsche ihren Wohnsitz im Ausland.

2022 wanderten laut Statist 268.167 Deutsche aus ihrem Heimatland aus.

Die Zahlen dokumentieren eindrucksvoll, dass Deutsche immer schon offen und neugierig waren und bereit dazu, die Welt zu erkunden, zu bereisen und auch an anderen Orten Wurzeln zu schlagen und sie belegen zudem, dass unser Heimatland immer weniger attraktiv für seine Ureinwohner, die Deutschen, geworden ist.

Typisch deutsch ist es, festzuhalten, zu bewahren, standhaft zu bleiben und für die Familie, Werte, Standpunkte und letztlich die Heimat zu kämpfen!

Zu unserem Land gehört mehr als unsere tiefen Wälder, die Seen, Flüsse und Berge. Deutschland besteht aus viel mehr als aus der Landes-Fläche von 357.588 km².

Deutschland ist mehr als nur seine Erfinder, Künstler, seine Geschichte und Geschichten.

Deutschland ist auch der Geist unserer Ahnen, die dieses Land urbar machten, seine Grenzen zogen, sie verteidigten und die Siege ebenso wie die Niederlagen annahmen.

Deutschland ist die Heimat von mehr als 80 Millionen Menschen und nur wenn WIR DEUTSCHE es vollbringen, miteinander und füreinander unsere Zukunft zu gestalten, werden wir unseren Ahnen und damit unserer Zukunft gerecht.

Wir haben das Recht, frei zu leben! Es ist unser Recht, unsere Meinung frei zu äußern! Wir haben das Recht und auch die heilige Pflicht, unsere Heimat zu behüten, zu beschützen und zu verteidigen, gegen die Zerstörung unserer Familien, Sprache, Werte, Kunst & Kultur!

Millionen unserer Vorfahren sind dafür gestorben, dass wir heute leben können. Unsere Ahnen wurden vergewaltigt, verstümmelt, gequält und erschlagen, auch um uns zu ermahnen

ZUSAMMENZUHALTEN & EINIG ZU SEIN!

Wenn es gelingt, uns der von Politik, Medien, NGOs, der Industrie und dem Finanzwesen forcierten und betriebenen Spaltung unseres Volkes entgegenzustellen, dann sind wir als Volk unbezwingbar.

Nur ein einiges deutsches Volk kann den Herausforderungen des 21. Jahrhunderts gerecht werden. Wie eine geschlossene Faust kann ein einiges Volk nicht gebrochen werden. Dieses Zerbrechen der Volksgemeinschaft wird seit Jahrzehnten betrieben.

Aufgeteilt in immer kleinere Gruppen sollen wir egoistisch und uneinig gegeneinander antreten, anstatt miteinander am Wohlstand unseres Landes zu arbeiten. Nicht um sich über andere Länder und Völker stellen zu wollen, sondern um im Einklang mit der Natur, der Natürlichkeit des Seins und im Angesicht der Göttlichkeit in uns, um uns und um uns herum als freie, souveräne Deutsche unsere Heimat wieder zu lieben.

Ich als Deutscher kann nicht ruhig schlafen, wenn ich weiß, dass Menschen vom Flaschensammeln leben müssen, dass Landsleute Angst haben, nachts auf die Straße zu gehen, dass anständige, fleißige, steuerzahlende Mitmenschen sich nicht trauen, ihre Meinung frei auszusprechen, weil die Regierung nur einen „Meinungskorridor" freigibt.

Ich als Deutscher finde keine Ruhe bei dem Wissen, dass Flüchtlinge, die mit den Steuern hart arbeitender Deutscher in die Länder, aus denen sie angeblich geflohen sind, in den Urlaub fahren, hier Frauen vergewaltigen und dann vom Richter auf Bewährung freigelassen werden, derweil anständige Ärzte, die ihrem hypokritischen Eid und dem Gewissen und Wissen folgend, Menschen Maskenattests ausgestellt haben, für zwei Jahre ohne Bewährung ins Gefängnis gehen müssen.

Die unerträglichen Leiden, die unsere Ahnen erdulden mussten, um es uns zu ermöglichen, zu leben, sollten jedem Deutschen eine Verpflichtung sein, für seinen Nächsten einzustehen. Für dieses Land einzustehen und für die absolute Freiheit eines jeden Menschen in Deutschland und der Welt Rückgrat zu zeigen.

All die in diesem Kapitel zitierten Künstler haben eins gemein, sie nutzten ihre von Gott gegebenen Talente. Wenn wir es aber zulassen, dass unser großartiges Land zerrissen und die Volksgemeinschaft gegeneinander aufgehetzt wird, dann verraten wir zuerst uns selbst, unsere Väter und Mütter und letztlich auch dann den Geist derer, die uns mit ihrer Kunst das Leben leichter und lebenswerter machen wollten. Nutzen wir unsere Talente, jeder auf seine Weise und trachten wir danach, Deutschland in **Einigkeit** und **Recht** und **Freiheit** an unsere Nachfahren zu übergeben. Das sind wir uns und unseren Ahnen schuldig!

Der Epilog

Für Deutschland ist Amerika unverzichtbar, aber Russland unverrückbar.

Egon Bahr

Ich war in meinem Leben in vielen Ländern. Überall habe ich mich als Gast verstanden, der auch Botschafter seines Landes – Deutschlands - ist. Die Sitten, Gebräuche und Gepflogenheiten sowie natürlich die Gesetze, kulturellen und religiösen Werte habe ich dabei nicht nur studiert, sondern auch geachtet.

Dabei war es mir dienlich, andere Kulturen nicht aus einer imaginären Distanz zu beurteilen, zu bewerten und zu vergleichen, sondern mich den Ländern und ihren Eigenarten zu öffnen, um den Menschen auf meinen Reisen näher kommen zu können.

Eines fiel mir auf. Ob in Russland, den USA, Thailand oder Frankreich. Meine Gastgeber sprachen von ihrem Land immer achtsam, respektvoll und häufig auch mit Stolz: „We Americans! Wir Amerikaner! „Unser Mütterchen Russland" oder „Unsere Grand Nation Frankreich"!

Zurück in Deutschland stellte ich immer wieder fest, dass sowohl die meisten meiner Landsleute als auch ich nicht von „Unserem Deutschland" „Unserer Heimat" oder „uns Deutschen" sprachen und sprechen. Vielmehr heißt es hier „Die Deutschen", auch ich ertappte mich immer wieder, wie ich nicht „Wir Deutsche" sondern „Die Deutschen" sage, wenn ich über mein Geburts- und Heimatland sprach.

GISELA TROWE

Obwohl ich auf all meinen Reisen nur Hochachtung vor Deutschland verspürte, erlebe ich im eigenen Land eine gelebte und ausgesprochene Distanz und in vielen Fällen auch eine kollektive Verachtung für das eigene Land und Volk!

Wenn Sie bis zu diesem Kapitel vorgedrungen sind und alles gelesen haben, dann geht es Ihnen vielleicht ebenso, wie es mir erging, als ich beim Schreiben an dieser Stelle angekommen war.

Mir wurde mit jedem Kapitel, jeder Erfindung und jedem deutschen Pionier, der in unserem Land wirkte und Außergewöhnliches für unser Deutschland und die Welt erschuf, immer klarer, wie sehr UNSERE NATION die Welt bereichert und beschenkt hat.

Jeder, der die außergewöhnliche Leistung unserer Ahnen auf so vielen unterschiedlichen Gebieten negiert, darf sich die Frage stellen, weshalb er seine Vorfahren so verachtet! Wieso er seinen Ahnen nicht zutraut, Großartiges für die Welt geleistet zu haben! Warum das Gute nicht aus Deutschland in die Welt getragen werden konnte und kann.

Ich glaube, dass es viele Deutsche gibt, die voller Überheblichkeit und Verachtung in ihre Vergangenheit blicken, getragen von der unbewussten Erkenntnis, dass ihre Urgroßväter, ihre Ahnen im Gegensatz zu ihnen ihre Tage nicht mit Passivität und Kontraproduktivität, sondern mit Tatkraft und Aktivität gefüllt haben.

Den deutschen Deutschland-Hassern fehlt vor allem eins: Selbstliebe!

Viele Deutsche schleppen sich von einem zum nächsten Tag, voller Selbstzweifel, Angst, Misstrauen, Unsicherheiten und dem Gefühl, als Einzelner nichts bewirken zu können und füllen den auch in den USA gebräuchlichen Begriff „german Angst" mit Leben.

Jahrzehntelange Indoktrination durch Schulen, Universitäten, Politik und Medien hat aus unserem einst so stolzen Volk eine Nation von Duckmäusern, Systemlakeien, Feiglingen, Denunzianten und Selbsthassern gemacht.

Spätestens seit der „Pandemie" 2020 konnten viele von uns sehen, wie eine von der Regierung verordnete Maske, ein ganzes Volk demaskiert hat.

Innerhalb von Tagen wurden liebevolle Partner, Kollegen, Nachbarn und Freunde zu erbitterten Feinden.

Die von den alliierten Besatzern (2023 waren noch mehr als 38.000 US-amerikanische Soldaten in Deutschland stationiert) systematische Spaltung des deutschen Volkes hatte nach rund 80 Jahren ihre Wirkung nicht verfehlt.

Als in der Varusschlacht im Teutoburger Wald unsere Vorfahren, die Germanen, die übermächtigen römischen Legionen besiegten, waren es die **Einigkeit** der Germanen und das **Recht**, welches auf ihrer Seite war sowie der unbezwingbare Wunsch nach **Freiheit**, die unseren Vorfahren zum Sieg verhalf.

Die Einigkeit unterschiedlichster germanischer Stämme, die sich dem römischen Eroberungsdrang erfolgreich widersetzten, gilt als die Geburtsstunde der deutschen Nation.

Einig wie eine geschlossene Faust waren die Freiheitskämpfer, die Germanen, unbesiegbar.

Mehr als 2.000 Jahre später sind die Deutschen zerstritten, uneinig und zerspalten und exakt dank dieser Uneinigkeit ist unser Volk so leicht zu beherrschen. NGOs, Großkonzerne und selbsternannte Eliten benutzen

INGRID VAN BERGEN

unser Volk, um sich selbst zu bereichern und ihre Machtgier und den historisch gewachsenen Drang, unser Volk zu vernichten, ausleben zu können.

Der Neid auf alles, was unsere Ahnen aufgebaut und erreicht haben, ist die Triebfeder derer, die uns täglich in Angst halten, das Volk zerreißen und das Damoklesschwert des schlechten Gewissens über uns schwingen.

Wir werden seit 1945 permanent moralisch klein gemacht. Der böse Deutsche soll sich auf der einen Seite für die Sünden seiner Vorfahren verantwortlich fühlen, weiterhin dafür bezahlen und sich daran messen, darf aber auf der anderen Seite nicht die Errungenschaften von über 1.000 Jahren wertschätzen, sich ihrer erinnern und sie ehren.

Nationalstolz wurde im Kontext mit Deutschland satanisch zu nationalsozialistischem Gedankengut verdreht!

Wer seine Ahnen verleugnet, sie nicht ehrt und achtet, der wird auch niemals die Fähigkeit besitzen, sich, seine Nächsten und sein Volk zu lieben und zu ehren.

Dieser letzte Satz in meinem Buch trifft auf jede Nation in dieser wundervollen Welt zu!

Auch liegt mir Deutschland warm am Herzen; ich habe oft einen bitteren Schmerz empfunden bei dem Gedanken an das deutsche Volk, das so achtbar im Einzelnen und so miserabel im Ganzen ist.

Johann Wolfgang von Goethe

Weitere Publikationen von Claudius Fabig exklusiv auch als Geschenk handsigniert unter www.claudiusfabig.de

Botschaft für Deutsche

Claudius Fabig, Unternehmer, Erfolgstrainer und Moderator geht der Frage nach, warum die deutsche Sprache ständig entwertet wird und häufig von der viel zitierten „Elite", Politikern, Lehrern und Medienvertretern durch Unkenntnis missbraucht wird. Der Autor stellt die Macht und Botschaft unserer Sprache in den Focus einer liebevollen Betrachtung ihres Ursprunges und ihrer – adäquat angewandt - machtvollen Ausdrucksstärke. Mit jedem Kapitel wird deutlich, dass im Deutschen auch eine wiederkehrende Aufforderung zum Miteinander und Füreinander zu finden ist. Der Leser wird damit konfrontiert, dass es keine Bürgerinnen gibt, dass viele angstgesteuert sind, Gott nicht beleidigt werden kann, und die falsche Anwendung der Worte Ja und Nein die meisten Übel über die Menschheit brachte. Die Begriffe Ehrlichkeit, Respekt, Freundlichkeit, Offenheit, Liebe und Glaube werden neben rund 70 anderen deutschen Worten mit Hilfe von Zitaten und lebensnahen Betrachtungen zu einer Metapher der Möglichkeiten für alle in Deutschland zusammengefügt. Richtig verstanden ist unsere Sprache der Wegweiser zu Liebe, Gesundheit, Glück, Harmonie, Frieden und Erfolg. Ein Buch, das wir unseren Politikern, Lehrern, Partnern und Kindern mit auf den Weg des Lebens geben möchten.

Der King lebt

Der King lebt. Glücklich auf Hawai'i. Erzählt wird die phantastische Geschichte von Elvis Presley. Dem erfolgreichsten Entertainer des 20. Jahrhunderts. Der seit dem 16. August 1977 tot geglaubte King lebt mit seinen beiden Freunden Jonathan und Guy glücklich und unbeschwert auf Hawai'i. In autobiographischen Rückblenden erfährt der Leser Spektakuläres über Elvis. Begleiten Sie den King und seine Weggefährten bei ihren Streifzügen nach Las Vegas, Los Angeles und durch die Inselwelt von Hawai'i. Lernen Sie dabei eine wundervolle Seite von Elvis kennen.

Du bist Schöpfer

Komm mit auf die Traumreise Deines Lebens! Du wirst Deinen Zielen zu mehr Gesundheit, Erfolg und Glück jeden Tag näher kommen. Dabei schreibst Du Deine Erfolgsgeschichte selbst, Tag für Tag. 366 erlebnisreiche Reisetage lang. Ob Du abnehmen möchtest, Muskeln aufbauen, Deinen Traumpartner treffen oder die Trennung vom Alptraumpartner erreichen willst. Dein Reiseplan bringt Dich auf den Weg! Wenn Dich Deine Arbeit unglücklich macht oder Du an der Welt verzweifeln möchtest, mit Deinem Reiseplan hast Du einen verlässlichen Freund an Deiner Seite. Begleitet wirst Du unter anderem von Grimms Märchen, die inspirieren und aufbauen, Kurzgeschichten, die Mut und Kraft geben und Gedichten, die Dich bei Deiner Ausdauer auf der Traumreise Deines Lebens begleiten. Jeder Tag beginnt mit einem von über 400 Zitaten. Berühmte Persönlichkeiten teilen ihre Lebenserfahrungen und Weisheiten mit Dir. Schöpfe Kraft und lass Dich von rund 450 positiven Worten dazu inspirieren, ab sofort als kraftvoller Schöpfer Deines Lebens zu agieren! Dein Reiseplan trägt Dich sicher von einem Motivationsschub zum nächsten und Du gewinnst mit jedem neuen Tag mehr an Tatkraft und Optimismus. Einfach umzusetzende Ernährungstipps und praktische Lebenshilfe mit einprägsamen Beispielen machen es Dir leicht, Deine Ziele zu erreichen.

Welt der Moeglichkeiten – Die Audio CD

Welt der Moeglichkeiten – M – ist mehr als eine Audio-CD. Es ist das erste Album von Claudius Fabig für alle und alle, die ja sagen und nein meinen, die es danach sowieso immer besser wissen und die ihre Sätze mit dem Wort eigentlich beginnen. Welt der Moeglichkeiten schafft Raum, gibt uns die Lust, Freude, Kraft und den Mut zu entdecken, scheinbar Unmoegliches moeglich zu machen. Claudius Fabig beschreibt dabei in einem Gespräch mit Julia Nogli sehr überzeugend, wie einfach es sein kann die Welt der Moeglichkeiten für sich zu entdecken und zu nutzen.

Die Grundlage der Demokratie ist die Volkssouveränität und nicht die Herrschaftsgewalt eines obrigkeitlichen Staates. Nicht der Bürger steht im Gehorsamsverhältnis zur Regierung, sondern die Regierung ist dem Bürger im Rahmen der Gesetze verantwortlich für ihr Handeln. Der Bürger hat das Recht und die Pflicht, die Regierung zur Ordnung zu rufen, wenn er glaubt, dass sie demokratische Rechte missachtet.

Gustav Heinemann